高等教育经济管理类"十四五"系列教材

管理信息系统

GUANLI XINXI XITONG

主 编 肖闻 史艳萍 洪奕

华中科技大学出版社
http://www.hustp.com
中国·武汉

图书在版编目(CIP)数据

管理信息系统 / 肖闻，史艳萍，洪奕主编 . — 武汉：华中科技大学出版社，2022.8
ISBN 978-7-5680-8526-7

Ⅰ.①管… Ⅱ.①肖…②史…③洪… Ⅲ.①管理信息系统 Ⅳ.① C931.6

中国版本图书馆 CIP 数据核字(2022)第 121377 号

管理信息系统
Guanli Xinxi Xitong

肖闻　史艳萍　洪奕　主编

策划编辑：聂亚文
责任编辑：段亚萍
封面设计：孢　子
责任监印：朱　玢
出版发行：华中科技大学出版社（中国·武汉）　　　电话：（027）81321913
　　　　　武汉市东湖新技术开发区华工科技园　　　邮编：430223
录　　排：武汉创易图文工作室
印　　刷：武汉开心印刷有限公司
开　　本：787 mm×1092 mm　1/16
印　　张：17
字　　数：446千字
版　　次：2022年8月第1版第1次印刷
定　　价：48.00元

前言
Preface

  大数据时代为高校教育和学习提供了丰富的信息资源,但也给高校的课堂教学、教育模式带来挑战。管理信息系统课程是一门融合了管理科学、系统科学、信息科学和计算机科学等多个学科的交叉学科,是一门理论与实践并重的综合性的课程,这门课程不仅研究管理系统中信息处理和决策的整个过程,而且探讨计算机的实现方法。在当今信息时代,管理信息系统已经成为企业、政府机构等各类组织管理与运营的解决方案,更是企业和组织的数字化创新赋能器,是经管类专业本科生必开的一门专业主干课程。

  本书为全面贯彻党的教育方针,落实立德树人根本任务,以习近平新时代中国特色社会主义思想为指导,同时坚持理论联系实际,以培养高素质技术应用型本科人才为目的。区别于其他管理信息系统相关教材,本书构建了将电子表格 Excel、数据库应用、统计学的内容融为一体的全新的管理信息系统课程内容,以提高学习者解决实际问题的能力。

  本书内容共九章,分为管理信息系统相关知识(第一章至第二章)、企业信息系统资源开发和利用(第三章至第五章)、数据库技术和信息管理(第六章)、管理信息系统安全和常用系统(第七章至第八章)、企业数字化(第九章)。每一章都加入了课程思政内容,注重引导学习者树立马克思主义信仰,坚定中国特色社会主义道路自信、理论自信、制度自信、文化自信,立志听党话、跟党走,形成正确的世界观、人生观、价值观。每一章后都有技能训练、复习思考题,注重对学习者应用能力的培养。

  本书由贵州商学院肖闻、史艳萍、洪奕担任主编。在教材编写的过程中,编写组成员克服了教学科研工作繁重、时间紧迫等困难,共同努力,按时完成了编写工作。编者在总结多年讲授管理信息系统课程的教学经验和参加企业信息化建设的实践经验的同时,参考了国内外大量的文献资料,谨向有关专家表示真挚的谢意。

  本书可作为应用型本科院校工商管理、人力资源管理等经管类专业教材,也可作为专科生或是相关工作者学习管理信息系统的教材或参考资料。

  由于编写时间、研究水平等因素的限制,书中还存在缺陷和疏漏,恳请专家、读者批评指正。

编者

2022 年 4 月

目录
Contents

第一章 管理信息系统概述

教学目标

1. 初步认识管理信息系统，建立对管理信息系统的感性认识；

2. 认识管理信息系统给组织和个人带来的影响；

3. 掌握数据和信息之间的关系；

4. 掌握管理信息系统的概念及主要作用；

5. 掌握管理信息系统的结构。

案例导入

 顺丰控股的顺丰速度

1993年，顺丰诞生于广东顺德。顺丰是国内领先的快递物流综合服务商，经过多年发展，已初步建立为客户提供一体化综合物流解决方案的能力，不仅提供配送端的高质量物流服务，还延伸至价值链前端的产、供、销、配等环节，从消费者需求出发，以数据为牵引，利用大数据分析和云计算技术，为客户提供智能仓储管理、销售预测、大数据自助分析等一揽子解决方案。顺丰同时还是一家具有网络规模优势的智能物流运营商，拥有对全网络强有力的管控。

2020年11月11日0点开始，顺丰"双11"的首单派送最快14分钟送到，这背后的一切全部归功于顺丰为商家量身打造的"极效前置"的服务。借助大数据预测，以及顺丰覆盖全国的服务网络，提前将商家的预售商品发往距离消费者最近的前置仓。商品到达前置仓后，被整齐有序码放在专有存货区，进行库存管理，静待尾款信息的发令枪响。客户只要付完尾款，商品放行信息就会被发送到顺丰的服务器中，并第一时间同步到仓管员手持终端，仓管员按照库位进行精准出仓，并交给对应快递员直接进行派送。

思考题

黄永明、陈小飞在《中国信息产业发展的经济效应》中指出，交通运输、仓储业及邮政业对信息产业的完全需求系数在2007—2012年是正增长。请结合以上案例，谈一下你的理解。

·课程思政· 了解国家信息化建设战略

 **《国家信息化发展战略纲要》(选读)**

2016年7月中共中央办公厅、国务院办公厅印发了《国家信息化发展战略纲要》。《纲要》指出，当今世界，信息技术创新日新月异，以数字化、网络化、智能化为特征的信息化浪潮蓬勃兴起。全球信息化进入全面渗透、跨界融合、加速创新、引领发展的新阶段。没有信息化就没有现代化。适应和引领经济发展新常态，增强发展新动力，需要将信息化贯穿我国现代化进程始终，加快释放信息化发展的巨大潜能。以信息化驱动现代化，建设网络强国，是落实"四个全面"战略布局的重要举措，是实现"两个一百年"奋斗目标和中华民族伟大复兴中国梦的必然选择。

《纲要》的指导思想是高举中国特色社会主义伟大旗帜，全面贯彻落实党的十八大和十八届三中、四中、五中全会精神，以邓小平理论、"三个代表"重要思想、科学发展观为指导，深入学习贯彻习近平总书记系列重要讲话精神，紧紧围绕"五位一体"总体布局和"四个全面"战略布局，牢固树立创新、协调、绿色、开放、共享的发展理念，贯彻以人民为中心的发展思想，统筹国内国际两个大局，统筹发展安全两件大事，坚持走中国特色信息化发展道路，坚持与实现"两个一百年"奋斗目标同步推进，以信息化驱动现代化为主线，以建设网络强国为目标，着力增强国家信息化发展能力，着力提高信息化应用水平，着力优化信息化发展环境，推进国家治理体系和治理能力现代化，努力在践行新发展理念上先行一步，让信息化造福社会、造福人民，为实现中华民族伟大复兴的中国梦奠定坚实基础。

到21世纪中叶，信息化全面支撑富强民主文明和谐的社会主义现代化国家建设，网络强国地位日益巩固，在引领全球信息化发展方面有更大作为。

1.1 数据与信息

为了运营，企业必须涉及一些信息，它们与供应商、顾客、员工等相关，当然还有企业的产品和服务等信息。企业必须利用这些信息组织开展工作，以使运营更加高效，并使企业的总体绩效得到提高。信息系统有利于企业管理其所有的信息。

1.1.1 数据

20世纪中期，从计算机技术引发并催生了举世瞩目的"3C"(computer 计算机、control 自动控制、communication 通信)革命，使人类社会进入一个前所未有但激动人心的时代，短短几十年就创造了大大超过在此之前人类社会创造总和的物质文明。而在这些惊人之举的背后，人们已清楚地意识到有一只无形的巨手正操纵着这个时代的脉搏,也正是它彻底地改变了人类的头脑意识及思维方式。这只无形的巨手被称为信息,当今的社会被称为信息社会。

1. 数据的定义

数据 (data) 是对客观事物进行观察或观测后记载下来的一组可识别的符号,是对现实世界中客观事物真实属性的记录,它反映客观事物的性质、形态、数量和特征。在理解数据的内涵时,一定要注意数据是一种可鉴别的符号。

2. 数据的表现形式

在信息技术中,数据是指所有能识别、输入到计算机中,并能被计算机程序处理的符号的总称。随着计算机多媒体技术的发展,计算机可识别的数据种类越来越多,也使信息技术的应用范围越来越广。数据包括可以用来计算的数值型数据,也包括非数值数据,例如英文字母、汉字、图像和声音等。其具体表现形式如表 1-1 所示。

表 1-1　数据的表现形式

数据类型	表现形式
数值数据	数字、字母和其他符号
图形数据	图形和图片
声音数据	声音、噪音、音频或者音调
视觉数据	动画或视频
文本数据	高、低、胖、瘦、干净等

在计算机中,数据的 3 个基本属性是数据名、类型和长度。数据名用以唯一表示某数据;类型表示数据的类型,每一个数据只能属于一类,比如整型、日期型等;数据长度以字节为单位,表示需要占用的存储空间,对于实型数据还要定义其精度,例如表 1-2:

表 1-2　课程编号的三个属性

名称	类型	大小
课程编号	文本	6

1.1.2　信息

1. 信息的定义

信息的概念是很广泛的。古人的"结绳记事""烽火驿站",揭示了人们存储和传递信息的方式。21 世纪以来,科学界一直在对信息进行着积极的研讨。信息在不同的学科中有不同的定义。在经济管理领域,通常认为信息是提供决策的有效数据,而哲学家认为信息是熵的数理化,数学家认为信息是概率论的发展,通信工作者则认为信息是不确定性的描述,如此等等。第二次世界大战以后,西方科学家们开始研究信息问题,与信息有关的理论和技术脱颖而出,其中包括信息论、控制论、系统论和计算机技术。

1948 年,信息论的创始人香农(C.E.Shannon)给信息的定义是:信息是可以减少或消除不确定性的内容。信息不是一般的数据,而是经过加工、处理的,具有一定意义的数据。信息是客观事物运动和变化的一种反映,是客观事物的特征通过一定物质载体的反映,它对决策或行为有着现实或潜在的价值。

综上所述,用语言、文字或图形等表达的资料经过解释就是信息。也就是说,信息是我们对数据的解释,或者说是数据的内在含义。根据这个定义,那些能表达某种含义的信号、密码、情报和消息都可概括为信息。信息的概念包括以下 5 个方面:

(1)信源,即信息的发布者,也就是传者。

(2)信宿,即接受并利用信息的人,也就是受者。

(3)媒介,原意指中间物,可用以记录和保存信息并随后由其重现信息的载体。媒介与信息密不可分,离开了媒介,信息就不复存在,更谈不上信息的交流和传播。

(4)信道,是指信息传递的途径和渠道。信道的性质和特点将决定对媒介的选择。例如,如果以频道为信息传递渠道,其媒介只能是电子类的载体。

(5)反馈,是指受者对传者发出信息的反应。在传播过程中,这是一种信息的回流。传者可以根据反馈检验传播的效果,并根据此调整、充实和改进下一步的行动。

2. 信息的基本特性

信息的特性是指信息区别于其他事物的本质属性,信息具有以下基本特性:

(1)客观性,也称为真实性。信息的客观性特征是指信息所反映的内容,是对现实世界中客观存在的事物的运动状况或存在方式的真实刻画,它是不以人的意志为转移的。只有反映客观事物的信息,即真实的信息才是有价值的信息,才能对接收者有用。这是信息的首要特征。

(2)共享性,信息的共享性是指信息资源在同一时间或不同时间可以为不同的接收者共同享用。信息的共享性是信息区别于物质、能量的主要特征。物质和能量不具有共享性,因此它们在交换中表现为一方有所得,另一方有所失,是一种零和关系。例如,生产面包的企业将生产的面包出售后,就不能同时再拥有这些面包。而信息作为商品,由于其特有的共享性,在交换中会呈现为一种"非零和"关系。

(3)增值性。信息的增值性是指人们利用信息,可以获得收益。信息的增值性已被大家所认可,世界各国都将致力于信息产业的发展,美国已将信息产业列为 21 世纪的重要产业之一,我国正产生越来越多的以信息服务为经营对象的产业。但信息的增值性是隐含的,它只有被人认识和利用,才能发挥出来。信息的增值性一般是间接的,只有通过合理地、有效地利用人、财、物等资源,其价值才能得以实现。

(4)时效性。信息的时效性是指信息的价值会随着时间呈反方向变化,也就是说越能反映客观事物最新发展变化的信息,对接收者而言,其效用越大;越是过时、陈旧的信息,其价值越小,如图 1-1 所示。

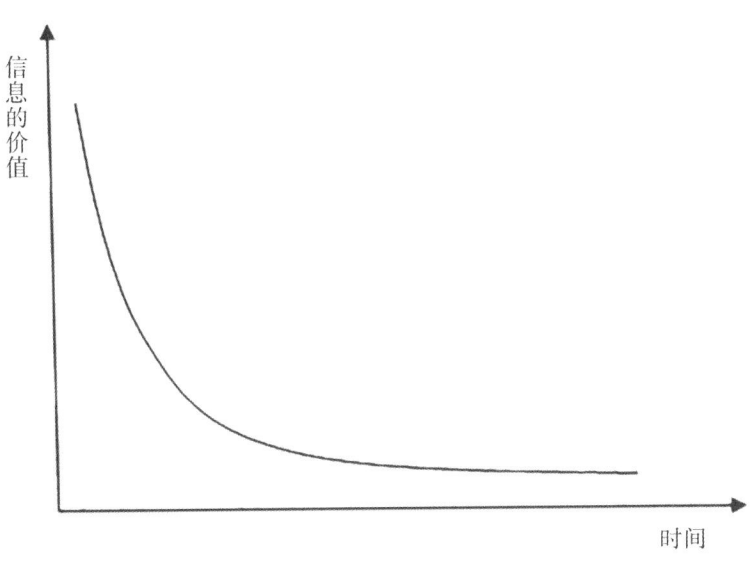

图 1-1　信息的时效性

对于各级信息管理人员而言,必须深刻地认识信息的时效性特征,及时捕获与组织有关的各种信息,只有这样才能使组织(或企业)始终保持竞争优势。因此,信息如同一种产品,具有其生命周期。信息的生命周期即指信息从产生、收集、加工、传输、使用到失效的全过程。

(5)层次性。信息的层次性是指对于一个组织中不同层次的管理者而言,所需的信息是不相同的。信息之所以具有层次性,是因为管理是具有层次性的,高层管理者、中层管理者和基层管理者所需要的信息是不同的。高层管理者所需的信息,大量的是来自于组织外部,对组织的前途命运有较大影响的,即所谓战略信息;中层管理者所需要的信息,是实现战略计划的方式或策略,即所谓战术信息;而基层管理者所需的是用于组织内部日常作业控制的信息,即作业控制信息。不同管理层所需的信息各具特色,如图 1-2 所示。

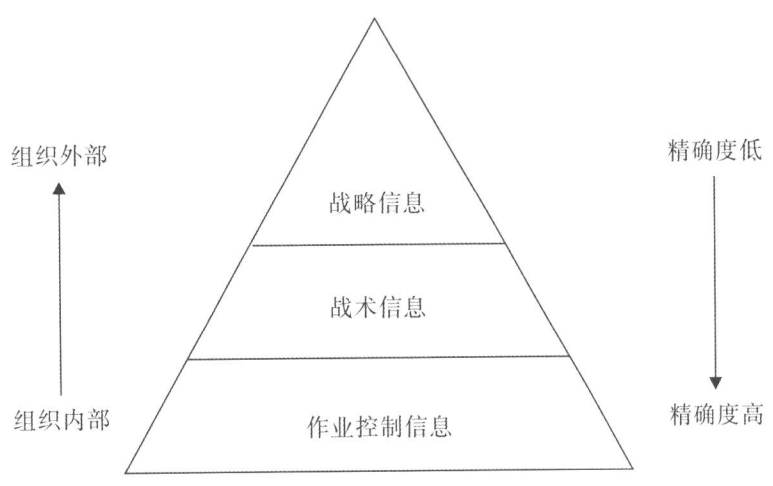

图 1-2　不同层次信息特点的示意图

研究信息的层次性,对于信息管理人员来讲具有非常重要的意义,具体而言就是在提供信息时,应根据不同管理者的不同信息需求,为他们提供不同的信息。比如,切不能将过多的战术信息或作业控制信息提供给高层管理者,这样会分散他们的注意力。

(6)不对称性。由于各种原因的限制(如专业知识、市场需求、制作技术、策略等),在市场中交易的双方所掌握信息的种类和数量是不对等的,不同的企业掌握信息的程度各有不同,这就形成了信息的不对称性。信息的这种特征为企业带来商机,企业掌握的信息越充分,对其决策越有利。

(7)传输性。利用信息技术,信息可以以更快、更便利的方式在世界范围内传输。信息需要流动,流动的信息才是有价值的;信息需要关联,只有密切关联,信息才能无缝地流动,才能产生更多的价值。

除上述主要特征外,信息还具有可扩散性、可压缩性等特征。信息的可扩散性特征是指信息总是会从浓度大的地方向浓度小的地方扩散传播。所谓"好事不出门,坏事传千里",其实就是信息可扩散性的具体表现。信息的可压缩性是指信息在传递或储存时可将其不必要的表达符号压缩掉而又不会使基本含义发生变化。

3. 信息的类型

不同级次的信息有不同的价值,不同形式的信息有不同的管理开发方式,不同内容的信息有不同的目的,同时它们又是相互联系、相辅相成的。信息按照不同的分类标准,可以划分为不同的类型。

(1)按信息的生产过程和加工深度划分为一次信息、二次信息和三次信息。

一次信息称为原始信息,也称一手资料,信息内容具体,具有新颖性、创造性、系统性等特点。它是人类社会实践活动中直接产生或得到的各种数据、概念、知识、经验及其总结。它是客观事件的第一记录,即现实中所发生事件的原始记录。它可能来自政府的调查与评论、新闻报道与广播、互联网、公共机构的内部信息源、营利性公司的市场调查等。政府的决议或专家的报告,一段出自某个人心得的直接引语,或由收音机、电视机或其他视听系统记录的一次谈话、图片都是一次信息。一次信息可能是口头的、图片的、图解的或数字的,也可由表格、清单、公式等组成。原始信息是大量的、零星的、分散的、无规则的,在存储、检索、传递和应用方面存在困难,依据人们的能力和需求,其质量与价值有多重表现。为了更有效地利用信息,需要对其进行加工处理,形成二次信息、三次信息。

二次信息是指根据特定的需求,对原始信息资源(一次信息)进行加工、分析、改编、重组、综合概括生成的信息。典型的二次信息是文摘期刊、文摘报、索引期刊和简报等,这种信息已呈现有序的、有规则的特征。文摘或摘要提供一个主题的清晰轮廓,它是简要地把事实压缩成关键概念的信息,并清除或减少无关概念。索引是将一类相关的主题以标题或关键字的形式提供给使用者,人可以通过索引方便地检索到所需要的内容。经过加工后的二次信息易于存储、检索、传递和利用,有较高的使用价值。

随着计算机技术与互联网技术的应用和普及,网上信息是信息管理与信息开发的重要信息来源,像百度、谷歌等门户网站都提供了丰富的经过加工处理的信息及其索引服务,其中大量的信息均是经过多次处理与加工的结果,属二次以上级次的信息。

三次信息是对一次信息和二次信息进行进一步的分析、提炼，甚至重新组织所得到的。三次信息是人们深入研究的结晶，包括综述、专题报告、词典、年鉴等。

（2）按信息的表现形式划分为文献型信息、档案型信息、统计型信息、图像型信息、动态型信息。

文献型信息主要包括各种研究成果，如报告、论文、资料、刊物、书籍、汇编，以及它们的二次文献（如索引、目录）、三次文献（如综合评述、评论等）。文献型信息的特点是以文字为主，有明确的专业或学术领域，可以通过编目、分类等整序处理生成二次文献，还可按照具体的研究需要进行二级加工，形成专题报告等三次文献。

档案型信息主要反映历史的事实和演变过程，是"事后"的，经过整理、筛选的文献。它的生命周期相对来说较长并且稳定，按时间序列贯穿始终。档案型信息的主要特点在于滞后性，通常将已经发生过的事件或已经产生的数据、信息进行整理、归档。档案型信息包括行政、技术、财务、人事等各方面内容。但档案法规定在工作中继续使用的、未经整理归档的资料不算档案。

统计型信息是信息管理工作者接触到的最重要的一类信息。统计型信息是反映大量现象的特征和规律的数字资料，包括以数据为基础的情况分析、趋势分析等内容，为决策者提供诸如发展趋势、未来情况的推测。以数据、图表为主要表现形式是统计型信息区别于其他类型信息的主要特点。

图像型信息是信息管理的一种重要类型，照片、电影、遥测遥感图像、电视、录像等图像信息所传递的信息量远远大于文字所传递的信息量，是一种十分有效的记录信息的方式，其管理方式需要适应图像信息的特点。

动态型信息主要是行情、商情、战况等瞬息万变的情况的反映，它的特点是生命周期短，强调时效性，需要进行积累加工才能产生有价值的信息。动态信息的收集、加工、存储和传递都与其他类型的信息不同，对接收主体的要求很高。人们需要丰富的知识和分析能力，才能利用和判别动态信息，得到正确的结论。

（3）按信息记录内容与使用领域划分为经济信息、管理信息、科技信息、政务信息、文教信息、军事信息。

经济信息是在经济活动过程中形成的，在生产、消费、流通、分配等各种经济活动中，必然伴随着大量信息的收集、处理和利用。在原始的物物交换中，信息还只是隐含在各种具体商品中。随着经济生活的发展，信息逐渐脱离了其具体载体，成为抽象的一般等价物。首先是货币，然后是各种有价证券，最后到现代的电子货币。在各种经济管理与经济活动中，还有繁多的其他形式的经济信息，如国家经济政策法规信息、新技术开发与应用信息、生产经营信息、劳动人事信息、商业贸易信息、金融投资信息、市场需求信息。

管理信息是指反映企业各种生产经营活动并对企业管理产生影响的各种消息、情报和资料，如人事、工资、计划、财务、经济和政治活动等多方面的内容及外部信息。管理信息通过数字、文字和图形等形式来反映企业生产经营活动中的运行情况，并通过它来沟通和协调各个环节之间的联系，以便实现对整个企业的有效控制和管理。除了具有信息的一般特性之外，管理信息还具有系统性以及目的性。在管理过程中,任何零散的、个别的信息都不足以帮助人们认识整个生产经营活动的发展变化情况,只有能够全面地、完整地反映经济活动中的变化和特征的信息,才可以称为管理信息;再则,任何管理信息的收集和整理,都是为某项具体的管理工作服务的,所以管理信息具有明确的目的性。

科技信息是指人类的科学研究积累的大量信息,包括各种理论、学说、发明、专利以及大量的资料数据等与科学、技术有关的信息。科技信息包括两个方面,一是科学技术成果与科研方法,如专利、理论、发明等,二是科学研究、计划管理等工作活动的内容。科技信息较多地使用各种形式的文献,如通过报刊、电视、网络等媒介传递。知识经济时代,科学技术构成经济发展的重要因素,经济分析离不开科技信息。

政务信息是指政府机关活动产生的信息,如方针政策、法规条例、政府决议、公报条约、国际往来、社会状况及日常活动等。政务信息多以文件形式传播。政务活动对人类的其他活动都有影响,经济管理决策离不开政务信息,这是信息管理与信息开发人员不容忽视的事实。

文教信息是指教育、体育、文学、艺术等有关信息,是教育、体育、文学、艺术等各方面活动以及过程的真实、具体的描述。目前有众多企业投身于文化产业,并从中获得了巨大的利益。此外,关注文化发展也是企业发展的重要部分,是经济发展的有生力量。

军事信息是指国防、战争等与军事活动有关的信息,如国防与军队的现代化建设、战略战术研究、武器发展研制、部队管理及作战等有关的信息。

我们对信息进行分类,目的只是便于对信息的管理,各种类型的信息是相互交融、相互关联的。实际运用中,应把握住信息的特征,尤其是信息的整体性特征,用系统思想指导我们的信息管理工作。

1.1.3　数据和信息之间的关系

信息与数据是管理信息系统中两个最基本的概念,它们既相互联系,又相互区别。数据和信息这两个词在实际应用中经常容易混淆,数据是人们为了反映客观世界而记录下来的可以鉴别的符号;信息则是对数据进行提炼、加工的结果,是对数据赋予一定意义的解释。当原始事实按照具有一定意义的方式组织和安排在一起时,它就成了信息,也即信息是按一定的规则组织在一起的数据的集合,是对数据进行处理而产生的。这种组织规则和方式具有超出数据本身的额外价值。

二者的关系如图 1-3 所示。

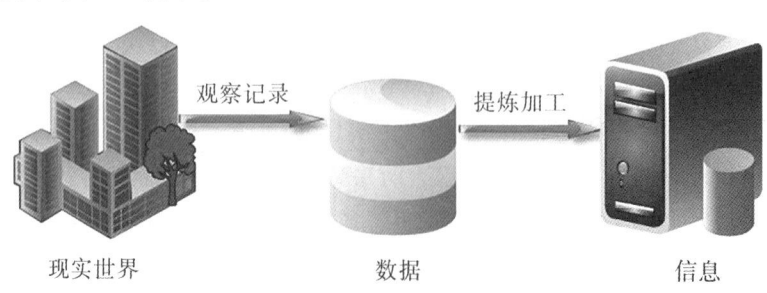

　　观察记录　　　　　　　提炼加工

现实世界　　　　　　　数据　　　　　　　信息

图 1-3　信息与数据关系图

显然,数据和信息的概念是相对的。第一次加工所产生的信息,可能成为第二次加工的数据;同样,第二次加工得到的信息可能成为第三次加工的数据,如图1-4所示。这与物质生产中的原料和产品的关系相似,初级加工得到的产品,可能成为进一步加工的原料。

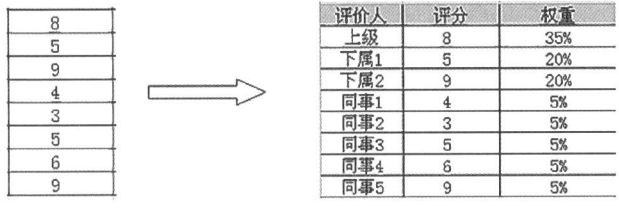

数据　　　　　　　　　　　　　　　　信息（一次信息）

数据（一次信息）　　　　　　　　　　信息（二次信息）

图1-4　数据与信息

在管理信息系统学科中我们认为,信息是从记录客观事物的运动状态和运动方式的数据中提取出来的,对人们的决策提供帮助的一种特殊形式的数据。鉴于数据和信息的密切相关性,本书中除特殊说明外,将不再对数据和信息加以区别,即视两者为同义词。

1.2 系　　统

1.2.1　系统的定义和要素

1. 系统的定义

系统的概念,人们并不陌生。我们经常说到各种系统,诸如自然界的生物系统,农业的灌溉系统,人体的消化系统、呼吸系统,计算机的操作系统、数据库管理系统,教育系统,天体系统,等等。我们无时无刻不与一定的系统相接触,也无时无刻不处于一定的系统之中。

系统的概念适用于所有业务流程及信息系统领域。这就是为什么我们需要讨论如何将系统的概念应用于企业实体和信息系统的组成要素及活动中,理解系统的概念对理解信息系统的技术、应用、开发和管理等方面的其他很多概念非常有帮助。

系统一词来源于希腊语,意为"部分组成的整体"。一般系统论的创立者,著名的美籍奥地利生物学家贝塔朗菲(L.V.Bertalanffy)把系统定义为"相互作用的诸要素的复合体",认为"系统的定义可以确定为处于一定的相互关系中并与环境发生关系的各种组成部分(要素)的总体(集)"。

系统(system)是指在一定的环境中,为了达到某一特定功能而相互联系、相互作用的若干个要素所组成的一个有机整体。系统的定义可以从以下三个方面来理解。

(1)系统是由若干要素(部分)组成的。这些要素可能是一些个体、元件或零件,也可能本身就是一个系统。

(2)系统有一定的结构。一个系统是其构成要素的集合,这些要素既互相联系又互相制约。系统内部各要素之间相对稳定的联系方式、组织秩序及时空关系的内在表现形式,就是系统的结构。

(3)系统有一定的功能。功能是指系统与外部环境相互联系和相互作用中表现出来的性质、能力和功效。信息系统的功能是进行信息收集、传递、存储、加工、维护和使用,以及辅助决策和帮助企业实现目标。

例如,商场就是一个系统,它是由员工、场地、设备、资金、部门、商品、信息等组成的,功能是有效地实现商品物资流通,以最好的方式组织和销售商品,在满足消费者商品需求的同时,从中获取最大利润。在商场这个系统中,员工是企业采购、销售、提货、验收、库存、服务等经营管理活动的主体;场地、设备是企业经营的物质基础条件;资金是物资有效流动的支付保障;信息用来反映和描述整个商场经营管理过程的状态、特征以及经营变化的规律,其目的是为领导决策提供信息服务。

2. 系统的要素

从系统的结构来看,可以把系统分成五个基本要素:输入、处理、输出、反馈和控制。其中输入是系统所要处理的原始数据(或提供原始数据的设备);处理是把原始数据加工或转换成有意义和有用的信息的过程;输出是系统处理后的结果,即有意义和有用的信息;反馈是指当管理者对输出的结果不太满意或希望得到更好的结果时,对输入进行调整;控制是对输入、处理、输出和反馈等过程进行监督,使这些过程保持正常。系统可以通过改变输入影响系统的输出,如图1-5所示。

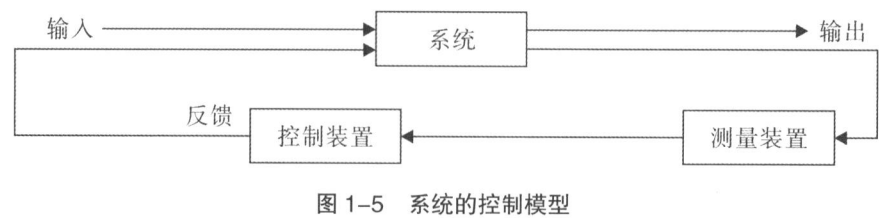

图1-5 系统的控制模型

1.2.2 系统的特性和分类

1. 系统的特性

(1)整体性。整体性是系统最重要的特性,是系统论的基本原理。系统的整体性是指系统是由若干要素组成的并具有一定新功能的有机整体,各个要素一旦组成系统整体,就表现出独立要素所不具备的性质和功能,形成新的系统的质的规定性,从而表现出整体的性质和功能,它不等于各个要素性质和功能的简单相加。重视整体性,就会使我们在开发管理信息系统的过程中,时刻注意从整体出发,来统一界面风格、统一技术用语、统一协调开发进度。如果不从整体考虑,就会既耽误时间、影响进度,又增加开发成本,使系统得不到整体优化,从而最终影响系统的质量。

(2)层次性。一个系统可以分解成若干个组成部分,如果将这些组成部分看成是一个个的子系统的话,还可以进一步将这些子系统划分成一些子模块,以此类推,可以将一个系统逐层分解,体现出系统的层次性。组成系统的诸要素的种种差异,使系统组织在地位和作用、结构和功能上表现出等级秩序性,形成具有质的差异的系统等级。例如,可以把一个企业看成是一个系统,它可以分解为人事管理子系统、财务管理子系统、营销服务子系统、物流配送子系统、办公管理子系统等。

(3)目的性(目标性)。任何一个系统都是为了完成某一特定目标而构造的。例如:学校的目标是培养人才;工厂的目标是生产出高质量、适销对路的产品,提高企业的经济效益。因此在建设系统的过程中,首先要明确系统目标,然后再考虑运用什么功能来达到这个目标。系统最重要的特性便是它的目的性。不能实现既定目标的系统是没有存在的必要的,是失败的系统。

(4)稳定性。稳定性是指在外界作用下的开放系统有一定的自我稳定的能力,能够在一定范围内自我调节,从而保持和恢复原来的有序状态、原有的结构和功能。在系统的开发管理中,如果一味地要求系统适应新的业务需求,那么新的信息系统永远开发不出来,永远在修改。这就要求系统必须具有一定的稳定性,在一定时间里保持相对稳定。

(5)突变性。突变性是指系统从一种状态进入另一种状态的一种剧烈变化过程,它是系统质变的一种基本形式。

(6)自组织性。自组织性是指开放系统在系统内外因素的相互作用下,自发组织起来,使系统从无序到有序、从低级有序到高级有序。

(7)相似性。相似性是系统的基本特征,它是指系统具有同构和同态的性质,体现在系统结构、存在方式和演化过程具有共同性。正是因为系统具有相似性,才讲究在系统开发过程中程序、函数、模块等的共享,以减少重复开发;系统的相似性使得许多的辅助开发工具推出,以加快开发进度,提高开发质量。

(8)适应性。当环境发生变化时,系统也要做相应的调整以适应环境的变化,这称为系统的适应性。

2. 系统的分类

要想对系统有一个正确的认识,必须建立在对它进行正确分类的基础上。按照系统组成要素的性质划分,系统可以分为以下三种:

1)自然系统

自然系统是由自然力而非人力形成的系统,如海洋系统。

2) 人工系统

人工系统是人通过自身劳动所建立的系统,有特定制度、组织和程序等构成的管理系统;有人们从加工自然物质所获得的人造物质系统,如建筑设施等;有主观概念和逻辑关系等非物质组成的人造概念系统,如法律法规等。

3) 复合系统

复合系统是自然系统和人工系统相结合的系统,如环境系统和电力系统等。

按照系统的复杂程度可分为物理系统(如框架、钟表、控制机械)、生物系统(如细胞、植物、动物)和人类社会及宇宙系统(如人类、社会、宇宙),我们学习的管理信息系统属于最复杂的社会系统。

1.3   管理信息系统

1.3.1   管理信息系统的定义和特点

1. 管理信息系统的定义

管理信息系统(management information system, MIS)一词最早出现在 1970 年,瓦尔特·肯尼万(Walter Kennevan)给出了一个定义:"以书面或口头的形式,在合适的时间向经理、职员以及外界人员提供过去的、现在的、预测未来的有关企业内部及其环境的信息,以帮助他们进行决策。"这是最早对管理信息系统的描述,从管理角度强调了用信息支持决策,但没有强调计算机的作用。

1985 年,管理信息系统的创始人,明尼苏达大学卡尔森管理学院的著名教授高登·戴维斯才给出管理信息系统的一个较完整的定义:"它是一个利用计算机硬件和软件,手工作业,分析、计划、控制和决策的模型,以及数据库的用户 – 机器系统。它能提供信息,支持企业或组织的运营、管理和决策功能。"这个定义说明了管理信息系统的目标、功能和组成,而且反映了管理信息系统当时已达到的水平。它说明了管理信息系统的目标是在高、中、低三个层次,即决策层、管理层和运行层上支持管理活动。

管理信息系统一词在中国出现是在 20 世纪 70 年代末 80 年代初,在《中国企业管理百科全书》中的定义为:管理信息系统是一个由人、计算机等组成的能进行信息的收集、传递、存储、加工、维护和使用的系统。管理信息系统能实测企业的各种运行情况,利用过去的数据预测未来,从企业全局出发辅助企业进行决策,利用信息控制企业行为,帮助企业实现其规划目标。

我国著名专家薛华成教授在《管理信息系统》(1999)一书中重新描述了管理信息系统的定义:"管理信息系统是一个以人为主导,利用计算机硬件、软件、网络通信设备以及其他办公设备,进行信息的收集、传输、加工、储存、更新和维护,以企业战略竞优、提高效益和效率为目的,支持企业高层决策、中层控制、基层运作的集成化的人机系统。"这个定义也说明管理信息系统绝不仅仅是一个技术系统,而是把人包括在内的人机系统,因而它是一个管理系统,是一个社会技术系统。

管理信息系统既是一个理论研究领域又是一个实用领域,其理论和技术都在不断的发展之中。管理信息系统有广义与狭义两种含义。广义的管理信息系统包含以各种形态、各种模式用于经济、管理领域的计算机信息系统。由于管理信息系统的应用越来越广,现在人们已经普遍用信息系统(information system, IS)一词来指这一意义上的管理信息系统。狭义的管理信息系统主要指为企业各级管理人员提供信息的系统,它通常是一个用于数据处理、事务活动处理、信息报告等企业内部信息处理、加工和传送的集成化计算机信息系统。

通过以上定义分析,我们可以得出管理信息系统的构成要素主要有:

(1)硬件系统,主要是指计算机设备及数字化硬件。

(2)软件系统,主要是指各类应用。

(3)计算机网络及通信设备。

(4)数据及其存储。

(5)人。

2. 管理信息系统的特点

(1)面向管理决策。管理信息系统是继管理学的思想方法、管理与决策的行为理论之后的一个重要发展,它是一个为管理决策服务的信息系统,它必须能够根据管理的需要,及时提供所需的信息,帮助决策者做出决策。

(2)管理信息系统是一个人机系统。管理信息系统的目的在于辅助决策,而决策只能由人来做,因而管理信息系统必然是一个人机结合的系统。在管理信息系统中,各级管理人员既是系统的使用者,又是系统的组成部分,因此,在管理信息系统开发过程中,要根据这一特点,充分发挥人和计算机各自的长处,使系统整体达到最优。

(3)管理信息系统是一个一体化的集成系统。管理信息系统的设计和建立是以系统思想为指导的,从企业的总体出发进行全面考虑,保证各种职能部门共享数据,减小数据的冗余度,实现整个系统各个组成部分之间的相互协调,使系统中的数据具有一致性和兼容性。

(4)数据库的应用。具有集中统一规划的数据库是管理信息系统的一个重要特点,数据库中分门别类地存储了各种各样的信息。同时它还具有功能完善的数据库管理系统,对数据的组织、数据的输入和数据的存取等操作进行管理,使数据更好地为多种用户服务。数据库的应用象征着管理信息系统是经过周密设计的,系统中的信息能够真正成为各种用户共享的资源。

(5)数学模型的应用。通过数学模型来分析数据,进行预测和辅助决策,是管理信息系统的另一个显著特点。对于不同的职能,系统提供了不同的模型,比如用于分析资源消耗的投资决策模型、帮助进行生产调度的调度模型以及用于分析销售策略的销售模型等。将这些数学模型配合运筹学的相关知识,就可以对问题进行全面的分析,从中找出可行解、一般解和最优解。在实际应用中,管理者根据和系统对话的结果,组合不同的模型进行分析,为各种决策提供辅助信息。

(6)多学科交叉的边缘科学。管理信息系统作为一门新的学科,产生较晚,其理论体系尚处于发展和完善的过程中。早期的研究者从计算机科学与技术、应用数学、管理理论、决策理论和运筹学等相关学科中抽取相应的理论,构成管理信息系统的理论基础,从而形成一个有着鲜明特色的边缘科学。

管理信息系统的三大要素是系统的观点、数学的方法和计算机的支撑。

1.3.2　管理信息系统的功能和作用

1. 管理信息系统的功能

根据以上给出的管理信息系统的定义,可以总结出管理信息系统主要有以下基本功能。

(1)数据处理功能,即数据的收集、输入、传输、存储、加工处理和输出。

(2)预测功能。运用数学、统计或模拟等方法,根据过去的数据预测未来的情况。

(3)计划功能。合理安排各职能部门计划,并按照不同的管理层提供相应的计划报告。

(4)控制功能。对计划的执行情况进行监测、检查,比较执行与计划的差异,并分析原因,辅助管理人员及时用各种方法加以控制。

(5)辅助决策功能。运用数学模型,广泛地采用运筹学的方法和技术,及时推导出有关问题的最优解,辅助各级管理人员进行决策,从而能够合理地利用企业的各项资源,提高企业的经济效益。

2. 管理信息系统在企业中的作用

企业采用管理信息系统对生产和经营进行管理、控制和辅助决策,将极大地提高企业的竞争力,提高企业的效率。管理信息系统的主要作用具体体现在以下几个方面:

1)增强企业信息处理能力

企业的生存和发展要受政治、经济、技术等各种环境因素的影响,应用管理信息系统可以及时了解外部环境和竞争对手的信息,掌握市场竞争的主动权,在市场竞争中立于不败之地。

2)增强企业的竞争能力

应用管理信息系统技术,企业能够迅速安排物资计划、查清库存情况、缩短交货期并可以及时给出报价,对市场做出快速反应;管理信息系统的良好运行还可以在生产过程中不断掌握商品的生产、销售、库存情况,及时发现问题并解决问题,从而缩短产品的生产周期;利用管理信息系统辅助管理,还可以对原材料和产品的库存进行有效控制,做到心中有数,不会盲目追求生产数量,而是以经济效益为中心,在"优质、高效、低成本"的前提下完成生产计划和工作计划,从而增强企业的竞争能力。

3)增强企业的创新能力

利用管理信息系统还可以及时收集客户的意见反馈及相关需求,有利于企业进行新产品的研发,以及服务的改进或是提供新服务。

1.3.3 管理信息系统的分类

在管理信息系统发展的 50 多年来,经济、管理与技术环境发生了很大的变化,系统的规模、信息功能和应用范围也有了显著的发展,管理信息系统已经深入到管理活动的各个层次和社会生活的各个领域。管理信息系统总体概念图如图 1-6 所示。

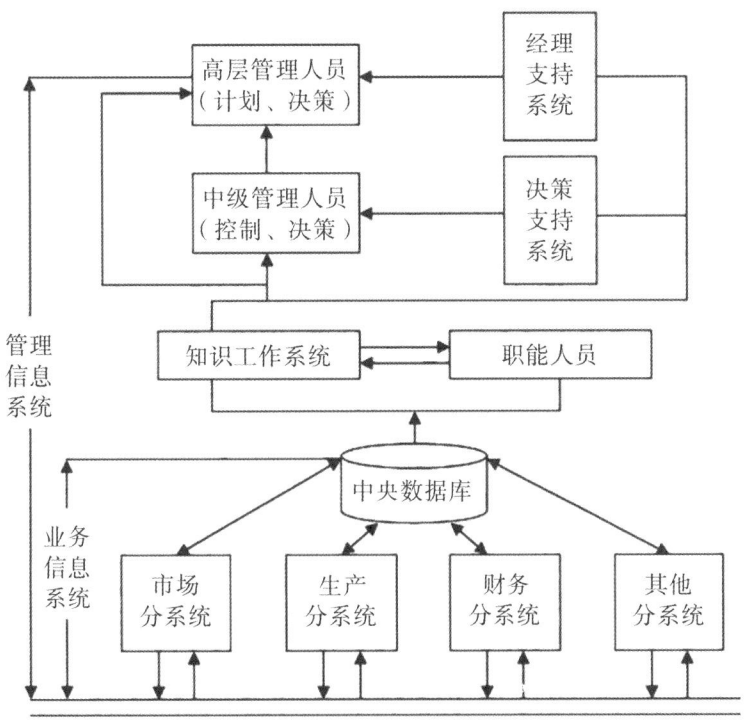

图 1-6 管理信息系统总体概念图

由于组织内、外环境的差别,不同组织的系统可能呈现出不同的特点,可以根据一定的原则将管理信息系统分为以下几类:

1. 面向基层运作的管理信息系统

1) 事务处理系统

事务处理系统(transaction processing system, TPS)是组织中处于业务操作层的最基本的信息系统,它应用信息技术支持组织中最基本的、每日例行的业务处理活动,如工资核算、销售订单处理、原材料出库、费用支出报销等。一般在组织的业务操作层,业务处理活动是高度结构化的,其过程有严格的步骤和规范。例如,办理原料出库时,仓库管理员必须严格按照原材料出库手续执行,检查领料人员的合法性、领料单据的有效性,核对材料的种类和数量,填写出库单,更新库存台账等,每一个环节都有明确的步骤和标准,以保证业务处理的规范性。事务处理系统存在于组织的各个基层业务职能中,企业中有一些典型的事务处理系统,包括销售订单处理系统、生产进度报告系统、库存管理系统、费用支出报销系统、账务处理系统、考勤登记系统和人事档案管理系统等。其他类型的组织用户也存在各种各样的事务处理系统,典型的应用系统包括:学校的学籍注册与管理系统、学生选课与成绩登记系统、课程安排系统;银行的储蓄业务处理系统、信用卡发放与结算系统;民航公司的机票登记系统;宾馆的客房预订与消费结算系统;商场的货物盘点系统、POS结算收款系统;行政机关的公文转运管理系统等。

事务处理系统直接支持业务职能的具体实现,它的有效性和可靠性对组织的业务运行至关重要,一旦发生故障,将会给组织带来直接的经济损失,因此系统在安全性、可靠性方面具有极高的要求。事务处理系统不仅直接实现组织的各项基础业务活动,并且为组织内各层次管理人员提供了业务运行状况的第一手资料,同时也是组织中其他各类信息系统的主要信息来源。

2) 办公自动化系统

办公自动化系统(office automation system, OAS)主要面向组织中的业务管理层,对各种类型的文案工作提供支持。从事这些工作的主要有秘书、会计、文档管理员及其他管理人员,他们的工作性质不是创造信息,而是应用和处理信息,因此他们往往被称为数据工作者(data worker)。办公自动化系统的主要目的是通过应用信息技术,支持办公室的各项信息处理工作,协调不同地理分布区域之间、各职能之间和各类工作者之间的信息联系,提高办公活动的工作效率和质量。典型的办公自动化系统主要是通过文字处理、桌面印刷和电子化文档进行文件管理,通过数字化日历、备忘录进行计划和日程安排,通过桌面型数据库(desktop database)软件进行数据管理,通过基于计算机网络的电子邮件、语音信箱、数字化传真和电视会议等进行信息联络与沟通。

2. 面向中层控制的管理信息系统

1) 知识工作支持系统

知识工作支持系统(knowledge work support system, KWSS)主要面向组织中的业务管理层和管理控制层,协调工程师、建筑师、科学家、律师和咨询专家等人员的工作,由于这类人员的工作具有知识密集型的特点,往往被称为知识工作者(knowledge worker)。知识工作者的工作主要是创造新的信息和知识,如政策制定、产品创新与设计、公关创意等,这些工作需要信息技术手段的支持,以促进新知识的创造,并将新的知识与技术集成到组织的产品、服务或管理中去。知识工作支持系统要具有强大的数据、图形、图像以及多媒体处理能力,能够在网络化条件下广泛应用多方面的信息和情报资源,并为知识工作者提供多方面的知识创作工具和手段。典型的知识工作支持系统是计算机辅助设计系统、平面设计与制作系统、三维动画制作系统及虚拟现实系统(virtual reality system)等,它们广泛应用于许多企业组织中,特别是制造业。

2) 管理报告系统

管理报告系统(management reporting system, MRS)主要面向组织中的管理控制层,为组织的计划、控制和决策等职能提供规范化的综合信息报告,同时提供组织当前运行状态和历史记录信息的检索与查询功能。相对于事务处理系统来讲,管理报告系统中的信息具有综合性和周期性的特征。综合性体现在它的信息不是单纯地来源于某一个事务处理系统,而往往是对组织内的各个职能或所有运行环节的信息进行浓缩、汇总和综合,以反映组织内部的综合业务情况;而周期性体现在它并不像事务处理系统那样注重每日每时的实时信息,而是从管理控制目标出发,以周、旬、月、年为周期对组织内部的全部信息进行处理,把握组织的基本运行状况,服务于业务分析和管理控制。这类信息的基本表现形式往往是周期性数据报表或分析报告,因此管理这类信息的系统被称为管理报告系统。典型的管理报告系统包括销售统计分析系统、库存控制系统、年度预算系统、投资分析评价系统等。

管理报告系统主要涉及的是企业内部的各种信息源,并且往往是以标准数据流程和固定格式展示规范、稳定的经济指标体系,而对一些随机性、非规范的信息处理显得灵活性不足,另外,在数据处理方式上擅长对大量数据进行简单的算术运算,而不是以定量化、模型化分析为重点。

3. 面向管理决策的管理信息系统

1）决策支持系统

决策支持系统(decision support system, DSS)也是面向组织的管理控制层和战略决策层,但它侧重于应用模型化的数量分析方法进行数据处理,以支持管理者就半结构化或非结构化的问题进行决策。决策支持系统不仅要应用来自事务处理系统和管理报告系统等内部信息源的数据,同时还要应用来自组织外部环境各种数据源的数据信息,如国家宏观经济政策与法规、行业统计信息、竞争对手相关信息和金融市场信息等,这些外部信息是企业进行决策的重要依据。决策支持系统最显著的特征是有很强的模型化、定量化分析能力,它从决策分析角度出发,运用各种数学模型和方法对信息进行深入分析,力求挖掘信息内在的规律和特征,并以易于理解和使用的多媒体方式提供给决策者,以在工具、方法和处理手段上支持决策者的决策活动。

2）主管信息系统

主管信息系统(executive information system, EIS)面向组织的战略决策层,它不同于其他类型的信息系统专为解决某类或某个特定的问题,而是为组织的高级主管人员建立一个通用的信息应用平台,借助于功能强大的数据通信能力以及综合性的信息检索和处理能力,为高级行政主管人员提供一个面向随机性、非规范性、非结构化信息需求和决策问题的支持手段。主管信息系统既能够从组织内的各系统中提取综合性数据,也能从组织外部的各种信息渠道获取所需的数据,系统能够对这些数据进行组合、筛选和聚合操作,并运用最先进的通信技术和多媒体技术将数据处理结果快速而准确地展示在董事会会议室或高级主管的办公桌上。同时数据处理结果中的任何一项综合性数据信息,系统都可以按照用户的要求对其进行"追溯",通过与其他管理信息系统或信息源相连的通信网络,跟踪展示该项数据的处理过程、产生根源和收集渠道等,从而满足用户追究数据信息细节的要求。由于高级主管人员往往对计算机系统不是很熟悉,而他们的信息需求又具有很强的随机性和不确定性,因此系统对人机交互界面和交互方式有更高的要求,往往采用图形用户界面、图形化数据信息表达或更为先进而简单的命令输入方式。

一个企业在发展过程中,按不同的发展阶段和管理工作的实际需要,其管理信息系统在某个时期可能侧重于支持某一两个层次的管理决策或管理业务活动。

1.4 管理信息系统的结构

管理信息系统的结构是指管理信息系统各组成部分之间的关系框架,由于不同的研究对于系统组成部分有不同的理解,从而构成了许多不同的系统架构,其中有四种结构最为重要,分别是总体结构、概念结构、层次结构和功能结构。

1.4.1 管理信息系统的总体结构

从整体概念入手,管理信息系统的总体结构主要由六个部分组成,包括计算机硬件系统、计算机软件系统、网络通信系统、数据组织与存储、系统管理人员以及系统的规章制度,具体结构如图 1-7 所示。

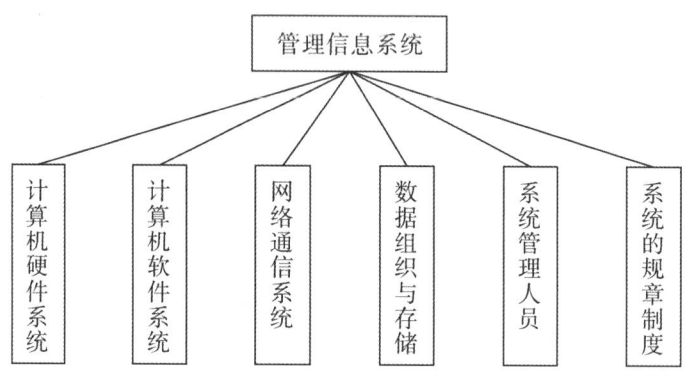

图 1-7 管理信息系统的总体结构

(1)计算机硬件系统是管理信息系统中信息处理和存储等工作的物理基础,包括计算机设备、存储设备、输入设备、输出设备等。

(2)计算机软件系统用来实现管理信息系统中的各项功能,包括系统软件和应用软件两大部分。

系统软件包括计算机操作系统(如 Windows 系列、Linux、UNIX、Mac OS)、各种计算机语言编译或解释软件(如 C、C++、Java)、数据库管理系统(如 Oracle、DB2、Informix、SQL Server、MySQL),等等。

应用软件可分为通用应用软件和专业应用软件两类。前者如图形(图像)处理软件、代数求解软件、通用地理信息软件、统计分析软件等;后者则如各种专业问题求解软件、人机界面软件等。

(3)网络通信系统可以保证组织内部各部门之间以及组织与外部环境之间能及时便捷地进行信息交流和共享,包括计算机网络系统、通信设备和通信软件等。

(4)数据组织与存储是管理信息系统开发过程中最受重视的部分,即如何将数据和信息按照一定的方式或者结构,科学合理地组织与存储,以此来提高管理信息系统的工作效率和经济效益。

(5) 系统的管理人员是管理信息系统的工作人员,包括计算机及相关设备的操作人员、系统分析人员、系统设计人员、系统维护人员、数据库管理人员以及管理信息的用户等。

(6) 系统的各种规章制度用以确保管理信息系统能良好地运行,包括系统应用中各类人员的职能、权限、操作规范和工作程序,还包括各种信息处理相关的技术标准规范和各种设备的操作维护规定,最重要的是需要信息安全和保密的规章制度。

1.4.2　管理信息系统的层次结构

管理信息系统是支持管理活动的,组织的管理活动都是分层次的,不同的管理层的信息服务需求不同。因此,根据信息处理的内容和决策的层次将管理信息系统分为三个层次,分别是战略计划层、运行管理控制层、业务处理层,其层次结构如同金字塔的形状,具体结构如图1-8所示。

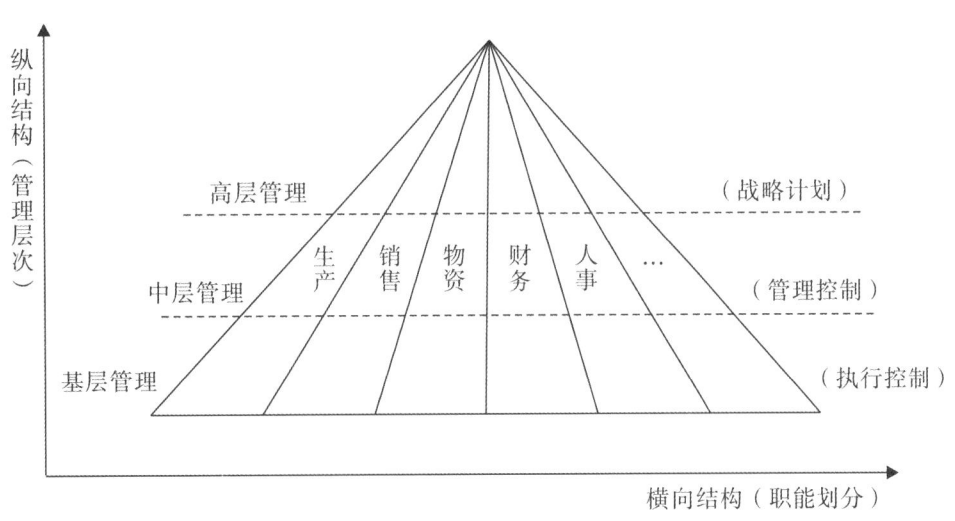

图 1-8　管理信息系统的层次结构

由图可知,战略计划层属于高层管理,是最高层级的管理活动,处理诸如企业定位、市场策略制定和产品结构规划等长期性全局性的问题,其主要活动是做出决策;运行管理控制层属于中层管理,主要任务是实现管理控制和制订计划,其功能具有两重性(数据处理和决策功能);业务处理层属于基层管理,支持日常业务的运行和控制,其作用是确保现有设备和资源充分有效地利用,在允许范围内及时有效地完成各项业务活动。

这三个层次之间互相关联,上级层次向下级层次下达目标和分配工作,下级层次完成工作,并向上级层次汇报工作具体执行情况及提出修改意见或解决问题的办法。

1.4.3　管理信息系统的功能结构

管理信息系统是为解决具体的管理问题而存在的,对于信息用户而言,它应该具有支持组织不同层次的各种功能,各种功能之间存在各种信息联系,形成一个有机整体,即由若干功能子系统组成系统的功能结构,具体结构如图1-9所示。

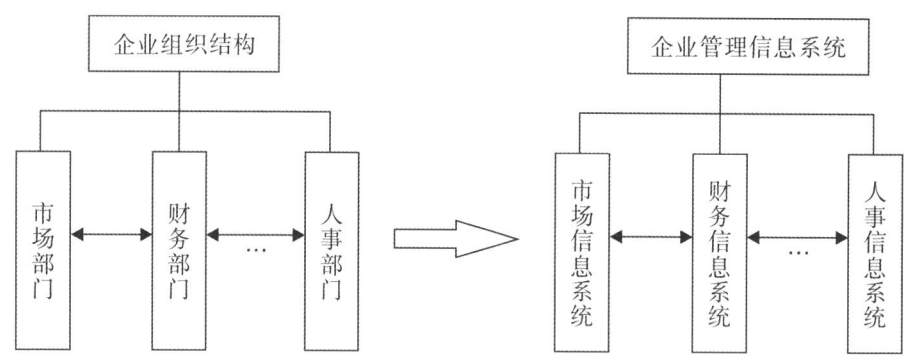

图1-9 管理信息系统的功能结构图

1. 生产子系统

生产子系统的功能主要包括产品设计、工艺改进、生产计划安排、生产设备调度和运行、生产人员雇用和训练以及质量控制和检查等。其在战略计划的工作主要是对改进工艺过程的各种方案进行评价,选定最优的加工和自动化生产方法。管理控制对生产过程的总进度、单位成本、单位工时消耗以及各类物资的消耗情况进行分析比较。运行控制把实际生产进度与计划相比较,及时发现生产的瓶颈环节,并且予以解决。生产子系统的典型业务处理是对生产订货(即订购生产成品时所需要的部件)单、装配订货单、成品票、废品票和工时票等原始数据的处理。

2. 市场销售子系统

市场销售子系统的职能包括企业进行销售和推销的全部管理活动。其在战略计划的工作是根据人口、购买力和技术发展等因素,使用顾客分析、竞争者分析、顾客评价、收入预测、人口预测和技术预测等方法获取信息,从而对开发新市场和新市场销售的战略进行分析和研究。在管理控制方面,根据顾客、竞争者、竞争产品和销售能力要求等信息,对总的销售成果、销售市场和竞争对手等方面的情况进行分析和评价,确保销售计划的完成。在运行控制方面,要雇用和训练销售人员,进行日常销售和推销活动的调度和安排,还要按区域、产品、顾客对销售数量情况进行定期分析。业务处理则主要是对销售订单的处理。

3. 财会子系统

从原理上来说,财务和会计有着本质的区别,二者的目标不同。财务的目标是保证企业在资金使用方面的财务要求,并尽可能地减少其花费;会计的目标则是把财务方面的业务进行分类、总结,然后填入标准的财务报告,并制定预算,对成本数据进行核算分析与分类等。在战略计划方面,人们关心的是财务保证的长远计划、资金筹措计划、减少税收影响的长期计划以及成本会计和预算系统的计划,并且还要制定财会政策。在管理控制的工作主要是对预算和成本数据的计划执行情况进行分析和比较,处理会计数据的成本和差错率等。运行控制和业务处理的工作主要是分类、汇总每天的单据,提出差错和异常情况的报告,以及延迟处理的报告和未处理业务的报告等。

4. 信息处理子系统

信息处理子系统主要负责与其他子系统的沟通,保证企业对各种信息的需求。它的战略计划关心的是组织功能的集散度、信息系统的总体规划、硬件—软件系统的总体结构等内容。在管理控制方面,它主要将计划和实际执行情况进行分析比较,如设备成本、开发人员水平、新项目的进度和计划的对比等。运行控制的内容包括日常工作任务的调度,分析差错率、设备利用率和设备故障以及控制新项目的开发进度和调试时间。业务处理的任务是处理请求、收集并整理数据、对数据和程序的修改变动提出申请、对硬件和软件的故障提出报告以及规划建议等。

5. 人事子系统

人事子系统的主要工作包括对人员的雇用、培训、考核记录、工资和解雇等方面的管理。战略计划方面主要包括对招聘、工资、培训、福利以及留用人员的战略和方案的评价分析。管理控制关心的是人员的录用和解雇、招募费用、培训费用以及工资率的变动等情况。运行控制主要涉及对录用人员数量、应支付的工资和培训费用等情况的分析处理。典型的业务处理包括雇用标准说明、工作岗位责任说明、培训和考核记录、人员情况档案处理、工资变化情况处理以及工作时间和离职说明等。

6. 后勤子系统

后勤子系统的功能包括采购、收货、库存控制和分发。典型的业务包括采购订货、制造订货、收货报告、库存票、运输票和装货票、库存营业额报告、卖主性能总结、运输单位成本分析等。管理控制包括每一后勤工作的实际与计划的比较,如库存水平、采购成本、出库项目和库存营业额等。战略分析包括新的分配战略分析,对卖主的新政策、新技术信息、分配方案等的分析。

7. 高层管理子系统

每个组织均有一个最高领导层,如公司总经理和各职能区域的副总经理组成的委员会,高层管理子系统主要为最高领导层服务。其业务包括查询信息和支持决策、编写文件和信件便笺、向公司其他部门发送指令。运行控制的内容包括会议进度、控制文件、联系文件。管理控制方面,则负责各功能子系统执行计划的总结和计划的比较等。战略计划关心公司的发展方向和必要的资源计划。高层战略计划要求广泛、综合的外部信息和内部信息,这里可能包括数据检索和分析,以及决策支持系统。它所需要的外部信息可能包括竞争者的信息、区域经济指数、顾客喜好、提供的服务质量。

知识梳理与总结

现实世界中能表达某种含义的信号、密码、情报和消息都可以概括为信息,信息是管理工作中至关重要的组成部分。系统是由相互联系和相互制约的若干组成部分结合成的,具有特定功能的有机整体。管理信息系统是一个以人为主导,以计算机硬件、软件、通信网络及其他办公设备为基本信息处理手段和传输工具,进行管理信息的收集、传递、加工、存储、使用、更新和维护,为企业高层决策、中层控制和基层运作提供信息服务的人机系统。

通过本章的学习,应掌握数据、信息、系统和管理信息系统等基本概念,明确管理信息系统的结构等相关内容。

关键词汇

数据(data)　　　　信息(information)　　　　管理信息(management information)

系统(system)　　　　管理信息系统(management information system, MIS)

技能训练 1

实训:"企业(组织)应用管理信息系统获得回报"案例研究

1. 实训目的及要求。

(1)了解管理信息系统对企业(组织)所产生的影响。

(2)了解当前管理信息系统所面临的挑战。

2. 实训内容。

(1)收集企业(组织)应用管理信息系统获得回报(提高工作效率、生产效率、客户价值、营利能力,完善企业经营模式等)的典型案例。

(2)阅读、整理收集来的典型案例。

3. 实训方案设计。

通过书刊、网络收集"企业(组织)应用管理信息系统获得回报"的案例,然后对企业应用管理信息系统之前的情况和应用管理信息系统之后的情况进行分析、对比,最后得出结论。

分小组完成实训,并填写实训报告。

技能训练 2

实训:身边的管理信息系统

1. 实训目的。

了解已经使用过的管理信息系统。

2. 实训要求。

(1)实际使用学校的教务管理信息系统或图书管理系统;

(2) 了解这些系统的主要功能和组成结构。

填写实训报告。

 复习思考题

1. 分析数据和信息的含义,如何理解二者之间的关系?

2. 列举在生活中常见的信息系统,并说明这些信息系统分别实现了哪些功能。

第二章 管理信息系统与现代管理

1. 掌握管理信息系统的下载、安装、启动与登录方法；

2. 掌握所下载信息系统的主要业务功能的操作流程；

3. 了解诺兰模型及其作用；

4. 掌握企业决策问题的三种类型；

5. 了解企业决策与信息系统之间的关系。

▣ 案例导入 ▣

 燕京啤酒管理信息系统应用

北京燕京啤酒集团是1993年以原北京市燕京啤酒厂为核心发展组建的国家二级企业，经过多年的建设，该厂拥有雄厚的技术力量、精良的生产装备、先进的生产工艺和国内先进的产品检测仪器，全面实现生产控制自动化，产品全部按国际标准组织生产，综合实力处于世界先进水平，燕京啤酒集团现已成为中国啤酒行业吨位最大的"航空母舰"。

一个企业的成功固然与其生产技术息息相关，然而管理的科学与否直接影响到这些先进的生产技术能否真正给企业带来效益，良好的技术只有与优秀的管理思想相结合才能产生预期的效果。作为一个大规模的企业，企业管理水平的高低依赖其信息化建设情况和信息管理水平，企业管理信息系统是企业管理思想的体现。

燕京啤酒管理信息系统主要由财务系统、销售管理系统和存货管理系统等构成。销售管理系统包括销售开票、送货管理、运输费管理、结算管理、退货管理、退变质酒管理等模块，存货管理系统主要包括包装物周转管理、扎鲜啤酒桶周转管理和产成品库房管理等模块，财务系统主要包括总账、固定资产管理、工资管理、应收应付管理、UFO报表、现金流量表、财务分析等模块。该管理信息系统在实现企业信息共享、加强业务控制和利用信息加强企业管理等方面取得了显著的成效：

一、满足财务和业务协同，实现企业信息共享

在销售管理系统中输入销售发票，由计算机自动编制会计凭证、自动登记各相关账簿，实现一张发票一次录入，仓库及全公司各业务部门统计的总账、明细账、业务台账由计算机一次完成，从根本上解决了业务部门与财务、仓库与财务等账账不符、账证不符的问题。

二、降低原始数据错误率,减少企业经济损失,保证统计信息的真实性

系统对产品和客户信息都提供了参照,可以直接从系统中选取而不需人工录入,而且在系统中选定某产品后,其对应成套包装物会自动进入销售发票。这种便捷的录入方式不仅减轻了操作员的劳动强度,而且最大限度地消除了发票原始数据错误的可能性,为企业对外报送报表和提取内部管理报表等提供了准确的数据源。

三、强化客户满意与忠诚度管理

客户是企业存在和发展的支柱,维护客户的权益、在客户心目中树立良好的公司形象至关重要。燕京啤酒在企业运作过程中强调以客户为中心的管理,管理信息系统中的退货管理子模块体现着这一理念。

四、加强产品管理,满足市场需求

对产品的研究分析是管理的一个重要组成部分,不同的产品适合不同的市场,不同产品其市场需求量也不同,同一种产品在不同时期其需求量也不同,这些信息不仅直接影响到产品的销售,而且决定着产品的生产。系统中的产品畅销程度分析、产品销售期间分析、产品质量分析模块,为企业的产品管理提供有力保障。

五、业绩考核有据可依

该管理信息系统为部门业绩考核、员工业绩考核提供了定量分析方法,使业绩考核更科学合理,更好地保护了各部门、各员工的工作积极性。

六、加强应收账款管理,加速资金周转

燕京啤酒拥有众多客户,在管理信息系统中可进行账龄分析,通过对各客户所欠款项进行账龄分析,可以快捷、全面地了解其欠款情况,及时对应收款项进行催收,加速资金周转,减少坏账损失。

思考题 🤔

1. 燕京啤酒使用了哪些系统? 这些系统给企业管理带来哪些优势?
2. 如果这些系统出现问题或是使用不当,会给企业带来哪些影响?

● 课程思政 ●　树立学生的民族自豪感

👤 北京 2022 年冬奥会和冬残奥会抵离信息系统上线

北京 2022 年冬奥会和冬残奥会抵离信息系统上线仪式 1 日在位于首钢园区的北京冬奥组委办公区举行。

北京冬奥组委副秘书长徐志军在上线仪式上表示,抵离信息系统正式上线运行,是北京冬奥会抵离工作的重要成果,也是北京冬奥会信息化建设取得的重要进展。北京冬奥会需要为 3.2 万多名各利益相关方人员提供抵离服务,在"两机场、三赛区"之间进行统筹协调运行,抵离服务质量

关乎奥运会利益相关方对北京冬奥会的第一印象。抵离信息系统将集成和共享各方数据,是确保抵离服务高效运转的重要保障,对于冬奥会筹办工作顺利进行具有重要意义。

民航局运输司副司长商可佳表示,信息畅通是做好冬奥会抵离服务保障工作的重要基础。抵离信息系统正式上线,是北京冬奥组委、民航局、移民局、海关总署和民航系统各有关单位持续推动信息共享、促进数据融合、实现创新应用的最新成果,意味着北京冬奥会机场抵离服务保障筹备工作正进行全力冲刺、实现全面就绪。

据悉,抵离信息系统是北京 2022 年冬奥会和冬残奥会信息管理工作的重要组成部分。抵离信息系统建立在大数据、云计算等信息技术基础上,以多系统无缝衔接、数据共享等手段,收集、管理和使用运动员及随队官员、奥林匹克大家庭成员和贵宾、国际单项体育联合会、媒体、转播商、市场合作伙伴等奥运会客户群及其随行物品的抵离信息。赛时,抵离信息系统将为各奥运保障单位和业务领域提供数据服务,提高保障服务质量和运行水平。赛后,抵离信息系统还将作为冬奥会和冬残奥会宝贵遗产,用于民航系统重大航空运输任务保障工作。

(来源:新华社,2021-03-01)

管理是维持企业日常经营、保障企业实现其规划目标的重要途径。管理的任务在于处理好企业的人力、物力、财力等资源之间的关系,并有效应用这些资源,实现企业的经营目标。企业在管理这些资源的同时,还需要管理好这些资源的相关信息,而管理信息就离不开信息系统的支持。信息系统对管理具有重要的辅助和支持作用,现代管理需要依靠信息系统来实现其管理思想、管理方法和管理职能。本章将讨论信息系统对管理和不同决策类型的支持,信息系统在企业中的发展阶段模型,介绍决策的基本概念、决策的过程以及决策的类型,讨论企业信息系统的趋势以及企业信息系统与企业运营、管理的关系。

2.1　管理信息系统与管理

2.1.1　管理信息系统对企业管理的影响

以计算机技术、网络通信技术和数据库技术为技术基础的管理信息系统是企业管理现代化的重要标志,它对现代企业具有以下几方面的深刻影响:

1. 管理体制合理化

信息是企业管理的资源,是各级管理人员决策的重要依据。企业管理的过程实际上是对信息的处理过程。现行的管理体制对信息的处理仍是传统的人工分散处理,不仅中间层次多,也不便于横向联系,信息不能综合利用。管理信息系统能使信息由分散处理转变为分布处理与集中控制相结合,从而适应市场经济体制下的管理需要,充分发挥信息综合利用的作用,同时还能提高信息的质量,大大增加信息量,以提供企业各级管理人员决策所需的信息。

2. 管理方法科学化

建立管理信息系统之后,可以充分发挥计算机网络系统的大数据存储容量、快速信息传送的优点。这样,一方面可以利用数学模型对企业的管理活动进行模拟,或用各种计算方法进行定量分析,以提高管理决策的准确性,避免其主观随意性,使管理工作更加精确有效。另一方面,可以对过去大量数据进行分析、总结,找出规律,用来预测未来,做到事前有预测,使管理工作由粗变细,由事后管理向实时管理方向发展,由被动状态逐渐变为主动状态。

3. 加强企业管理的基础工作

管理信息系统是对企业内外的大量数据进行收集和加工处理,为企业领导提供有用信息的系统。它要求输入系统的数据准确、完整,以反映客观真实情况。系统的处理应科学化,其输入的信息对管理才有指导意义。

4. 提高管理人员的素质和管理水平

建设管理信息系统是对企业的资源和商品的购、销、调、存环节在信息处理、工作方式、管理机制、工作习惯等方面的变革,因此,必须促进管理人员的思想观念变革和管理业务水平的提高,这样才能适应这一变革。开发管理信息系统期间,管理人员可以从烦琐、重复的事务性工作中解脱出来,进行调查研究,使用各种数据分析手段和方法对企业的管理活动进行分析,制定改进和提高管理工作效率的措施,即从事信息分析、判断和决策等真正的信息管理工作,充分发挥信息在管理中的作用。

5. 提高企业的经济效益和社会效益

管理信息系统使企业管理规范化、科学化、高速化,资源利用合理化。由于管理信息系统准确、及时地提供信息,加强信息反馈,企业各部门据此合理地组织商品流通,减少库存积压,从而加快资金周转;管理信息系统对企业内部的资金进行统一管理,可以减少由银行借入资金,从而节省银行利息的开支;管理信息系统统一合理地组织调度生产中的各个环节,保持生产系统的综合优化。

2.1.2　管理信息系统对企业管理的支持

管理的主要职能在于计划、组织、领导和控制,管理信息系统在构建和使用的过程中,应注重对管理职能的支持。下面分别讨论管理信息系统对计划职能、组织职能、领导职能和控制职能的支持。

1. 管理信息系统对计划职能的支持

计划是对未来做出安排和部署。管理的计划职能是指组织根据环境的需要和自身的特点,确定组织在一定时期内的目标,并通过计划的编制、执行和监督来协调组织各类资源以顺利达到预期目标的过程。管理信息系统对计划职能的支持包括以下几个方面:

1）管理信息系统能够简化计划的过程

在计划的编制过程中，企业管理人员需要收集足够的历史数据和当前数据，通过科学的分析，根据数据变化的趋势对未来进行预测，同时要围绕企业发展的目标进行大量的计算，形成多种计划方案，管理者根据自身的经验从众多方案中选择最佳方案作为企业未来的计划。在计划的过程中，方案的形成和方案的选择都会随着某个数据的变化而变化，由此而形成的计算量巨大，并可能形成反复的计算。而在管理信息系统中，这些计算可以通过系统中设计好的程序自动完成，大大简化了管理者的工作，也提高了预测的准确性。

2）管理信息系统能够快速存取数据

管理信息系统在应用的过程中，能够随着企业的生产经营活动，自动地收集产生的数据，并将所收集的数据存储到相应的数据库中，供计划工作使用。随着信息技术的不断发展，信息的采集和传递速度更快、准确率更高，从而使得企业的管理能力更强。

3）管理信息系统使预测更为准确

预测是指在掌握现有信息的基础上，依照一定的方法和规律对未来的事情进行测算，以预先了解事情发展的过程与结果。预测的准确程度决定了企业的发展方向以及企业能否在竞争中获得生存的机会。预测需要采取科学的方法，而预测方法一般计算量大，使用复杂，人工计算出错率高，因此管理信息系统的应用能够提高预测的准确率，使预测偏差不至于影响企业未来的发展。

4）管理信息系统能够不断优化计划

企业在编制计划的过程中，可以充分地考虑内外部的约束条件，建立数学模型进行规划，选择最优化的方式进行生产和经营，通过人机交互的方式进行最优化求解。

2. 管理信息系统对组织职能的支持

组织职能是指为有效实现活动或系统的目标，建立组织结构，配备人员，使组织协调运行的一系列活动。包括设计组织结构、人员配备和组织运行、组织监督，如明确管理层次、配备人员、规定职责和权限，并明确组织机构中各部门之间的相互关系、协调原则和方法。管理信息系统对组织职能的支持包括以下几个方面。

1）组织结构扁平化

传统的企业组织结构多为"金字塔"式，为纵向的多层次的集中管理，各项职能之间的信息传递和信息反馈手段落后，信息在各层次之间的传递会有不同程度的损耗，导致信息传递的偏差越来越大，引起通知和反馈的变形，管理效率极大降低。随着信息技术的发展，企业的组织结构由层级制逐渐扁平化，上下级之间的距离缩短，且管理的幅度也不再受传统的管理模式的限制，统一发布信息并在同样的平台上共享，大大减少了传递过程中的损耗，也加快了信息传递的速度。

2）组织成员分散

互联网的发展使企业的各个组织分布在全球各地，跨国公司的出现使企业能够在全球范围内选择合适的合作伙伴进行生产和经营，因此组织的成员相对分散。而且，信息能够在整个系统中进行共享,工作人员工作的自由程度也比较高,没必要集中在同一地点统一工作,处理事务的成本也随之降低。

3)信息传递准确

信息通过自动的收集、自动的传递,可以减小人员之间传递信息的失误率,提升信息在企业管理中的重要性。

3.管理信息系统对领导职能的支持

领导职能是指影响和指导成员的思想和行为,使其为实现组织目标做出努力和贡献的过程。管理者利用组织所赋予的权力去指挥、影响和激励组织成员为实现组织目标而努力工作,引导、激励、影响和带动人,目的是调动人们实现管理目标的热情、主观能动性和积极性。领导作为企业中信息汇合的中心和神经中枢,能够在企业中建立并维持一张信息网络,以沟通信息,及时处理矛盾和解决问题。

4.管理信息系统对控制职能的支持

控制职能就是按照计划标准,衡量计划的完成情况和纠正计划执行中的偏差,以确保计划目标的实现;或适当修改计划,使计划更加适合于实际情况。管理信息系统对控制职能的支持是保证组织各部门、各环节能按预定要求运作而实现组织目标的一项管理工作活动。传统管理中的控制往往是在偏差发生之后才能够进行更正,存在一定的滞后性,大多属于事后控制。管理信息系统能够在管理活动中进行实时的信息交换,及时将反馈信息送达管理人员,从而达到支持和辅助管理控制的目的,将事后控制转变为事中控制。所以,为了实现管理的控制职能,就应随时掌握反映管理运行动态的系统检测信息和调控所必要的反馈信息。

综上所述,管理信息系统能够对管理的各项职能提供重要的辅助和支持作用,是企业能够达到其经营管理目标,实现管理职能、思想和方法的重要途径,现代管理要依靠管理信息系统来实现其管理职能、管理思想和管理方法。

2.2　企业信息化的发展阶段

企业信息化本质上就是将企业的生产过程、物料移动以及现金流动等业务过程数字化,通过各种信息网络的输送和加工,从而形成新的信息资源。在以信息化带动工业化的趋势下,我国的企业都在逐步实现企业信息化,以加强自身的竞争力,增强企业的盈利能力。事物的发展都遵循一定的规律,企业的信息化也不是一蹴而就的工程,需要经历一系列的过程,才能最终走向一个较好的状态。

对于企业信息化的发展阶段,不同的学者有不同的观点,建立了不同的模型。我们这里主要阐述诺兰模型。

计算机应用到一个组织的管理,一般要经历从初级到高级的成长过程。美国管理信息系统专家诺兰通过对 200 多个公司、部门发展信息系统的实践和经验的总结,提出了著名的信息系统进化的阶段模型,即诺兰模型。

诺兰认为,任何组织由手工信息系统向以计算机为基础的信息系统发展时,都存在着一条客观的发展道路和规律。数据处理的发展涉及技术的进步、应用的拓展、计划和控制策略的变化以及用户的状况四个方面。1979 年,诺兰将计算机信息系统的发展道路划分为六个阶段。诺兰强调,任何组织在实现以计算机为基础的信息系统时都必须从一个阶段发展到下一个阶段,不能实现跳跃式发展。

诺兰模型的六个阶段分别是初始阶段、普及阶段、控制阶段、集成阶段、数据管理阶段和成熟阶段,如图 2-1 所示。

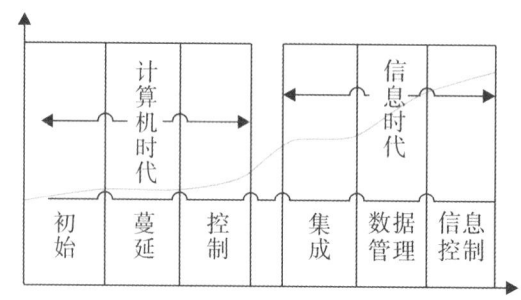

图 2-1 诺兰模型

1. 初始阶段

在初始阶段,组织引入了像管理应收账款和工资这样的数据处理系统,各个职能部门(如财务)的专家致力于发展他们自己的系统。人们对数据处理费用缺乏控制,信息系统的建立往往不讲究经济效益。用户对信息系统也是抱着敬而远之的态度。

2. 普及阶段

普及阶段也称为蔓延阶段,信息技术应用开始扩散,数据处理专家开始在组织内部鼓吹自动化的作用。这时,组织管理者开始关注信息系统方面投资的经济效益,但是实质的控制还不存在。

3. 控制阶段

出于控制数据处理费用的需要,管理者开始召集来自不同部门的用户组成委员会,以共同规划信息系统的发展。管理信息系统成为一个正式部门,以控制其内部活动,启动了项目管理计划和系统发展方法。目前的应用开始走向正规,并为将来的信息系统发展打下基础。

4. 集成阶段

这时,组织从管理计算机转向管理信息资源,这是一个质的飞跃。从第一阶段到第三阶段,通常产生了很多独立的实体。在第四阶段,组织开始使用数据库和远程通信技术,努力整合现有的信息系统。

5. 数据管理阶段

信息系统开始从支持单项应用发展到在逻辑数据库支持下的综合应用。组织开始全面考察和评估信息系统建设的各种成本和效益,全面分析和解决信息系统投资中各个领域的平衡与协调问题。

6. 成熟阶段

成熟阶段也称为信息控制阶段,中上层和高层管理者开始认识到,管理信息系统是组织不可缺少的基础,正式的信息资源计划和控制系统投入使用,以确保管理信息系统支持业务计划。信息资源管理的效用充分体现出来。

诺兰阶段模型总结了管理信息系统发展的经验和规律,其基本思想对于管理信息系统的建设具有指导意义。深入地理解这条曲线,将会有助于组织更有效地管理这个进化过程。一般认为模型中的各阶段都是不能跳跃的。因此,无论在确定开发管理信息系统的策略,或者在制定管理信息系统规划的时候,都应首先明确本单位当前处于哪一成长阶段,进而根据该阶段特征来指导管理信息系统的建设。

诺兰模型从计算机应用发展的角度来衡量信息化发展程度,从计算机技术发展和人们接受使用计算机的水平来讨论管理信息系统进程。

2.3　企业决策与信息系统

决策贯穿于整个管理的全过程,管理工作的成败,首先取决于决策的正确与否。决策错了,再好的管理也无济于事。而决策的质量则取决于信息的质和量。正确、及时、适量的信息是减少不确定性因素的根本所在,而管理信息系统则是提供、处理和传播信息的载体。

2.3.1　企业决策

决策是企业管理的中心。企业的决策可以有多种分类方法,例如:根据各个管理职能分类,企业决策有市场决策、技术发展战略决策、产品研发决策、投资决策等;根据时间跨度的长短,分为短期决策和长期决策;根据对企业的影响程度分类,企业决策分为战略决策、战术决策和业务层决策。

从决策科学的角度来看,按照决策问题的结构化程度,企业的决策问题可分为结构化决策、半结构化决策和非结构化决策。

1. 结构化决策

结构化决策,是指对某一决策过程的环境及规则,能用确定的模型或语言描述,以适当的方法产生决策方案,并能从多种方案中选择最优解的决策。在企业中,结构化决策对应于管理人员日常的、具体的、重复性的事务处理活动,一般多发生在操作管理层。

结构化决策的主要特征:信息量大、更新频率高、规律性强、内容具体、结构化程度高。如:饲料配方、生产计划、调度等。

2.半结构化决策

在决策过程中所涉及的数据不确定或不完整,虽有一定的决策准则,也可以建立适当的模型来产生决策方案,但决策准则因决策者的不同而不同,不能从这些决策方案中得到最优化的解,只能得到相对优化的解,这类决策称为半结构化决策。

因此,半结构化决策是指介于结构化决策和非结构化决策之间的一种情况。结构化决策,是指对某一决策过程的环境及规则,能用确定的模型或语言描述,以适当的算法产生决策方案,并能从多种方案中选择最优解的决策;非结构化决策,是指决策过程复杂,不可能用确定的模型和语言来描述其决策过程,更无所谓最优解的决策。

半结构化决策是根据不同自然状态下可能发生的概率进行决策,具备以下特征:

(1)具有决策者期望达到的明确目标。

(2)存在着不以决策者意志为转移的两种或两种以上的自然状态,是不可控因素。

(3)具有两个或两个以上可供决策者选择的可行方案。

(4)不同可行方案在不同自然状态下的值可以计算。

(5)未来可能出现的概率可以主观判断或依据客观资料统计推算。

例如,物流运输中的路径问题就是半结构化问题。

3.非结构化决策

非结构化决策问题是指那些决策过程复杂,其决策过程和决策方法没有固定的规律可以遵循,没有固定的决策规则和通用模型可依的一类决策问题,决策者的主观行为(学识、经验、直觉、判断力、洞察力、个人偏好和决策风格等)对各阶段的决策效果有相当影响,往往是决策者根据掌握的情况和数据临时做出决定。

例如,企业开发新产品的决策就是非结构化决策。这是因为除了大家都知晓的影响因素外,还有一些影响因素未知,或者影响因素之间的关系未知。

2.3.2　企业信息系统

1.企业信息系统的定义

企业信息系统是企业针对问题或者挑战而做出的基于 IT、利用信息资源(information resource)的解决方案。信息资源成为一种新型资源,信息系统成为一种新的解决方案。信息技术的拓展,提升了企业的信息处理能力,从而达到解决问题的目的。

2.企业信息系统与企业运营、管理的关系

对企业来说,信息系统应该形成了四个平台,即运作平台、信息资源共享平台、协同工作平台、决策支持平台。企业通过信息系统提供的运作平台,可以完成各种业务和管理流程。例如,物料采购流程中的询价、订购合同、收料、支付等活动。

企业用户和企业利益相关人(或合作伙伴)可以通过信息系统提供的信息资源共享平台,

获取所需要的信息。这可以实现信息沟通的一致性、及时性,如企业内部生产部门共享营销部门收集的市场需求信息、供应链上游共享下游的生产信息。

企业内部操作人员、设计人员、财务人员等和外部合作伙伴可以通过信息系统提供的协同工作平台,更好地、高效地工作。

企业决策者通过信息系统提供的决策支持平台,即群决策的虚拟空间,可以不限于同一地点或会议厅而进行决策。

信息系统是企业的神经枢纽,传递企业的各种信息资源。它是企业进行生产、经营和管理活动的平台,为企业构造了不再受空间、时间等限制的业务、运作与决策平台。

2.4 管理信息系统应用体验

我们主要以商业收银系统为例,通过下载、安装和使用,体验管理信息系统的使用流程和主要功能。

1. 收银系统的下载和安装

首先到软件下载网页多特软件站下载收银系统 V3.29(网址 http://www.duote.com/soft/53421.html),软件下载完成后,在窗口中双击可执行文件 "商业收银系统 .exe",如图 2-2 所示。

启动安装向导,然后按照向导提示进行安装即可,如图 2-3 所示。

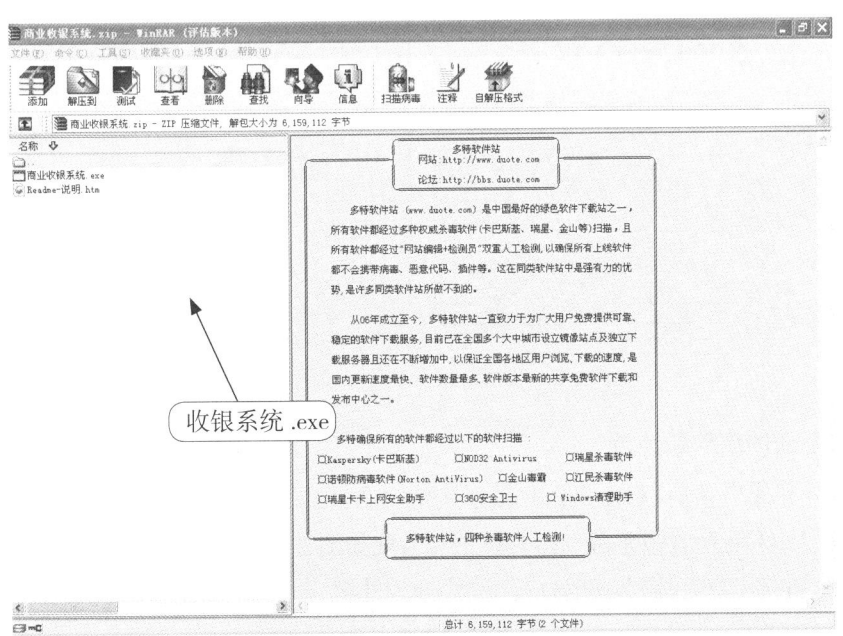

图 2-2 收银系统窗口

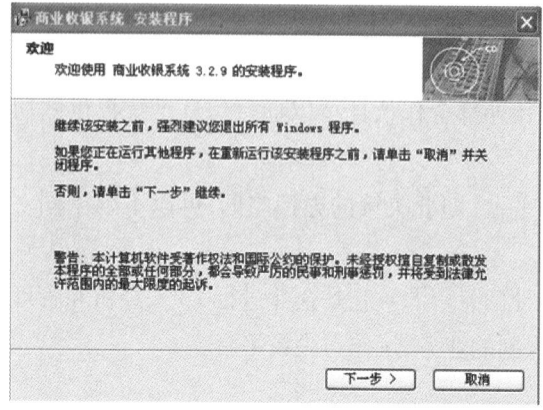

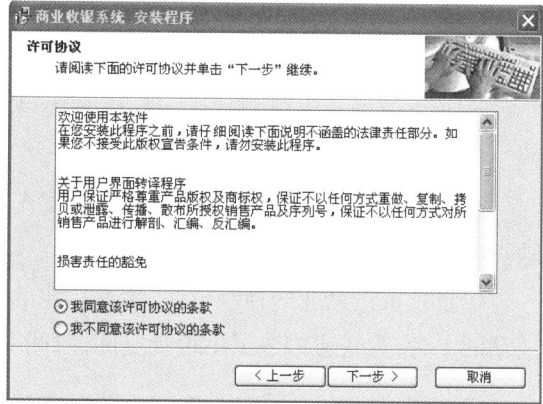

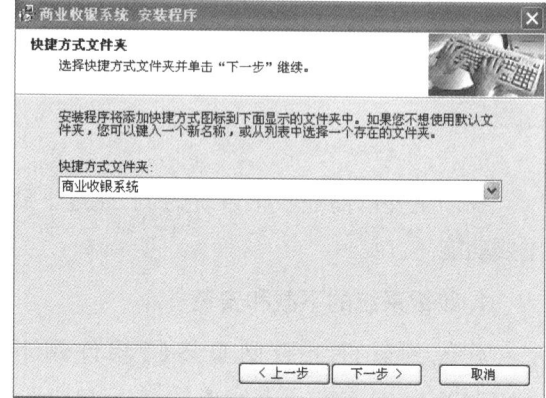

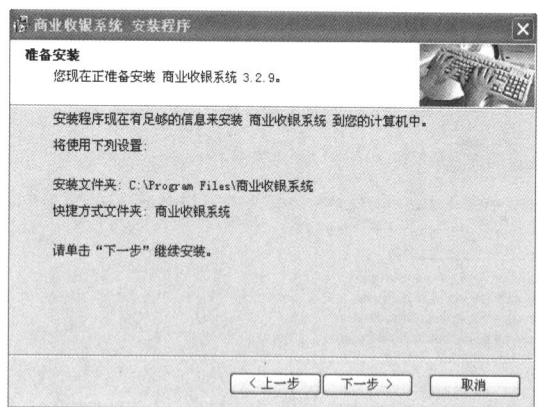

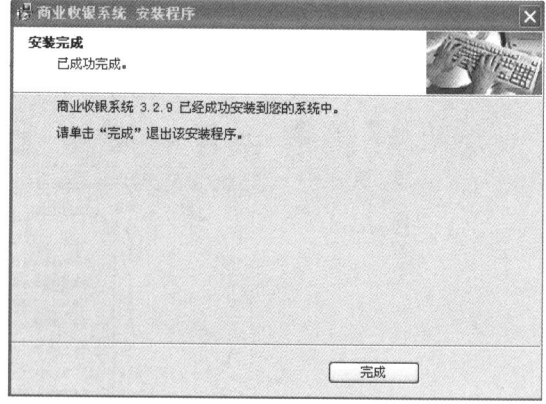

图 2-3　收银系统安装程序步骤序列图

2.收银系统的启动和登录

系统安装完成启动后,双击桌面收银系统快捷方式,或是单击【开始】—【程序】—【商业收银系统】—【商业收银系统 .exe】,首先会出现如图 2-4 所示的用户登录对话框。根据登录窗口提示"超级用户 不需要密码直接登录",单击【确定】按钮,进入收银系统界面,如图 2-5 所示。

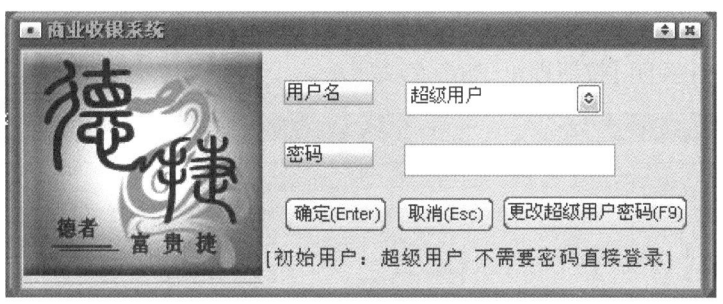

图2-4　用户登录对话框

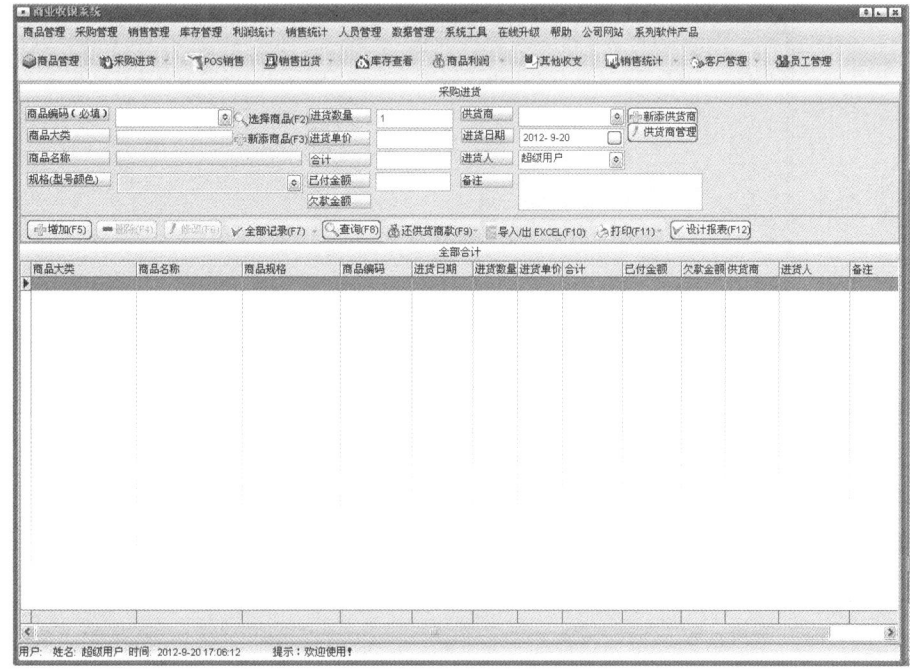

图2-5　商业收银系统界面

这是一个免费使用版本,不能进行密码的修改,在登录界面,单击【更改超级用户密码】,会出现如图2-6所示的【提示】对话框。

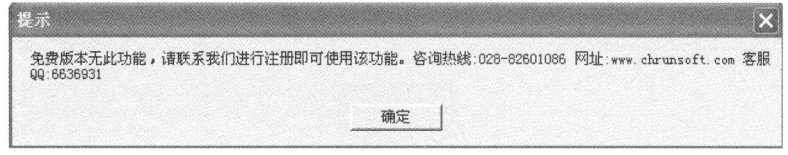

图2-6　【提示】对话框

3. 收银系统主要业务功能的操作

(1)商品管理。

单击菜单【商品管理】或是工具栏上【商品管理】按钮,进入【商品信息】界面,在该对话框中可进行商品品类管理、商品列表管理及商品快速搜索操作。商品品类管理可进行增加类别、重命名及删除操作,商品列表管理可进行增加商品、删除商品、修改商品相关操作,可以将

Excel 中的数据导入商品列表,也可以将商品列表中的商品信息导出为 Excel 表格。商品信息输入完成后,单击【关闭】按钮即可,如图 2-7 所示。

图 2-7 【商品信息】对话框

(2)采购进货。

在【采购进货】对话框中可进行需采购进货商品的增加、删除、修改、查询操作,还可查看对供货商的欠款,如图 2-8 所示。

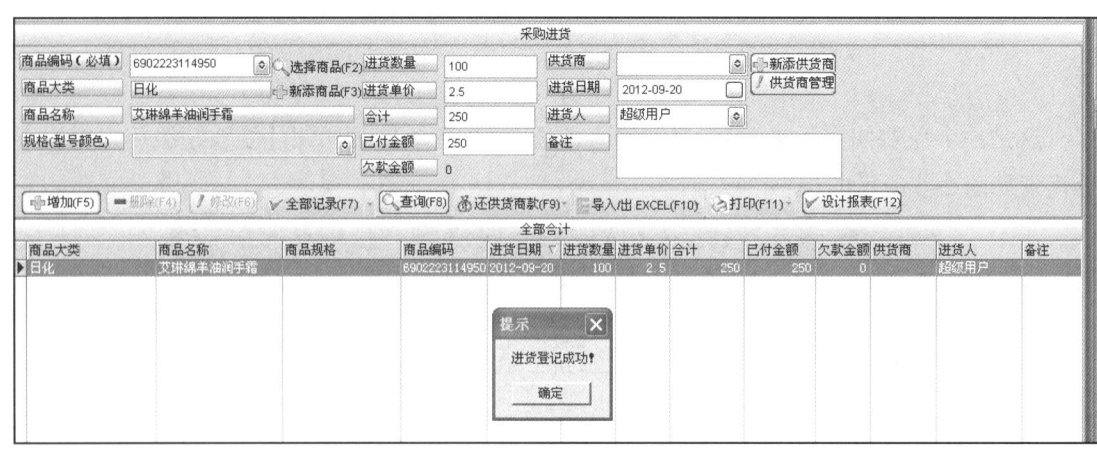

图 2-8 【采购进货】对话框

(3)POS 销售。

在【POS 销售】窗口中可以进行销售作业,在交易作业时,应记录下该顾客的购物品种、金额,给该顾客的优惠、折扣,以及顾客所支付的货币形式等信息,以便以后的汇总查询、统计,如

图 2-9 所示。

(4)客户管理。

在【客户管理】选项卡中可以对客户、供货商、往来单位进行管理,如图 2-10 所示。

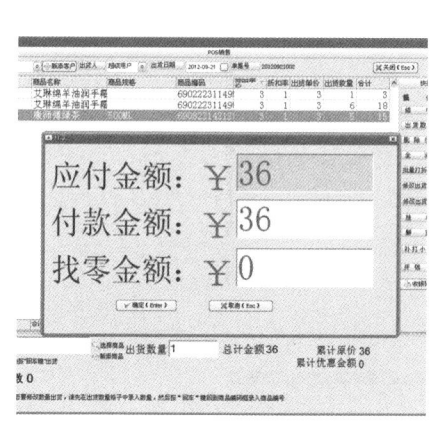

图 2-9 【POS 销售】对话框

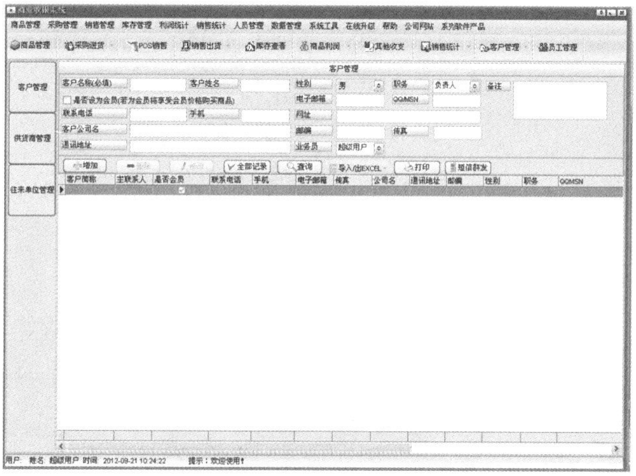

图 2-10 【客户管理】选项卡

4. 系统管理及用户管理

(1)系统管理。

系统管理主要包括数据备份、数据还原、系统设置,在【数据管理】和【系统工具】菜单中,可进行数据备份、数据还原、系统设置等相关操作,管理信息系统的【系统设置】如图 2-11 所示。

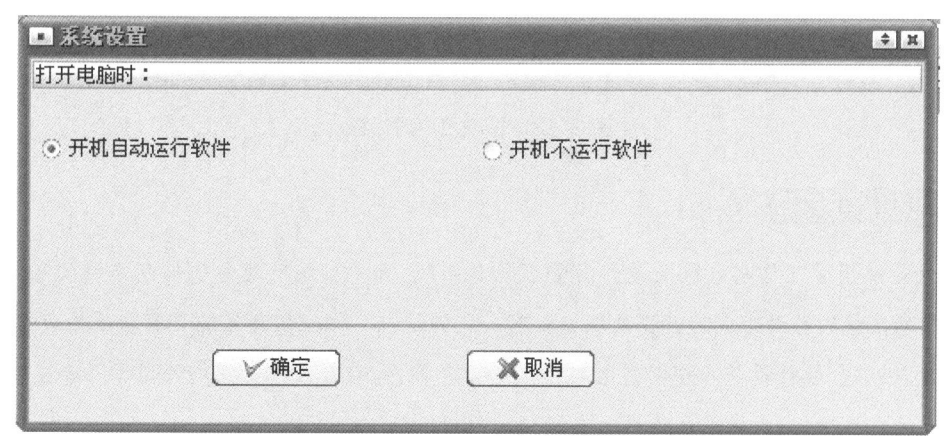

图 2-11 【系统设置】对话框

(2)人员管理。

在系统主窗口界面,单击菜单【人员管理】—【用户权限管理】,进入用户权限管理窗口,主要包括用户的增加、删除、修改,用户权限的设置,设置密码等相关操作,如图 2-12 和图 2-13 所示分别为增加用户、修改用户图示。

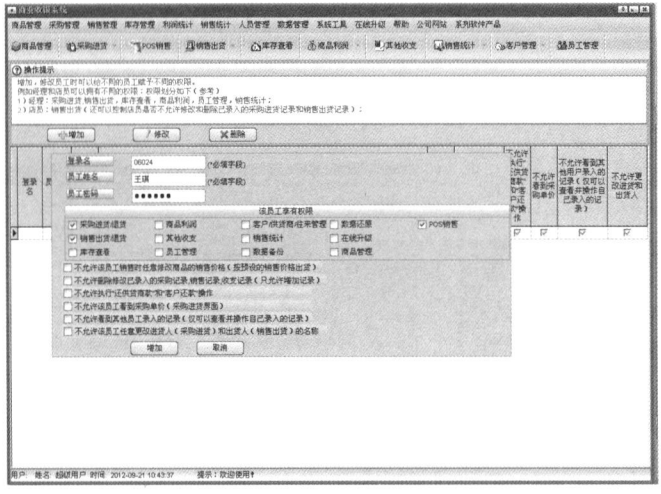

图 2-12　增加用户对话框

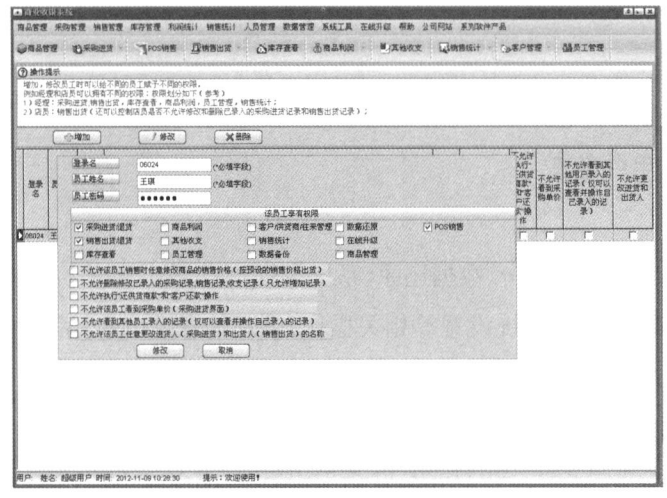

图 2-13　修改用户对话框

 知识梳理与总结

　　无论是使用管理信息系统还是开发管理信息系统，首先应该有对管理信息系统的应用体验，对管理信息系统的界面组成和数据处理过程有一定的认识。管理信息系统具有综合性、适应性、易用性等特点，综合性就是将各个功能系统连成一个整体，对企业或组织进行全面管理；适应性是指适应未来的发展变化；易用性是指界面友好，容易使用。

　　通过本章的学习，应掌握管理信息系统在管理中的应用，了解诺兰模型及其指导作用，了解企业信息系统与企业运营、管理的关系。

关键词汇

企业信息系统　　　诺兰模型

技能训练 1

实训:人力资源管理系统的应用体验

这里采用福州易行软件技术有限公司开发的"新动力通用人事工资管理系统"来了解人力资源管理系统的使用流程和主要功能。"新动力通用人事工资管理系统"是一款功能完善、操作简单、界面优美的人力资源管理系统。

1. 人力资源管理系统的下载和安装。

首先到软件下载网页(网址为:http://www.etosoft.com/down.htm),下载"新动力通用人事工资管理系统"的最新版本。软件下载完成后,双击可执行文件 setup.exe,启动安装向导,然后按照向导提示一步一步进行安装即可。

2. 人力资源管理系统的启动和登录。

在"用户登录"对话框中"用户名"下拉列表框中选择"admin",进入系统。

3. 人力资源管理系统的基础数据设置。

(1)单位信息设置;

(2)部门信息设置;

(3)人事项目名称设置;

(4)基本资料设定。

4. 人事管理。

5. 工资管理。

6. 综合管理。

7. 数据管理。

8. 用户管理。

实训要求:

完成实训,填写实训报告。

技能训练 2

实训:教务管理系统的应用体验

1. 实训内容。

(1)通过网络搜索一款合适的教务管理系统(例如:宏达教务管理系统),然后下载与安装。

(2)启动与登录教务管理系统,且添加必要的用户,对新增用户设置密码和权限。

(3)设置教务管理系统的基础数据,主要包括部门、班级、学生、教师、课程、教学计划等。

(4)完成授课安排、成绩输入等业务功能。

(5)完成课程信息查询、学生选课查询、成绩查询、课表查询等功能。

2. 实训要求。

(1)将你所下载的教务管理系统与学校使用的教务系统从用户体验角度进行对比。

(2)完成实训,填写实训报告。

实训:进销存系统的应用体验

1.下载安装新页进销存系统(免费版)。

2.通过操作理解图 2-14 所示的流程图。

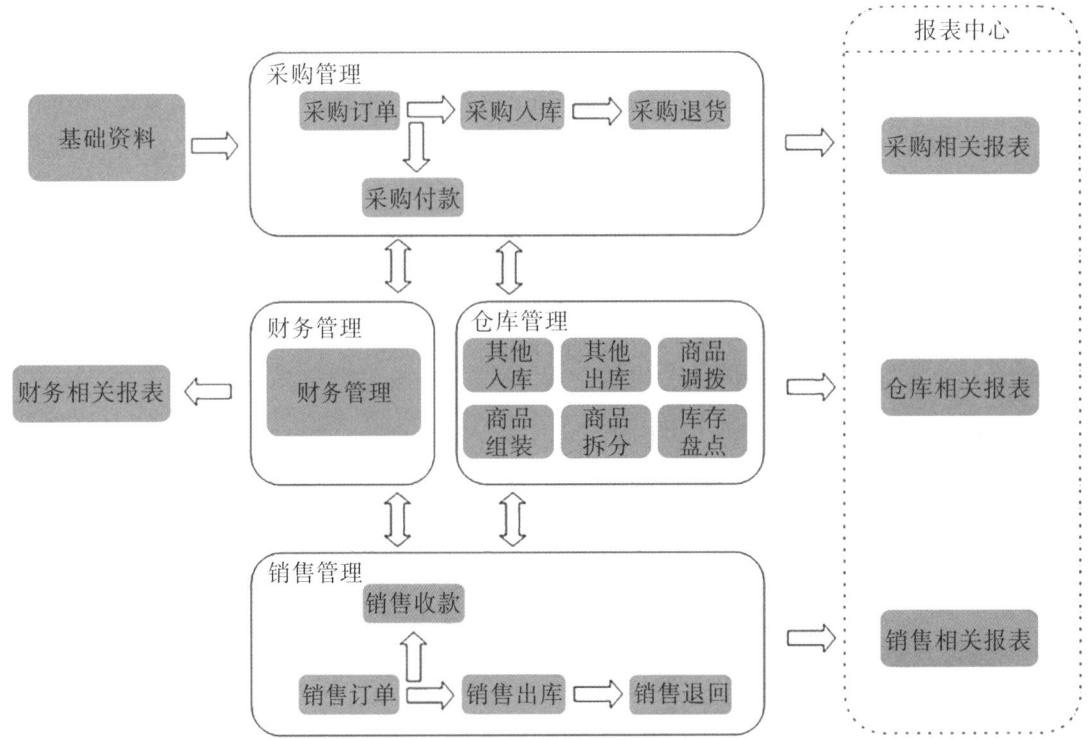

图 2-14　进销存系统流程图

复习思考题

1.如何理解企业信息系统的刚性?

2.简述诺兰模型及其阶段划分。

3.简述企业决策问题的类型。

第三章 管理信息系统的开发综述

▶ 教学目标 ◀

1. 建立管理信息系统开发的系统思想;
2. 掌握相关的建模工具;
3. 了解系统开发的方式;
4. 掌握结构化开发方法的步骤和内容;
5. 了解原型法和面向对象法的开发方法的基本思想和一般过程;
6. 了解管理信息系统开发的指导思想和工作原则。

▶ 案例导入 ◀

 制药企业客户商务智能系统开发

制药企业的产品线很多,药品的类型纷繁复杂多样。对于分销商、医院、药店和直接消费者这几种不同类型的产品客户来讲,企业采取的定价策略、营销策略和服务方式也是各不相同的。

某制药企业进行药品营销的方式是派出医药代表与分销商、医院、药店接触,通过繁杂的沟通来维持销量。因此,大量的客户信息散落在销售人员手中,并且这些客户在医药代表之间是孤立的。当医药代表离职时,企业会失去一批客户,给企业带来很大的损失。目前,企业对销售相关的各种信息掌握不及时、不全面,对经销商和终端客户的资料掌握不全,没有专门的部门和人员进行客户资源的管理和更新,致使在部门和人员发生变化时客户资源流失严重,从而无法控制和把握销售结果,不能及时修正和调整销售过程中对产品销售不利的政策和方法,对市场变化的响应速度和应变能力仍处于比较低的水平,销售和服务缺乏系统性和差异性。为了改善上述问题,企业决定开发一个以客户为中心的信息化系统,来管理客户数据资源,提高自身竞争力。

针对医药企业的客户关系管理问题提出一个有效的智能解决方案,借助于客户管理理论、商务智能方法和信息技术等对客户资源进行集中管理,及时得到销售人员与客户交往的所有活动资料,保证企业始终掌握客户的最新资料,可以极大地减少甚至避免因销售队伍的流动而带来的客户的流失,有效地存储和分析企业的大量珍贵的客户数据,从中发现市场变化的趋势、客户的个性化需求等有用的信息,增加客户的挽留率和降低"不良"客户给企业带来的风险等,因而营销人员有条件对客户做到"一对一"营销,增强对客户的了解能力,提高企业利润。

思考题

该制药企业开发客户商务智能系统的目的是什么?

课程思政　了解时事,树立民族自信心

重庆智能化"疫情排查"信息系统上线 可自动进行数据汇总、统计、上报、分析,实时监测、研判、预警疫情

由重庆市委政法委、重庆市大数据发展局组织研发的"疫情排查"信息系统于2020年2月13日在移动政务服务平台"渝快办"正式上线,将为全市网格员在一线排查工作中提供帮助,极大提高排查效率。

据了解,目前,全市新冠肺炎疫情防控工作正进行第三轮精准排查,11.8万余名网格员正重点针对来渝返渝人员、确诊患者的密切接触者等进行排查。此外,还针对企业复工复产开展排查。

为最大限度地用好网格化大数据成果,让排查数据"跑起来"、疫情监测"动起来",连日来,重庆市委政法委、重庆市大数据发展局组织有关技术力量,研发了"疫情排查"信息系统,使疫情监测、排查、预警效率更高,更科学。

2020年2月12日下午,重庆市委政法委、重庆市大数据发展局组织技术人员到渝北区龙山街道花园新村社区,对一线网格员进行操作培训,并收集他们的使用意见,对系统进行了再升级。

社区居民信息排查、快速摸清健康情况和流动情况,是防止新冠肺炎疫情扩散非常重要的一环。花园新村社区第三网格网格员胡永磊说,他所管理的网格里有两千多户居民,在前两轮排查中,他通过入户排查的方式,靠纸笔进行记录,回办公室再录入电脑,工作量很大。

"有了这个系统就省事多了,上门排查带个手机,打开系统直接输入,有些项目还只需要点击勾选,节省了好多时间。"胡永磊向记者演示了他刚下载的"好帮手"——从"重庆市政府"App上的"渝快办"里打开"疫情排查"信息系统,点击"入户走访排查",系统将自动定位网格员所在位置,网格员只需要手动输入排查人员的个人信息等即可。

在"疫情排查"信息系统,记者看到,除"入户走访排查"板块外,还有"高速公路来渝返渝人员排查""辖区复工复产企业排查""市民自主填报"等。

"系统不仅提高了排查效率,通过网格员录入的排查数据,后台可自动进行数据汇总、统计、上报,并对所有数据进行大数据分析,对疫情进行实时监测、研判、预警等,这对我们全市的疫情防控工作都很有帮助。"重庆市委政法委相关负责人介绍,该系统还在持续完善中。

(来源:重庆日报,2020-02-13)

3.1　管理信息系统的开发方式

国内外经验证明,建立信息系统并使其达到设计目标,可以使企业或组织的管理效率得到提高,总体效益得到改善。管理信息系统开发方式即用户企业(或用户单位)获得系统的途径,系统建立和开发的方式有:购买现成软件包(采购方式)、自行开发、联合开发、外包、租赁、全企业软件方案供应商、开源软件等七种。

1. 购买通用管理信息系统软件(采购方式)

购买通用管理信息系统软件即采购,具有不同功能的管理信息系统作为一种商品越来越多,用户单位可以像购买其他物品一样,到市场购买所需要的管理信息系统,这就要采取采购方式。选购通用软件应从本单位的实际需要出发,考虑下面的问题:选择适合本行业特点的管理信息系统软件;所选管理信息系统软件的功能基本满足本单位管理的要求;分析所选管理信息系统软件可否满足本单位发展的需要;软件的操作应用是否方便;确认所选的管理信息系统软件是否具有完备的、有效的安全可靠性措施;考虑安全可靠性措施的合理性和实用性;考察软件售后服务的可靠性和延续性,所选软件是否有利于二次开发等。

采购方式只是获得管理信息系统的应用软件时间短,其实施时间不可能很短。这是因为用户单位只有通过各种各样参数的设置,使其实例化,才能得到满足需要的系统,即用户单位的运作平台。

一般管理信息系统的商品软件都比较庞大,因此除了基本功能外(不可缺少的功能),供应商是以菜单的方式,让用户单位购买系统的可选功能。购买管理信息系统不同于购买其他商品,这是因为不仅要看系统的功能,更重要的是要考察系统蕴含了什么管理思想或理念,支持哪些企业流程,它所包含的运作与管理规则,其内部的结构(数据模型、编码模型),系统的适用性、灵活性等,不能将其视为操作系统、数据库管理系统类软件。因此,用户单位应该由精通业务的人员、系统分析员来选购市场上的软件商品。

例如,某用户单位通过测试某公司的物品进销存管理信息系统,在认定可以满足需要后,购买了此系统。刚开始使用时,系统能满足工作的需要。但从第二个月开始,用户发现系统对物品进、销、存相关凭证的编号不是按年来设定的。通过进一步了解发现,该系统采取的是"一月一结"方式,而企业由于其特殊性,采取的是"一年一结"运作规则。尽管是一个小差异,却导致系统无法继续使用。用户单位若要求供应商根据需要做相应修改,则需要付出较高的费用。

选择通用软件的优点是:由于商品软件是批量生产,故而相对于自行开发而言,单位成本低,见效快,购买软件后即可以试运行;经过较长时期和不同单位的应用,软件得到不断的改进,故软件质量高;维护有保障,因为生产商品化软件的公司,一般都有专门的维护队伍。其不足是:通用管理信息系统软件不能完全满足使用单位的管理要求;对使用人员的综合素质要求高。

该方法适合涉及的运作规范、没有需求差异的系统开发。

2. 自行开发

自行开发需要强有力的领导,有足够的技术力量和资金保障。自行开发的好处是开发费用少,容易开发出让本单位满意的系统,方便维护和扩展,通过系统开发可以培养自己的力量和使用人员。缺点是开发周期往往较长,软件的质量难以完全确保,开发软件时可能由于片面追求适应使用人员的习惯,而忽视了软件适应环境变化的能力。这种方式一般适用于经济、技术力量雄厚,管理制度现代化和信息化的单位,而且适合系统不大的开发或是满足用户企业特有需求的系统开发。

采用自行开发方式时,应注意以下两点:

(1)需要大力加强领导,实行"一把手"原则;

(2)向专业开发人士或公司进行必要的技术咨询,或聘请他们作为开发顾问。

3. 联合开发

联合开发是由用户企业与用户企业外的单位共同组成开发小组,由对方负责,针对企业具体的情况和要求,共同完成系统开发任务。

专业软件公司和用户的技术人员联合开发,双方共同进行系统分析,根据用户单位管理工作需要和特点,完成管理信息系统软件的开发。这种方式开发力量强,双方技术人员对高质量软件的设计思路和用户的需求了解得较为充分,便于完成高质量的软件和缩短系统的开发周期。

这种方式的优点是:充分满足管理的需要,效益对开发成本的性价比高,对于培养自己的技术力量最为有利,系统维护也比较方便。其不足是相对购买方式而言,开发周期仍较长,双方必须要精诚合作。在开发过程中,要注意任务分工明确,责任明确,注意双方人员之间的协调与配合,尤其是各种文档的交流。用户企业参与 MIS 开发的全过程,通过该过程培养企业内部的 MIS 人员团队,成本和维护难度适中。

4. 外包(委托开发)

外包(outsourcing)是一种"交钥匙"工程的开发方式,是一种较广泛的开发方式,即承包方根据用户企业提出的开发要求而提出管理信息系统的大体架构和开发所需要的费用等,当用户企业认定后,将系统开发的任务全部外包给专业软件开发单位。采用外包,承包方熟悉开发业务,经验丰富,开发的速度快,但用户企业要牢牢把握系统确认和验收测试环节,保证系统的功能满足自身的需要;重视人员的培训工作,特别是对系统硬件和软件技术人员的培训,减少以后系统维护工作的压力和难度。委托开发费用相对较高,自行维护难度较大,比较依赖于被委托方。

根据外包的程度,外包分为全外包、局部外包。前者将整个系统开发外包,后者将系统开发的一部分工作外包,如有程序设计外包,还有将系统分析外包,或者将系统的某部分功能外包。其实,完全的外包是不可能的,如在系统分析阶段,用户企业一定要参加详细调查过程、用户需求分析的确认等工作。

该方式适合于完全没有系统开发力量、开发力量很弱，或者不想拥有这类人才的用户企业。

5. 租赁

云计算技术为管理信息系统开发带来一种新的开发思想和开发方式。基于云计算的思想是将软件、硬件作为一种产品的销售转变为一种服务的提供。

基于云计算的思想，管理信息系统开发有 3 种租赁模式：基础设施即服务(infrastructure as a service, IaaS)，平台即服务(platform as a service, PaaS)和软件即服务(software as a service, SaaS)。下面介绍 SaaS 和 PaaS。

(1)SaaS：软件即服务。

SaaS 是一种通过 internet 提供软件的模式，提供商将软件统一部署在自己的服务器上，通过 internet 向客户提供服务；客户根据自己的要求，通过互联网订购所需的应用软件服务，按订购的服务和时间向厂商支付费用。因此客户不需要开发管理信息系统的应用软件、设计系统运行平台，客户无须购买软件，而是租用提供商基于 Web 的管理信息系统，来管理企业经营活动；提供商提供全部管理和维护软件，提供软件的离线操作和本地数据存储，让客户随时随地都可以使用其订购的服务。SaaS 为费用全包，包括通常的应用软件许可证费、软件维护费以及技术支持费，将其统一为每个用户的月度租用费。

对于中小型企业来说，采用 SaaS 实施管理信息系统可以降低企业购买、构建和维护基础设施及应用程序等的风险。该租赁模式可能难以适合企业业务流程、运作与管理具有特殊要求的企业实施管理信息系统。

(2)PaaS：平台即服务。

PaaS 是一种通过 internet 提供服务器服务的模式。PaaS 提供商将一个完整的计算机平台，包括应用设计、应用开发、应用测试和应用托管，作为一种服务提供给客户。客户不需要购买硬件和软件，只需要租用 PaaS 平台，就能够创建、测试、部署和运行管理信息系统的应用软件。

PaaS 实际上是指将软件研发的平台作为一种服务，以 SaaS 的模式提交给用户。因此，PaaS 也是 SaaS 模式的一种应用。但是，PaaS 的出现可以加快 SaaS 的发展，尤其是加快 SaaS 应用的开发速度。

6. 全企业软件方案供应商

除了提供信息系统产品之外，供应商还提供技术服务、运维服务、培训服务、金融保险服务等系列服务，扩大销售和服务增值。

7. 开源软件

开源软件大多是免费的，降低了我们对软件供应商的需求，质量比较可靠，运维也比较及时，但是，这种方式比较依赖技术开发人员在相应社区的深度参与。

总之，不同的开发方式有不同的优点和缺点，需要根据使用单位的实际情况进行选择，也可以综合使用各种开发方式。

3.2　管理信息系统开发概述

首先了解什么是系统开发,然后了解管理信息系统的开发方法。那么什么是系统开发呢?系统开发也叫系统分析与设计,是指创建和维护信息系统的过程。提出一个问题:系统开发是不是就等于我们平时所说的程序开发呢? 当然不是! 在管理信息系统领域有 5 大要素,分别是硬件、软件、数据、过程和人。程序开发主要涉及的是软件和数据,而我们这里所讲的系统开发则涉及全部要素,是社会技术系统的系统开发。

3.2.1　系统开发的目标

管理信息系统开发的总体目标是根据目前能够运用的理论和技术方法条件,结合组织的具体情况和要求来确定的。一般系统开发的目标分为总体目标和具体目标两个阶段来制定。

1.总体目标

管理信息系统开发的总体目标是指系统在运用现代管理理论技术、方法和手段上,在系统具有的功能以及系统开发的效益上要达到的目标,这个目标是战略性的。一般要求系统开发的总体目标为技术上先进、设备上精良、功能上完备、效益上良好等。

2.具体目标

管理信息系统开发的具体目标是指在总体目标的前提下系统开发在系统环境、系统信息处理、系统信息传递渠道以及系统功能上要达到的目标。

(1)用户环境目标是指管理信息系统的建立,要为用户创造设备先进、操作方便、可靠,并且具有一套高效化的软件系统支持以及完整的管理规范标准的使用环境。

(2)信息处理目标是指管理信息系统的建立,要实现在企业生产、经营全过程中收集、处理、储存、传送、提供各种经济管理信息,辅助决策。这是管理信息系统开发的核心目标。实现这个目标需要建立完整的数据库以及数据库管理系统。

(3)系统功能目标是指管理信息系统的建立要具有完备的功能,主要包括数据处理、预测、计划、辅助决策、控制反馈、提供公共信息服务等功能。

(4)信息管理目标是指管理信息系统的建立要实现信息收集和传递的渠道、层次以及数据共享等目标。它避免了在人工管理的体制下,按照以每个职能部门为中心的要求,来进行信息储存和加工处理所带来的,数据处理的大量重复以及传递的多口径等问题。

3.2.2　系统开发的任务与原则

1.管理信息系统开发的任务

管理信息系统开发的任务就是根据企业管理的目标、内容、规模、性质等具体情况,从系统论的观点出发,运用系统工程的方法,按照系统发展的规律,为企业建立起计算机化的信息系统。其中最核心的工作,就是开发出一套适合于现代企业管理要求的应用软件系统。

2.管理信息系统开发的原则

为了保证 MIS 的成功开发,在 MIS 开发中应遵循一定的原则。主要包括:

(1)完整性。MIS 是由各子系统组成的整体,具有系统的整体性特征。手工方式下,由于处理手段的限制,信息处理采用各职能部门分别收集和保存信息、分散处理信息的形式。计算机化的 MIS 必须从系统总体出发,克服手工信息分散处理的弊病,各子系统的功能要尽可能规范,数据采集要统一,语言描述要一致,信息资源要共享。保证各子系统协调一致地工作,避免信息的大量重复(冗余),寻求系统的整体优化。

(2)相关性。组成 MIS 的各子系统各有其独立功能,同时又相互联系、相互作用。通过信息流把它们的功能联系起来,某一子系统发生了变化,其他子系统也要相应地进行调整和改变,因此,在 MIS 开发中,不能不考虑系统的相关性,即不能不考虑其他子系统而孤立地设计某一子系统。

(3)适应性。MIS 应对外界条件的变化有较强的适应能力。不能适应环境变化的系统是没有生命力的。由于 MIS 是一个很复杂的系统工程,故要求系统的结构具有较好的灵活性和可塑性。这样,当组织管理模式或计算机软硬件等发生变化时,系统才能够容易地进行修改、扩充等。

(4)可靠性。只有可靠的系统才能得到用户的信任。因此在设计系统时,要保证系统软硬件设备的稳定性;要保证数据采集的质量;要有数据校验功能;要有一套系统的安全措施。只有这样,系统的可靠性才能得到充分保证。系统的可靠性是检验系统成败的主要指标之一。

(5)经济性。经济性是衡量系统值不值得开发的重要依据。开发过程中,尽可能节省开支和缩短开发周期;新系统投入运行后,尽快回收投资,以提高系统的经济效益和社会效益。

3.2.3　系统开发的特点

管理信息系统的开发是一项复杂的工程,它主要体现在以下几个方面:

(1)投入资金大。信息系统的开发投资是指从系统立项开始到系统实施运行以及系统运行期间所需投入资金的总和。一般概括为系统设备购置费、系统开发费和系统运行费三部分。目前需要上亿元投资的较大信息系统的开发已屡见不鲜。

(2)开发周期长。一个较大的信息系统开发需要严格按照系统规划、系统分析、系统设计、系统实施、系统运行与管理的开发规范来进行。这一过程是反复、螺旋状发展的过程,也称作系统开发的生命周期。

(3)技术要求高。信息系统的开发是集管理科学、系统科学、信息科学及计算机与现代通信等学科领域的理论技术为一体的高科学技术。任何一个环节的失误都可能导致信息系统的开发前功尽弃,造成巨大的损失。

(4)创造性强。系统的开发是一项创造性活动。虽然在某种程度上新系统开发要实现旧系统的功能,但是信息系统建立的真正目的是给组织带来新的活力、新的功能和新的面貌,这里面有着无数的创新,不能用传统的思维方式来思考问题。进行系统的开发和设计,必须有创造、有突破。这样,系统开发出来后才会有生命力。

(5)影响因素多。信息系统的开发还受到各类人员的相互协调、对各种环境的适应等因素的影响,尤其是人的行为因素的影响。尽管随着计算机科学的飞速发展,信息系统开发的工具有了惊人的进步,但仍未达到完全自动化的程度,尤其是在确立系统目标、分析系统需求和评价可行性报告等方面,人不进行干预是不可能完成的。

3.2.4 系统开发成功的关键

1. 管理方法科学化

管理信息系统的环境是管理系统,管理信息系统的基础是管理信息。计算机管理是建立在科学管理的基础之上的,只有管理方法科学化,才能确保及时取得正确的原始数据。管理方法的科学化主要体现在:管理工作的程序化、管理业务的标准化、报表文件的规范化、数据资料的完整性和代码化。

2. 领导者的重视与主要管理者的支持

企业领导亲自参与是建立管理信息系统成功的关键。管理信息系统是为管理服务的,只有最高领导最了解企业的目标和信息需求。建立管理信息系统是一项复杂的系统工程,工期长、投资大、涉及面广,它的建立和应用可能涉及某些业务流程、规章制度,甚至组织结构的调整和改变,这些涉及全局性的问题,只有最高领导亲自过问才能解决。

3. 建立本单位自己的信息系统应用队伍

为取得实际效益,管理信息系统需要不断维护、修改、扩充完善,以适应应用的发展变化。为此,本单位必须建立自己的信息系统应用队伍,选择和培训系统分析、系统设计、系统维护和计算机操作等各类人员。

1) 系统分析人员

系统分析人员主要承担系统的调查与分析工作,建立系统的逻辑模型。要求知识面广,对计算机、管理信息系统、现代管理的理论与实践有丰富的知识。有较强的组织管理能力,有娴熟的人际艺术。这支队伍中系统分析员最重要。

2) 系统设计人员

系统设计人员参与系统开发的总体设计、模块设计及各种具体的物理设计工作。要求具备丰富的计算机专业知识,掌握 MIS 的技术基础。

3) 程序员

程序员负责系统的程序设计、调试和转换工作。要求精通程序设计语言和编程技巧,掌握系统测试的原理和方法。

4) 其他人员

其他人员如系统正常运行期间对系统功能的执行(操作员)、设备和软件维护(系统维护人员)、网络系统管理(管理人员)、文档资料管理(信息控制人员)的专职和兼职人员。

3.2.5　系统开发的人员与分工

管理信息系统的开发是一项涉及多学科、多领域、多层次的系统工程,在项目的开发过程中,只有严密的组织管理才能保证系统顺利开发并且取得成功。

1.管理信息系统开发的人员组织

开发人员的组织和人员结构是否合理,将直接影响管理信息系统的开发进度和工作质量。根据开发工作的实际需要和工作性质以及职责要求,可以按如图3-1所示框架设立开发人员组织结构。

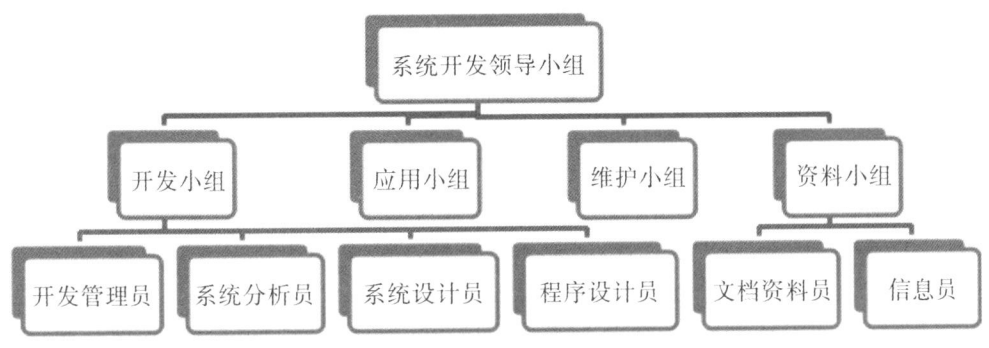

图 3-1　开发人员组织结构图

2.管理信息系统开发领导小组

系统开发领导小组是整个系统研制开发工作的组织领导部门,具有以下职责:

(1)负责开发工作的规划、计划以及对经费进行预算。

(2)负责协调各部门对系统数据流程、工作制度、数据标准等方面的统一规范。

(3)协调各阶段开发工作的人员安排及人事调配。

(4)负责对各阶段开发工作方案的审核。

(5)在系统开发完成后,负责对系统组织验收和评审工作。

对于大型信息系统项目,因开发周期比较长、耗资巨大、涉及人员多,领导小组应作为一个常设机构。在考虑其组织构成上,应该遵循"一把手"原则,即由使用和开发信息系统的企业最高层领导担任领导小组的组长,企业各业务部门的负责人作为组员,以保证机构的权威性,这样有利于系统开发过程中的支持和各相关部门的相互配合;为了便于系统开发人员和用户之间进行有效交流,还应该吸收承担系统开发工作的负责人作为领导小组的成员。

3.管理信息系统开发中的各类人员

管理信息系统开发需要有高素质的开发人员,只有相关人员相互配合、集体协作,才能保证系统开发的成功。直接参与系统开发的主要人员有系统分析员、数据库管理员、硬件网络设计员、系统设计员、程序设计员、项目主管、用户等,具体分工情况如下:

(1)系统分析员。系统分析员是系统开发中的核心人物,起着联系广大用户和系统开发人员的桥梁和纽带作用。

首先,系统分析员要负责了解用户对信息系统的需求,并运用自己所具有的计算机知识、通信专业知识和正确的开发方法,与用户进行充分的沟通,确定系统应具有的逻辑功能,然后用适当的工具和方法将其表达出来,形成新系统的逻辑方案。这个方案要能够充分满足用户的需求并与用户取得共识,同时又能够使系统设计员、程序设计员依此进行系统设计与实施。其次,系统分析员要充分代表用户的利益,负责对系统设计员、程序设计员的工作成果进行评审,看其是否符合逻辑方案中的总体功能要求。最后,在系统测试阶段要与用户共同制定测评标准、制订测评计划、准备测试数据,并通过对系统的全面测试对系统的性能加以评审,看其是否达到了预期的目标,还应该有哪些改进。

(2) 数据库管理员。其主要职责一是依据新系统逻辑方案中提出的数据需求进行数据库的设计、定义和存储工作;二是在系统运行中监督和控制数据库的运行;三是做好数据库的维护和改进工作。

(3) 硬件网络设计员。其主要职责是依据新系统逻辑方案中提出的对硬件网络的基本要求制订硬件网络配置方案,并负责该方案的全部实施工作。

(4) 系统设计员。其主要职责是设计新系统逻辑方案,以及实现系统的硬件、软件环境,进行系统的总体设计、模块设计以及模块之间的接口设计。

(5) 程序设计员。其主要职责是依据新系统逻辑方案进行系统的程序设计,实现方案中的各项功能,负责进行用户的使用培训工作,负责系统的测试和试运行。程序设计员应该有较强的逻辑思维能力,要掌握计算机软件的基本知识,熟练掌握数据库及程序设计语言。

(6) 项目主管。其主要职责是组织和协调好系统开发的各类人员,解决系统开发过程中出现的各种矛盾。项目主管在系统开发中起着举足轻重的作用,他要主持整个系统开发,确定工作目标以及确定实现目标的具体方案。一个成功的项目主管要会管理、懂技术。在管理方面,项目主管需要具有很强的管理能力和与人沟通的能力;在技术方面,项目主管应该掌握一定的计算机科学技术,有能力制订系统开发时有关问题的技术解决方案与技术路线。

(7) 用户。在管理信息系统开发中,用户是系统开发的参与者和最终使用者,他们的角色在系统开发前期和后期起着非常重要的作用。其主要职责是负责地提出系统需求,对其他各类人员所理解、设计并表述的结果进行评审,及时纠正系统开发中的偏差,并在系统正常运行时熟练地运用新系统为自身的管理工作服务。因此,参与系统开发的用户必须是企业中的业务骨干,要了解自己的部门或者自己的工作的关键点和难点是什么,更重要的是能够对未来信息系统的构成和增加哪些新功能提出自己的看法。

另外,由于新系统的采用,势必造成原来管理方法和思路的转变,用户应按照新系统的要求,组织、整顿基础管理工作,提供新系统运行所需的各种基础数据,积极参与新系统开发与运行所需要的培训,尽快适应新系统的工作思路和流程。

总之,系统的技术人员和管理人员必须发挥各自的专业特长,进行正确的分工与合作,积极沟通,发挥各自的优势,明确各自的职责,保证开发工作的顺利进行。

3.3　管理信息系统开发的项目管理

3.3.1　项目管理的概念

项目是一个特殊的将被完成的有限任务,它是在一定时间内,满足一系列特定目标的多项相关工作的总称。该定义包含三层含义:

(1)项目是一项有待完成的任务,且有特定的环境与要求;

(2)项目要求在一定的组织机构内,利用有限资源(人力、物力、财力等)在规定的时间内完成任务。

(3)任务要满足一定性能、质量、数量、技术指标等要求。

这三层含义对应着项目的三重约束:时间约束、费用约束和性能约束。项目的目标就是满足客户在时间、费用和性能(质量)上的不同要求。

项目管理是 20 世纪 50 年代后期发展起来的一种计划管理方法。所谓项目管理,是指在一定资源(包括人力、设备、材料、经费、能源、时间等)约束条件下,运用系统科学的原理和方法对项目及其资源进行计划、组织和控制,旨在实现项目的既定目标(包括质量、速度、经费)的管理方法体系。

信息系统项目的开发管理,就是要应用项目管理的方法,充分利用人力、物力、资金等资源,在规定的时间和预算之内,建立能够满足用户需求的信息系统,交付给用户使用。

3.3.2　项目管理的必要性

(1)从系统的观点进行全局又切合实际的安排,使得预期的多目标能达到最优的结果。管理信息系统是一个投资较大、建设周期较长的系统工程,要重点考虑各分项目之间的关系与协调,众多资源的调配与利用。在此基础上制订出切实可行的计划,避免不必要的返工或重复劳动,也避免对能力估计不足而导致计划不能执行。

(2)为估计人力资源的需求提供依据。在项目的计划安排中,对软件的工作量做了估计,需要什么级别的软件开发人员,系统的设计与编程的工作量是多少,对硬件的安装调试,对使用人员的配置都有详细的要求,以便对系统建设的人力资源的需要提出一个比较准确的数字。同时,可以通过计划的执行来考察各级人员的素质及效率。

(3)能通过计划安排来进行项目的控制。当制定了项目执行的日程表后,就可以定期检查计划的进展情况,分析拖延或超前的原因,决定如何采取行动或措施,使其回到计划日程表上来,同时系统追踪记录各项目的运行时间及费用,并与预计的数字进行比较,以便项目管理人员为下一步行动做出决策。

(4)提供准确一致的文档数据。项目管理要求事先整理好有关基础数据,使每个项目的建设者都能使用同一文件及数据。同时,在项目进行过程中生成的各类数据又可为大家所共享,保证项目建设者之间的工作协调有序。

3.3.3　项目管理的方法

编制管理信息系统开发项目工作计划的常用方法有甘特图和网络计划法。

1.甘特图

甘特图(Gantt chart)也称为条状图(bar chart)或横道图。其通过条状图来显示项目进度和其他与时间相关的系统进展的内在关系随着时间进展的情况。它是以横线来表示每项活动的起止时间。它以提出者亨利·L.甘特(Henry L. Gantt)先生的名字命名。

从20世纪初,甘特创造了"横道图法",人们就习惯于用横道图表示工程项目进度计划。它是小型项目中常用的工具,也是大型复杂的工程项目中,高层管理者了解全局、安排子项目工作进度时使用的工具。其优点是简单、明了、直观、易于编制;各项工作的起点、持续时间、工作进度、总工期一目了然;流水情况表示清楚,资源计算便于据图叠加。但它不能反映各工作间的联系与制约关系;不能反映哪些工作是主要的、关键的。

例如:某工厂对来年的生产活动进行了安排,活动与计划完成时间如图3-2所示。

活动代号	活动内容	月份											
		1	2	3	4	5	6	7	8	9	10	11	12
A	产品设计	■	■	■									
B	工艺编制				■	■							
C	原材料、外购件采购				■	■	■	■	■				
D	工艺装备制造						■	■	■				
E	零件加工									■	■		
F	产品装配											■	■

图3-2　甘特图

2.网络计划法

网络计划法是用网状图表安排与控制项目各项活动的方法,一般用于工作步骤密切相关、错综复杂的工程项目的计划管理。网络计划法的基本原理是把一项工作或项目分成各种作业,然后根据作业顺序进行排列,利用所形成的网络对整个工作或项目进行统筹规划和控制,以便用最短的时间和最少的人力、物力、财力消耗去完成既定的目标或任务。

随着现代化生产的不断发展,项目的规模越来越大,影响因素越来越多,项目的组织管理工作也越来越复杂。网络计划法在我国各类大型工程项目的管理中已经得到普遍应用。其优点是把项目组成有机的整体,明确反映各工序间的制约与依赖关系;能找出关键工作和关键线路,便于管理人员抓主要矛盾;便于资源调整以及利用计算机管理和优化。但是它不能清晰反映流水情况、资源需要量的变化情况。

如上例,使用网络图表示进度计划如图 3-3 所示。

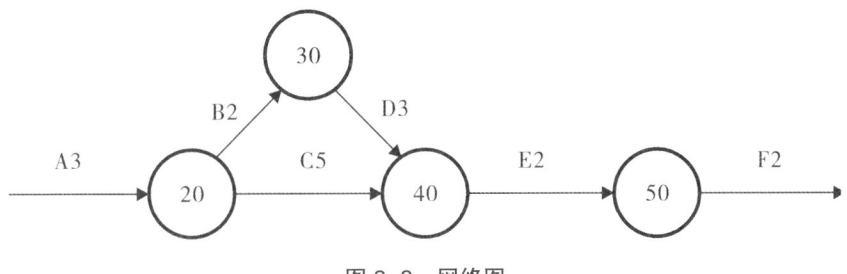

图 3-3　网络图

目前常用的项目管理软件有 Microsoft 公司的 Project、Welcom 公司的 Open Plan 和 Timeline 公司的 Timeline 等。这些软件主要用于编排项目的进度计划,通过资源的分析和成本管理,合理配置资源,使计划进度更为合理,同时按计划来安排工程进度,并对进度进行动态跟踪与控制等。

3.3.4　项目管理的主要任务

项目管理的主要任务有以下几个方面:

(1)明确总体目标、制定开发规则,对开发过程进行组织管理,保证总体目标的顺利实现。

(2)严格选拔和培训人员,合理组织开发机构和管理机构。

(3)编制和调整开发计划进程表。

(4)开发经费的概算与控制。

(5)组织项目复审和书面文件资料的复查与管理。

(6)系统建成后运行与维护过程的组织管理。

3.3.5　管理信息系统项目的特点

管理信息系统的建设是一类项目,它具有项目的一般特点,同时还具有自身独特的特点,可以用项目管理的思想和方法来指导管理信息系统的建设。

(1)管理信息系统的目标是不精确的,任务的边界是模糊的,质量要求更多是由项目团队来定义的。对于管理信息系统的开发,许多客户一开始只有一些初步的功能要求,给不出明确的想法,提不出确切的要求。管理信息系统项目的任务范围很大程度上取决于项目组所做的系统规划和需求分析。

(2)管理信息系统项目进行过程中,客户的需求会不断被激发,被不断地进一步明确,导致项目的进度、费用等计划不断更改。客户需求进一步明确,系统项目相关内容就得随之修改,而在修改的过程中又可能产生新的问题,并且这些问题很可能在过了相当长的时间以后才会发现。这样,就要求项目经理要不断监控和调整项目计划的执行情况。

(3)管理信息系统是智力密集、劳动密集型的项目,受人力资源影响最大,项目成员的结构、责任心、能力和稳定性对管理信息系统项目的质量以及是否成功有决定性的影响。因而在管理信息系统项目的管理过程中,要将人力放在与进度、成本一样高的地位来对待。

3.3.6 管理信息系统项目管理的内容

1. 任务管理

将整个开发工作划分成一个个较细的具体任务,并将这些任务落实到人或各个开发小组,明确工作责任,使开发工作高效、有序。

划分任务时,应该按统一的标准,包括任务内容、文档资料、划分进度、验收标准等。同时要根据任务的大小、复杂程度以及所需的软硬件资源等方面的情况分配资金。在开发过程中,各开发小组、参与者如何协调,需要哪些服务支持和技术支持等,都应在任务划分时予以明确。

任务分解(work breakdown)又叫任务划分或工作分解,是把整个信息系统的开发工作定义为一组任务的集合,这组任务又可以划分为若干个子任务,进而形成具有层次结构的任务群,使任务责任到人,落实到位,运行高效。任务划分是实现项目管理科学化的基础,虽然进行任务划分要花费一定的时间和精力,但是整个系统开发过程中将会越来越显示出它的优越性。

任务划分包括的内容有:任务设置,资金划分,任务计划时间表,协同过程与保证完成任务的条件。任务设置是在同一文档格式的基础上详细说明每项任务的内容、应该完成的文档资料、任务的检验标准等;资金划分是根据任务的大小、复杂程度,所需的硬件、软件、技术等多种因素确定完成这项任务所需的资金及分配情况;任务计划时间表是根据所设置的任务确定完成的时间;协同过程与保证完成任务的条件是指在任务划分时要考虑为了完成该项任务所需的外部和内部条件,即哪些人需要协助、参与该项任务,保证任务按时完成的人员、设备、技术支持和后勤支持是什么等。在进行了任务划分之后,将这些任务落实到具体的人,并建立一张任务划分表,在这张表中标明任务编号、任务名称、完成任务的责任人。其中任务编号是按照任务的层次对任务进行编码,层次最高的任务为1,2,3……对任务1的分解为1.1,1.2,1.3……对任务2的分解为2.1,2.2,2.3……以此类推。例如项目计划阶段的工作分解结构如下:

1. 项目计划阶段

  1.1 定义问题

    1.1.1 会见用户

    1.1.2 确定范围

    1.1.3 编写需求陈述

    1.1.4 编写效益陈述

    1.1.5 绘制系统边界图

  1.2 可行性研究

    1.2.1 识别无形成本和无形效益

    1.2.2 估计有形开发成本和运行成本

    1.2.3 估计有形效益

    1.2.4 成本 / 效益分析

    1.2.5 管理的可行性分析

    1.2.6 技术的可行性分析

1.2.7 评估所需进度

1.2.8 资源分析

1.3 制定项目进度

1.3.1 项目分解

1.3.2 估计资源、所需时间,确定任务次序关系

1.3.3 绘制 PERT 图和 Gantt 图

2. 计划编制与进度控制

任务划分后,还要编制详尽的开发计划表,包括配置计划、软件开发计划、测试评估计划、质量保证计划、安全保证计划、安装计划、培训计划、验收计划等。这些计划表的建立应尽可能考虑周全,不要在开发过程中随意增加项目内容或改动计划。

这些计划表可以用时间计划表表示出来,以进一步明确任务的开始和结束时间、任务之间的依赖关系和关键路径。任务时间计划表的建立可以采用表格形式(如 PERT 技术),也可采用图形方式(如计划网络图、甘特图等)。

3. 人员管理

管理信息系统的开发一定要做好人员的组织管理工作,人在系统项目中既是成本,又是资本。人力成本是管理信息系统项目成本构成中最大的一项,开发过程应尽量使人力资源的投入最小;人力资源作为资本,开发过程应尽量发挥人力资本的价值,使人力资源的产出最大。管理信息系统开发过程所需要的各类人员及其工作任务如表 3-1 所示。

表 3-1 管理信息系统开发过程所需要的各类人员及其工作任务

人员类别	主要工作任务
项目负责人	相当于系统开发的总工程师的地位,应当精通管理业务,并熟悉管理信息系统的开发
系统分析员	负责系统的分析和设计,应当既懂管理业务,又懂系统开发
程序员	负责编写、调试程序和软件文档编写
网络设计员	负责网络设计与建立
数据库设计员	负责数据库的建立和数据库的管理
软件测试员	负责软件测试
操作人员	上机操作,数据输入
硬件人员	负责机器的维护和保养工作

除此之外,开发项目还需要抽调管理人员参加开发工作。由于系统开发人员对具体的问题不够熟悉,没有使用部门和管理人员的参与和配合,往往使设计脱离实际,不能很好地投入运行。

4. 经费管理

首先要制订好经费支出计划,包括各项任务所需的资金分配、系统开发时间表及相应的经费支出、各项任务可能出现的超支情况及应对办法等。在计划执行过程中,如果经费有变动,要及时通知相关人员。其次要严格控制经费支出。

5. 审计与控制

审计与控制是保证开发工作在预算的范围内,按照任务时间表来完成相应的开发任务。首先要制定开发的工作制度,明确开发任务,确定质量标准。还要制订详细的审计计划,针对每个开发阶段进行审计,并分析审计结果,处理开发过程中出现的问题,修正开发过程中出现的偏差。

6. 风险管理

任何一个系统开发项目都具有风险性,在风险管理中,应注意技术方面必须满足需求,经费开销控制在预算范围内,保证开发进度,在开发过程中尽量与用户沟通,充分估计可能出现的风险。

总之,在开发过程中,要以科学思想为指导,采用正确的开发方法,开发人员要统一思想,有计划、有步骤地开展工作。同时要做好项目管理工作,协调好各类人员之间的关系,随时注意开发过程中出现的问题,并及早给予解决。要充分发挥集体的作用,集思广益,团结协作,才能完成管理信息系统的开发任务。

3.4　常用的管理信息系统开发方法

在软件开发过程中,当我们追求更低的成本、更快的进度、更精准的需求、更高的质量和更完善的文档管理的时候,我们就会去寻找一些方法来指导和管理管理信息系统的创建与维护过程,那么由此形成了系列科学方法,这就是管理信息系统的开发方法。

管理信息系统的开发是一项复杂的系统工程,它涉及的知识领域广泛,涉及的单位部门众多,需要在计算机技术、管理业务、组织及行为等方面全面把握。可以采用的系统开发方法较多,如传统的结构化方法、原型法、面向对象法,每种方法都有自己的适用范围,不能简单地说哪种方法最好或明显比其他方法优越;往往各种方法会在系统开发的不同侧面和不同阶段为信息系统的开发提供有益的帮助或明显提高开发质量及效率。因此,不能对开发人员硬性规定必须采用何种方法从事系统的开发工作,只能因地制宜,具体问题具体分析。无论何种方法,都必须实现两个目标:一是提高信息系统的开发效率,二是保证信息系统的质量。学习掌握这些方法有利于认识系统开发的基本规律,科学、合理地开发管理信息系统。

3.4.1　结构化生命周期法

结构化生命周期法,将开发过程视为系统从发生、发展到更新的生命周期,是一种系统的、线性的开发方法。结构化生命周期法的特点就是系统性非常强,它把整个系统开发阶段做了严格的生命周期各个阶段的定义,要求在预先就要对系统的功能做一个严格的定义,采用抽象的方法自顶向下展开。这个方法看起来就像瀑布一样,从上到下,从抽象到具体,因此我们也把生命周期法称为瀑布模型。

1. 基本思想

结构化生命周期法是自上向下的结构化方法,是至今为止所有开发方法中应用最广泛、最成熟的系统开发技术。

结构化生命周期法的基本思想是:采用结构化思想、系统工程的观点和工程化的方法,按照用户至上的原则,先将整个管理信息系统作为一个大模块分而治之,自上向下,利用模块化结构设计技术进行模块分解,然后,再自下向上按照系统的结构将各模块进行组合,最终实现系统的开发。

具体来说,就是首先将整个系统的开发过程按照生命周期划分为系统规划、系统分析、系统设计、系统实施和系统运行管理与评价等几个相对独立的开发阶段。其次,在系统规划、系统分析、系统设计各阶段,坚持自上向下的原则,进行系统的结构化划分。从最顶层的管理业务调查开始,直至最底层的业务,从系统的整体方案分析和设计出发,先优化整体的逻辑或物理结构,后优化局部的逻辑或物理结构。最后,在系统实施阶段,坚持自底向上的原则,从最底层的模块编程开始,逐步组合和调试,由此完成整个系统的开发。

2. 结构化生命周期法的优缺点

结构化生命周期法强调严格按照系统开发的生命周期进行信息系统开发,适合于大型系统的开发。该方法具有以下优点:

(1)严格区分系统开发的各个阶段。每个阶段都明确对应的目标和任务,每个阶段又进一步分为若干具体步骤,系统开发有序进行。每个阶段开始于前一阶段的成果,又以本阶段的成果标志该阶段工作的结束,前后衔接,正确性高。

(2)自顶层向下层逐层开发,结构化,模块化。从全局的观点出发进行系统的分析与设计,保证系统总体结构的合理性、系统内数据信息的完整性与一致性、各子系统之间的有机联系。又根据设计的要求,采用模块化设计技术进行具体的程序和功能模块的编程与调试,逐步组合实现整个系统,使复杂的系统开发工作简单化。

(3)建立面向用户的观点,深入调查研究。面向用户,充分了解用户的需求,详细调查,努力掌握系统的实际业务处理过程的各个具体环节,通过研究分析,制订科学合理的新系统开发方案。

(4)系统开发过程工程化,文档资料标准化。阶段性成果采用标准化、规范化的格式和术语、图表等形式组织文档,便于系统开发人员和用户的交流。

但该方法也存在如下缺点:

(1)系统开发周期过长。由于系统开发过程中附带每个阶段的中间结果总结,必然导致延长系统的开发时间,后果是可能因为开发周期内计算机理论和技术的发展与更新、系统环境的变化等,造成刚建立的新系统迅速变得落后和陈旧,缩短系统的使用寿命。

(2)要求在开发之初全面了解系统的信息需求,充分预料各种可能发生的变化,这并不是十分现实的。往往许多系统的建设,是在开发过程中逐步明确和完善的,特别是侧重于辅助决策的管理信息系统的开发更是如此。

(3)用户参与系统开发的积极性没有充分调动,造成系统交接过程不平稳,系统运行维护管理难度加大。

3.结构化生命周期法的开发过程

结构化生命周期法开发管理信息系统的工作过程如图 3-4 所示。

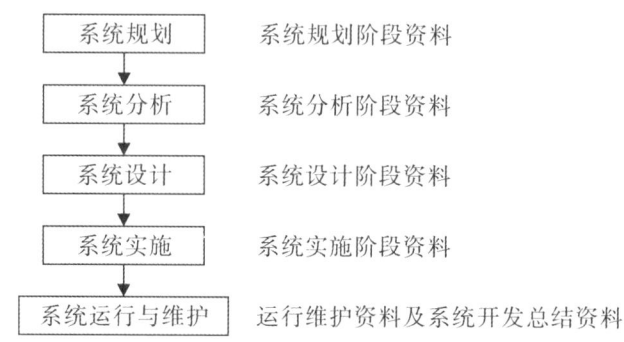

图 3-4　结构化生命周期法工作过程

各阶段的主要工作如下:

(1)系统规划阶段。管理信息系统开发的第一个阶段是系统规划阶段,其主要内容是根据用户提出的系统开发要求,组建规划小组,进行初步调查,了解企业的概况、目标、边界、环境、资源,确定企业目标及信息系统目标。系统规划的主要目的是避免盲目开发系统,减少不必要的损失。

(2)系统分析阶段。系统分析阶段是系统开发过程中一个非常重要的阶段,在这个阶段,开发人员和用户的密切配合是至关重要的。系统分析解决的是管理信息系统"做什么"的问题,主要活动包括详细调查、需求分析、业务流程分析、数据流程分析等,提出新系统的逻辑模型,并写出新系统的系统分析报告。

(3)系统设计阶段。系统设计工作是建立在系统分析的基础之上的,以系统分析报告为依据,结合信息技术的发展,考虑具体情况,提出系统的设计方案,形成系统的物理模型。系统设计关心的是管理信息系统"怎么做"的问题,主要工作分为总体结构设计和详细设计两个部分。总体设计的主要任务是进行子系统划分,得出系统的功能模块结构图,描述系统的功能和实现方法;详细设计主要包括代码设计、数据库设计、输入设计、输出设计、处理流程设计等。最后写出系统设计报告。

（4）系统实施阶段。系统设计报告是系统实施的基础,系统实施的主要工作是将新系统的设计方案变成可运行的计算机模型,是系统真正实现的过程。主要内容包括硬件的购买及安装,系统软件的购置及安装调试,程序设计、调试与优化,人员培训,数据准备与录入,新旧系统的转化。最后要编写各种相关文档。

（5）系统运行与维护评价阶段。该阶段进行系统的日常运行维护管理、评价、监理、审计等工作。在系统运行过程中,由于环境变化产生的问题,用户要求增加新的功能或开发过程中遗留的问题等,都需要系统维护来解决。系统维护可以增强系统的生命力,在某种程度上延长系统的生命周期。对于每一项维护活动都应准确地记录下来,作为正式的文档资料加以保存。当系统运行一段时间后,需要定期对系统进行评价,评价的内容包括系统的运行效率和经济效益的评价、系统运行情况与预期目标和用户需求是否一致的评价。评价的目的在于发现问题、总结经验,为今后系统的改进和开发提供资料。

当系统经过修改或补充,仍不能适应新的需求、新的环境,或是当系统的维护成本过高时,该系统就应该被新的系统所替代,一个新系统的生命周期可能再次开始。

结构化生命周期法各阶段基本任务如表 3-2 所示。

表 3-2　结构化生命周期法各阶段基本任务

序号	开发阶段	基本任务	完成者	完成文档
1	系统规划	初步调查、总体规划研究、可行性论证、制订开发计划	用户企业高层领导、用户、系统分析员	系统总体规划报告、可行性分析报告、数据库概念模型
2	系统分析	详细调查分析用户环境、需求、流程、数据结构,确定系统目标与功能,建立新系统逻辑模型	系统分析员	系统分析说明书、数据库概念模型
3	系统设计	总体设计（系统模块设计）、计算机及网络配置设计、详细设计(代码设计、数据库设计、输入/输出设计、处理过程描述)	系统分析员、系统设计员	系统设计说明书、数据库设计说明书
4	系统实施	设备购置与安装、程序编制、子程序调试、系统联调、用户培训、系统测试、试运行	程序员、分析员、设计员、用户	源程序清单、测试报告、用户手册、操作手册
5	系统运行	运行管理,硬件、软件维护,系统评价	IT 部门、用户	运行手册、维护手册、系统评价报告

3.4.2　原型法

原型法的产生基于认识论,也就是我们认识客观世界的规律。例如,我们评价一个系统比建立一个系统简单;我们看着一个系统去想需求比我们凭空想象需求要简单。这都是认识论的规律,那么在认识论的规律下,我们怎么去获得一个信息系统呢? 首先,我们可以调查用户的需求,然后归纳用户的需求,在此基础上开发一个初始原型,交付给用户使用,根据用户的需求进行修改,逐渐完善,逐渐满足用户的需求,最后可以交付使用。

1. 基本思想

原型法(prototyping)又称快速原型法,突出一个"快"字。所谓原型,就是作为 MIS 的最初版本,是以最少的费用、最短的时间开发出的,以反映最终 MIS 主要特征的系统。

它出于一种朴素的原理:在投入大量的人力、物力之前,在限定的时间内,用最经济的方法开发出一个可实际运行的系统模型。运用原型法开发管理信息系统,首先要对用户提出的初步需求进行总结,然后构造一个合适的原型并运行,此后,通过系统开发人员与用户对原型的运行情况的不断分析、修改和研讨,不断扩充和完善系统的结构和功能,直至得到符合用户要求的系统为止。

原型法不同于结构化系统开发方法,它不区分系统开发的各个阶段,而是同时完成各个阶段的活动,并快速反馈给用户,通过反复迭代,完成系统的开发过程。

原型法的特点就是迭代,不断精细化。

2. 原型法的开发过程

原型法的基本工作流程可描述为以下几步:

(1)用户提出开发需求和系统的初步需求。

(2)系统开发人员识别用户需求,利用工具构造一个系统原型。

(3)双方一起进行测试和评价,确定下一步处理方式:如果根本不可用,抛弃该原型,返回到上一步,重新构造;如果满意,则对该原型进行分析和整理,并根据新的要求修改。

(4)反复对修改后的原型进行测试和评价,直至符合用户的要求,即构成最终系统。

上述工作流程归纳如图 3-5 所示。

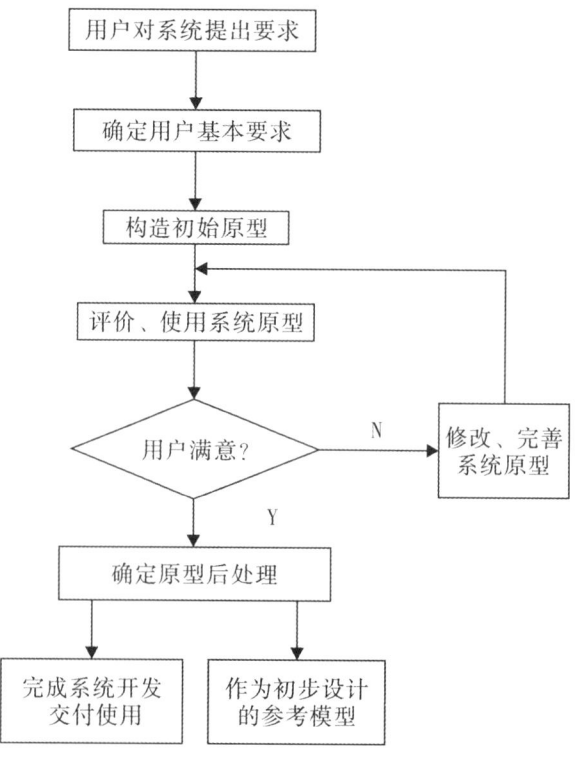

图 3-5　原型法的基本工作流程

3. 原型法的优缺点

原型法的主要优点有以下几点：

(1)开发周期短,费用相对较少。充分利用了最新的软件工具,减少了大量制作文档的时间,减少了用户培训时间,使系统开发的周期缩短,费用相对减少,开发效率得到提高。

(2)改进用户与系统开发人员之间的信息交流方式。所有问题的讨论都是围绕某一个确定原型进行的,彼此之间不存在误解和答非所问的可能性,为准确认识问题创造了条件。有了原型后才能启发人们对原来想不起来或不易准确描述的问题有一个比较确切的描述,使用户在参与中直接发现问题,及时进行反馈。这种方式改善了用户与系统开发人员之间的信息沟通状况,减少设计错误。

(3)用户满意程度高。原型法向用户展示了一个活灵活现的原型系统,供用户使用和修改,使用户易于接受,并且激发了用户主动参与的积极性,减少用户的培训时间,从而提高了用户的满意程度。

(4)应变能力强。原型法是在迭代中完善的,信息技术的进步、企业经营环境发生变化,都能及时体现在系统中,使所开发的系统能及时适应迅速变化的环境。

原型法的缺点主要有以下几点：

(1)不适合大型系统或复杂性高的系统开发。对于大型、复杂的系统,不经过系统和整体规划,想要设计人员直接用屏幕一个个模拟是很困难的。复杂系统功能多且技术复杂,设计人员很难理解透彻。如果采用原型法,分析和设计上的深度不够,那这个原型就得反复迭代,反复修改的次数多了,周期就会变长,成本也会增大,这就失去了原型法的优势。

(2)对管理水平要求高。原型法要求用户的管理能力要达到一定水平,对于管理不善、信息处理过程混乱的组织,不能直接用原型法。首先是对于对象工作过程不清,构造原型有一定困难;其次是由于基础管理不好,没有科学合理的方法可依,系统开发容易走上机械地模拟原手工系统的轨道。

(3)对开发工具要求高。原型法需要快速开发出原型,开发工作量巨大,如果没有现代化的开发工具和技术支持就无法快速完成。

快速原型开发方法开发进程管理复杂,要求用户和开发人员的素质高、配合默契;必须依赖强有力的支撑环境,否则无法进行。应用原型法进行系统开发,构造原型快速,成本较低;开发进程加快,周期缩短,反馈及时。一般地,快速原型方法适用于开发小型的信息系统项目;适用于业务处理过程比较简单或不太复杂的系统;适用于业务需求相对较为确定的系统;适用于具有较丰富的系统开发经验的人员采用。

4. 结构化生命周期法和原型法的比较

结构化生命周期法和原型法是对立的吗? 当然不是,结构化生命周期法和原型法,也就是瀑布式开发方法和迭代式开发方法,体现了两种思路并在实践中经常融合。

3.4.3　面向对象的开发方法

前面介绍了结构化生命周期法和原型法,这是当前普遍使用的信息系统分析和设计技术,但是这些传统的信息系统分析和设计技术存在许多问题,例如生产效率比较低、软件重用度很低、软件维护非常困难、开发出的软件往往不能真正地满足用户的需要。为了解决这些问题,提出面向对象的开发方法(object oriented method,OOM),它是在各种面向对象的程序设计方法基础上逐步发展起来的,以类和对象以及继承、消息传递等概念描述客观事物及其联系,与传统的面向数据的思想完全不同,为管理信息系统开发提供了全新的思维。实践表明,面向对象的分析和设计技术是解决当前信息系统分析和设计问题的一个有效的方案。使用面向对象技术,特别是使用统一建模语言(united modeling language,UML),可以大大提高信息系统分析和设计的质量和效率。

1. 基本思想

面向对象的开发方法基于类和对象的概念,面向对象开发方法的基本思想是将客观世界抽象地看作若干相互联系的对象,然后根据对象和方法的特点研制出一套软件工具,使之能够映射为计算机软件系统结构模型和进程,从而实现信息系统的开发。系统开发人员首先根据用户的需求,找出和确定问题领域对象和类,对其进行静态的结构描述和动态的行为描述,然后建立解决领域的模型,用问题领域对象和类、接口对象和类、运行对象和类以及基础与使用对象和类去构成一个体系结构,通过不断反复与累增,尽可能直接描述现实世界,实现模块化、可重用,完全而准确地满足用户的所有要求。

每个对象都有各自内部的状态、机制和规律,按照对象的不同特性,可以组成不同的类。不同的对象和类之间的相互联系和相互作用就构成了客观世界中不同的事物和系统。

2. 面向对象的核心概念及特点

对象:指现实世界中各种各样的实体,可以指具体的事物,也可以指抽象的事物。

类:用于定义多个相似的对象,是具有相似内部状态和运动规律的实体的集合。

属性:反映了类或对象的特征与状态。

事件:类或对象识别的动作行为,通常是由一个用户动作产生,也可以由程序或系统产生。

面向对象的特点如下:

封装性:把客观事物封装成抽象的类,并且类可以把自己的数据和方法只让可信的类或者对象操作,对不可信的进行信息隐藏。

继承性:一种可使用现有类的所有功能的能力,并在无须重新编写原来的类的情况下对这些功能进行扩展。

多态性:指允许不同类的对象对同一消息做出响应,如同样是选择"编辑""粘贴"操作,在字处理程序和绘图程序中有不同的效果。

3. 面向对象方法的开发过程

采用面向对象的开发方法,首先要进行系统调查和需求分析,对系统中的具体管理问题和用户对系统的需求进行系统的调查研究,确保系统的整体性、开发过程的阶段性与计划性,使系统性能满足系统的目标和要求,以期获取最佳的经济效益。

面向对象的系统开发过程,一般可分为以下四个阶段:

(1)系统分析(分析和求解问题)阶段:利用信息模型技术识别问题域中的对象实体,标识对象之间的关系,确定对象的属性和方法,利用属性描述对象及其关系,并按照属性的变化规律定义对象及其关系的处理流程,该阶段简称OOA。

(2)系统设计(确定问题模型)阶段:对系统发现的结果进一步抽象、归类、整理,以范式(物理模型)的形式确定,该阶段简称OOD。

(3)系统实现(程序设计)阶段:利用面向对象的程序设计语言进行编程,该阶段简称OOP。

(4)系统测试阶段:运用面向对象的技术进行软件测试,该阶段简称OOT。

面向对象的方法还为软件维护提供了有效途径,程序与问题域一致,各个阶段表现一致,大大降低了理解难度,提高了软件的维护效率。面向对象的系统开发过程如图3-6所示。

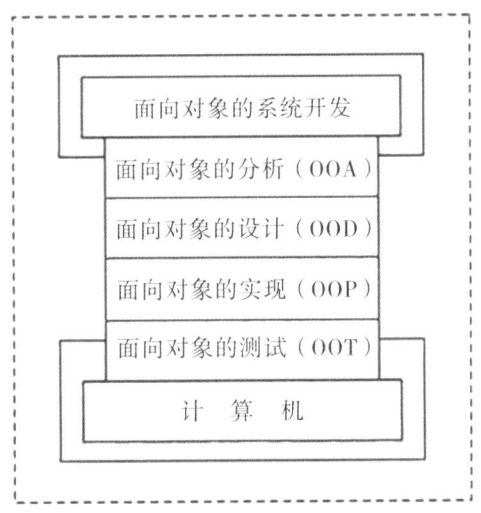

图3-6　面向对象的系统开发过程示意图

4. 面向对象方法的优缺点

面向对象的开发方法以对象为基础,利用特定软件工具直接完成从对象客体的描述到软件结构之间的转换。其主要优点是:

(1)采用全新的面向对象思想,使得系统的描述及信息模型的表示与客观实体相对应,符合人类的思维习惯,有利于系统开发过程中用户与开发人员的交流和沟通,缩短开发周期,提高系统开发的正确性和效率。

(2)面向对象技术中的各种概念和特性,如继承、封装、多态性及消息传递机制等,使软件的一致性、模块的独立性以及程序的共享和可重用性大大提高,也与分布式处理、多机系统及网络通信等发展趋势相吻合,具有广阔的应用前景。

(3)许多新型的软件中,采用或包含了面向对象的概念和有关技术,为面向对象的开发方法的应用提供了强大的技术支持。

但是,面向对象的开发方法也存在着明显的不足。首先,必须依靠一定的软件技术支持,其次,在大型项目的开发上,具有一定的局限性,必须以结构化系统开发方法的自顶向下的整体性系统调查和分析作为基础,否则,同样会存在系统结构不合理、关系不协调的问题。

3.4.4 计算机辅助软件工程方法

计算机辅助软件工程(computer aided software engineering，CASE)，原来指用来支持管理信息系统开发的、由各种计算机辅助软件和工具组成的大型综合性软件开发环境，随着各种工具和软件技术的产生、发展、完善和不断集成，逐步由单纯的辅助开发工具环境转化为一种相对独立的方法论。CASE 方法支持、帮助实现各种开发方法的自动化技术，本质是软件系统。

CASE 方法解决系统开发问题的基本思想是：结合系统开发的各种具体方法，在完成对目标系统的规划和详细调查后，如果系统开发过程中的每一步都相对独立且一定程度上彼此形成对应的关系，则整个系统开发就可以应用专门的软件开发工具和集成开发环境来实现。CASE 方法的目标是提高标准化、提高效率。

CASE 工具主要包括：画图工具，报告生成工具，数据词典、数据库管理系统和规格说明检查工具，代码生成工具和文档资料生成工具等。

这些工具集成在统一的 CASE 环境中，就可以通过一个公共接口，实现工具之间数据的可传递性，连接系统开发和维护过程中的各个步骤，最后，在统一的软、硬件平台上实现系统的全部开发工作。

3.4.5 几种开发方法的比较

从国外最新的统计资料来看，信息系统开发工作的重心正在向系统调查、分析阶段偏移，开发的各个环节所占比重如表 3-3 所示。

表 3-3 信息系统开发工作量比例

阶段	调查	分析	设计	实现
工作量	>30%	>40%	<20%	<10%

系统调查、分析阶段的工作量占总开发工作量的 70% 以上，而系统设计和实现环节占总开发工作量比例不到 30%。

几种系统开发方法对系统开发的支持相比较的结果主要体现在以下几个方面。

(1)结构化方法能够辅助管理人员对原有的业务进行清理，并能够理顺和优化原有业务，使其在技术手段上和在管理水平上都有很大提高。发现和整理系统调查、分析中的问题及疏漏，便于开发人员准确地了解业务处理过程，有利于与用户一起分析新系统中适合企业业务特点的新方法和新模型，能够对组织的基础数据管理状态、原有信息系统、经营管理业务和整体管理水平进行全面系统的分析。

(2)原型法是一种基于 4GL 的快速模拟方法。它通过模拟以及对模拟原型的不断讨论和修改，最终建立系统。要想将该方法应用于大型信息系统开发过程中的所有环节是根本不可能的，所以它多被用于小型局部系统或处理过程比较简单的系统涉及实现的环节。

(3)面向对象方法是围绕对象来进行系统分析和系统设计，然后用面向对象的工具建立系统的方法。这种方法普遍适用于各类信息系统的开发，但是它不能涉足系统分析以前的开发环节。

(4)CASE 是一种除系统调查外全面支持系统开发过程的方法,同时也是一种自动化(准确地说应该是半自动化)的系统开发方法。因此,从方法学的特点来看,它具有上述各种方法的各种特点,同时又具有其自身的独特之处——高度自动化的特点。但是值得注意的是,在该方法的应用和 CASE 工具自身的设计中,自顶向下、模块化、结构化都是贯穿始终的。

综上所述,只有结构化系统开发方法是真正能够较全面地支持整个系统开发过程的方法。尽管其他方法有许多这样或那样的优点,但都只能作为结构化系统开发方法在局部开发环节上的补充,暂时都还不能替代其在系统开发过程中的主导地位,尤其是在占目前系统开发工作量比例最大的系统调查和系统分析这两个重要环节。

3.5　管理信息系统建模工具介绍

Visio 和亿图都是非常优秀的绘制流程图和各种图示的软件,在图示绘制领域都是非常专业的软件。

1. Microsoft Office Visio 软件

Office Visio 是 Office 软件系列中的负责绘制流程图和示意图的软件,是一款便于 IT 和商务人员就复杂信息、系统和流程进行可视化处理、分析和交流的软件。它可以帮助我们创建具有专业外观的图表,以便理解、记录和分析信息、数据、系统和过程。在使用 Visio 时,以可视方式传递重要信息就像打开模板、将形状拖放到绘图中以及对即将完成的工作应用主题一样轻松。Visio 的具体应用如图 3-7 和图 3-8 所示。

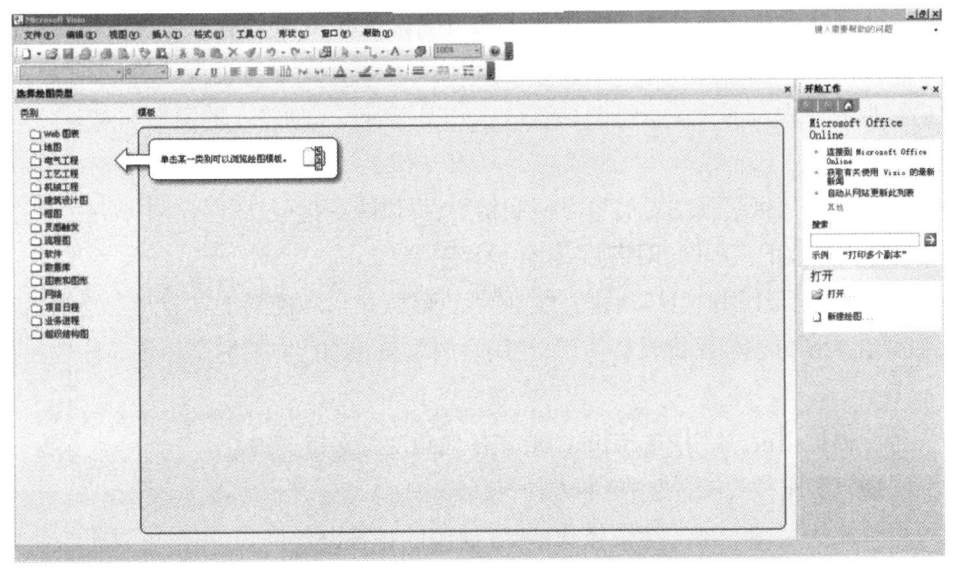

图 3-7　Microsoft Office Visio 操作界面

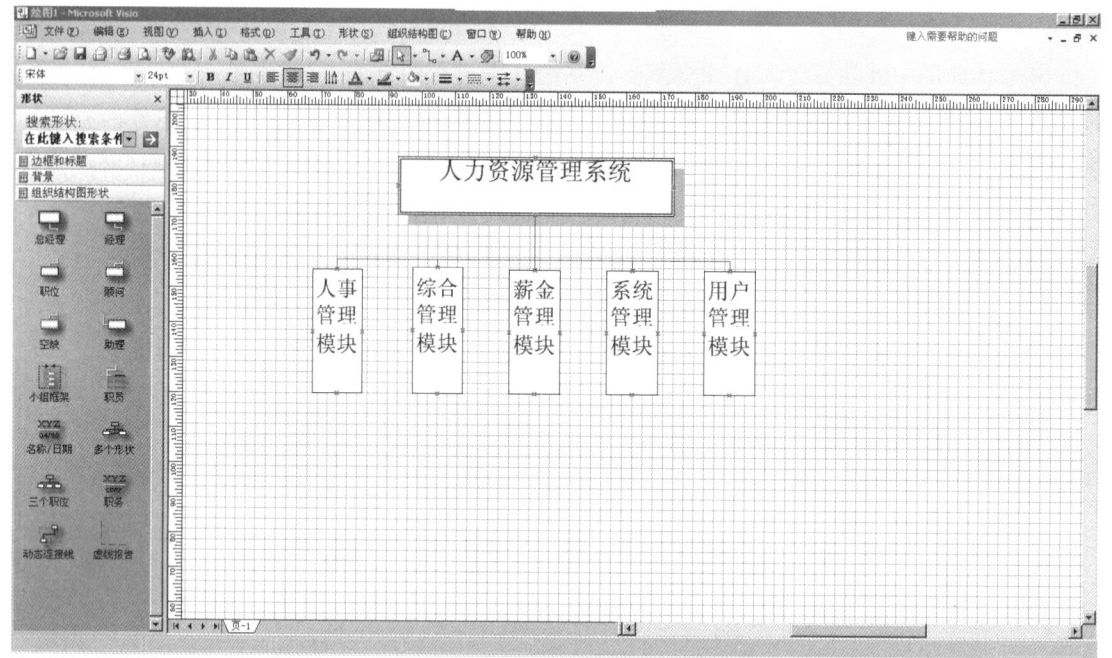

图 3-8　绘制人力资源管理系统的总体功能结构图

2. 亿图图示专家

亿图是一款综合矢量绘制软件,新颖小巧,功能强大,可以很方便地绘制各种专业的流程图、组织结构图、网络拓扑图、思维导图、图表、科学设计图等。

软件特点:

(1)人性化设计,提供完善的绘制、修改方法,各种显示模式可随意切换。

(2)与常见的绘图、文档编辑软件的操作方式相似,使用户可以在短时间内掌握软件的使用方法。

(3)丰富的预定义模板库让用户绘制图形无须从头开始,只要轻轻地拖曳即可做出漂亮的图形。系统提供的实例模板库,让用户思路开阔,在绘图时不断学习进步。

(4)模板形状库中全部为矢量绘图,缩放自如,支持插入其他格式的图形和对象,最大限度地减少用户输入量。

(5)绘图过程比用纸笔画图更简单方便和精准,提供统一排版、图层控制等格式设置,让用户轻松完成各类专业的流程图、网络图、软件设计图等。

(6)基本绘图工具让用户可以通过直线、曲线、弧线、矩形和椭圆工具等元素绘制出新的图形,并可以保存到图形模板库供日后使用,让用户的思想和创意能够淋漓尽致地体现在绘图过程中。

(7)矢量图形抗锯齿,让用户绘制的图形在任何角度都保持美观。

(8)无限撤销和重做功能,使用更加方便灵活。

(9)可以输出为亿图专用的绘图格式,或者通用的各种图形格式,用户可以将绘制好的图形直接嵌入到 Office 程序中来轻松制作图文并茂的文档。

(10)所见即所得的操作方式,使用户可以将任何时候看到的绘图形状输出为各种通用的图形格式或直接打印。

用亿图绘制销售管理系统业务功能图,如图 3-9 所示。

图 3-9　用亿图绘制销售管理系统业务功能图

信息系统的开发过程是一项费时费力的艰巨复杂的系统工程,这其中不但与企业中不同阶层的人员有关(如企业领导的意识与员工的素质因素等),而且管理工作的不确定性和不稳定性的特点也是增加开发工作难度的主要因素。因此,对它的管理应作为一个工程项目管理,需要多方面人员的密切配合,运用系统工程的方法制订出开发工作计划,并对计划的落实进行组织、监督与控制,以保证能按质按时开发出预定目标下的信息系统。

知识梳理与总结

本章首先概述了管理信息系统的开发目标及相关人员,之后讲述了常用的管理信息系统开发方法。通过本章的学习要求同学建立管理信息系统开发的系统思想,了解结构化方法、原型法、面向对象法和计算机辅助设计方法的概念以及它们各自的优缺点。掌握结构化开发方法的步骤和内容,了解原型法和面向对象的开发方法的基本思想和一般过程,掌握 Visio 和亿图图表开发工具。

关键词汇

项目管理(project management，PM)

工作分解结构(work breakdown structure，WBS)

结构化法(structured system analysis and design 或 structured analysis and design technology)

原型法(prototyping)　　面向对象(object-oriented)

技能训练1

案例：管理信息系统开发过程中的失误

王星是一位计算机专业的大学毕业生，学过程序语言，并在一家公司做过三年的程序设计，负责维护公司销售信息系统。他十分胜任这份工作，但是他很想能够从事系统开发的工作，只是短期内企业没有新系统的开发计划。

王星在报纸上看到一家小公司招聘系统分析师，就去应聘。该公司刚开始使用计算机不到半年，很欣赏他的资历，于是相约面试。面试时，王星表现出良好的专业素质，熟悉程序相关知识和许多计算机网络的知识，能够熟练地组网，并能为计算机安装各种个人计算机的套装软件，如文字处理软件和电子表格软件等。因为这家公司没有人有系统开发经验，他们认为王星有能力担任一个系统的开发工作，就雇用了他。

刚开始，王星确实表现不错，他帮助公司的同事使用 PC 上的套装软件，并建议购买何种数据库软件。然后他就开始设计一套收账系统，采用 C 语言来编写这套系统。4 个月之后，他就完成了收账系统的开发。财务部的人员刚开始使用这个系统就遇到各种麻烦，他们不知道该做什么，也不知道什么时候要做，因为该系统没有完整的系统文档，包括系统使用手册和系统维护文件都没有编制。因此王星随时待命，帮助他们进行操作。一星期后，财务人员把资料都输入了系统，并检查了所有的输入资料。然后，就打印账单，看来也都对，就邮寄给客户。

两天后，公司就开始接到许多客户的抱怨电话，气愤地指责账单有错误。检查后，他们发现许多账单确实不对，一时又不知道问题出在哪里，只好人工重新填写邮寄账单。

思考题

1. 请问王星在管理信息系统开发过程中有哪些失误？

2. 上述失误应该如何防止？

技能训练2

实训：系统建模图的绘制

1. 利用 Visio 或亿图图示专家绘制某系统的一个业务流程图。

2. 利用 Visio 或亿图图示专家绘制某系统的功能结构图。

3. 自己学习在线流程图制作软件，并绘制一个业务流程图。

复习思考题

1. 简述管理信息系统开发的特点。

2. 管理信息系统开发过程中主要有哪些人员？其工作内容是什么？

3. 管理信息系统开发的方法主要有哪些？如何根据实际情况选择不同的系统开发方法？

4. 从优势、劣势以及适用场合比较管理信息系统的几种开发方式。举例说明各自的适用场合。

第四章 管理信息系统的开发过程

教学目标

1. 理解系统规划的定义、作用及内容；
2. 掌握可行性分析的内容及方法；
3. 理解业务流程重组；
4. 掌握系统分析阶段的主要任务和主要内容；
5. 掌握业务流程图的绘制方法；
6. 掌握系统设计的主要任务和原则；
7. 掌握系统实施的任务和步骤。

案例导入

 身边的管理信息系统

管理信息系统听上去"很抽象"，实则在我们的日常生活中处处可见，各行各业都在用。比如说我们用到的微信，就是管理信息系统，这款软件具备构成管理信息系统的五个要素。微信 (WeChat) 是我们国家腾讯公司于 2011 年 1 月 21 日推出的一个为智能终端提供即时通信服务的免费应用程序，据腾讯披露，2021 年微信小程序日活超过 4.5 亿，日均使用次数相较 2020 年增长了 32%，活跃小程序则增长了 41%。微信是全球排名第三的社交软件。

思考题

我们国家相关企业信息系统的开发能力已经走到了世界前列，同学们想一想，你还用过哪些功能强大的国产的信息系统呢？

课程思政 树立信息技术的伦理观

广西建立医保反欺诈系统

记者从广西壮族自治区人力资源和社会保障厅了解到,2016 年一年,广西利用医疗保险反欺诈信息系统审核发现问题单据 108.33 万张,有效避免了医保基金的"跑冒滴漏"。

医疗保险反欺诈信息系统也称为医保智能审核系统,能完成医保单据的全面快速审核,准确地发现违规行为、扣除违规款项并及时反馈各医疗机构审核结果。

2016 年,通过系统的决策分析功能,发现多家医院存在非医保项目匹配成医保项目的违规情况,社保经办机构及时派人进行处理,避免医保基金的大量违规使用。截至 2016 年 12 月,医疗保险反欺诈信息系统共审核单据量为 2544.67 万张,审核总金额 76.77 亿元,医保内金额 50.10 亿元,其中,发现问题单据数量为 108.33 万张。

医保反欺诈信息系统自 2011 年推广以来,目前已覆盖了广西钦州、防城港、崇左、河池、百色、贺州、来宾、玉林、柳州、合浦等 10 个地区市本级和县份的 1488 家定点医疗机构和 2463 家定点药店。其中,柳州市率先实现市本级二级及以上定点医疗机构的医保基金支付结算实时审核。

自治区人社部门相关工作人员介绍,医疗保险反欺诈信息系统的运用,不单是在审核控费方面把关监控,同时也对医保管理机制的重建、廉政风险进行了防控,实现了医保业务流程的优化再造,为今后广西医保基金支付审核和精细化管理、服务、分析、结算打下了坚实的数据基础。

(来源:科技日报,2017-05-04)

 # 4.1　系统规划

系统规划是对管理信息系统制定的长期计划,是系统开发所必需的准备工作。它是管理信息系统生命周期的第一个阶段,是开发管理信息系统的一项基础工作。随着管理信息系统被越来越广泛地应用,系统规划也越来越受到重视。

4.1.1　系统规划概述

1. 系统规划的定义

信息系统规划(information system planning, ISP)是将组织目标、支持组织目标所需的信息、提供必需信息的信息系统以及这些信息系统的实施等所有要素集成信息系统方案。信息系统规划是一个组织的战略规划的重要组成部分,是关于信息系统长远发展的规划。

信息系统规划的目的是了解组织制定的发展战略目标,根据其目标制定与之一致的信息系统的发展战略目标。

　　建设信息系统是一项投资大、时间长、技术复杂且涉及面广的系统工程,在实施前必须认真制定有充分根据的系统规划。这是信息系统实施成功的关键。

2. 系统规划的必要性

(1)系统规划是系统开发的前提条件。

　　信息系统的开发是一项极其复杂的系统工程,它涉及由高层到低层、由整体到局部、由决策到执行各个层次、多个部门以及企业人、财、物等各种资源的合理配置等。如果没有一个总体规划来统筹安排和协调,盲目地进行系统开发,必将造成资源的浪费和开发的失败。系统规划作为建设管理信息系统的先期工程,是系统开发的前提条件,也将促进管理信息系统的开发与深化。

(2)系统规划是系统开发的纲领。

　　系统规划涉及的内容包括明确规定系统开发目标、任务、方法与步骤,系统开发的原则,系统开发人员共同遵守的准则,以及系统开发过程的管理和控制手段等。所以系统规划是指导系统开发的纲领性文件。系统规划能从整体上把握管理信息系统的开发,有利于集中全部资源优势,使其得到合理配置与使用。

(3)系统规划是系统开发成功的保证。

　　系统规划把企业的远期目标和近期目标、外部环境和内部环境、整体效益和局部效益、定性分析和定量分析、自动作业和手工作业等诸方面的关系统筹协调起来,使系统的开发严格按照计划有序地进行,同时对开发过程中出现的各种偏差进行微观控制,及时修改、完善计划,从而有效地避免由于开发中发生错误所造成的巨大损失。

(4)系统规划是系统验收评价的标准。

　　新信息系统建成后,应该对该系统运行的情况进行测定验收,对系统的目标、功能与特点进行评价。这些工作都是以系统规划中规定的内容为标准的。

(5)系统规划是充分利用信息资源的辅助工具。

　　在现代社会中,信息已成为企业的生命线,信息资源是企业的重要财富,信息系统的运行与企业的运营方式息息相关。系统规划可以直接对企业产生积极的影响,如能够更加准确地识别实现企业目标所必须完成的任务,发现过去可能没有发现的问题,改进薄弱的环节,为企业更合理地安排各种活动提供依据。

3. 系统规划的内容

(1)制定管理信息系统的发展战略。管理信息系统服务于企业管理,其发展战略必须与整个企业的战略目标协调一致。制定管理信息系统的发展战略,首先要通过调查分析企业的目标和发展战略,评价现行信息系统的功能、环境和应用状况;在此基础上确定管理信息系统的使命,制定管理信息系统的目标及相关政策。

(2)制订管理信息系统的总体方案,安排项目开发计划。在调查分析企业信息需求的基础上,提出管理信息系统的总体结构方案。根据发展战略和总体结构方案,确定系统和应用项目开发次序及时间安排。

(3)分析管理信息系统开发的可行性。可行性分析的任务是根据确定的问题,通过分析新系统需要的信息技术、可能发生的投资和费用、产生的效益,确定开发的管理信息系统成功的可能性。

(4)制订系统建设的资源分配计划。制订为实现开发计划所需要的硬件资源、软件资源、技术人员、资金、服务等计划,提出整个系统建设的概算。

4. 系统规划的特点

(1)全局性。系统规划是面向全局的和长远的问题,系统规划的目的是为整个系统确定发展战略、总体结构和资源计划,而不是解决系统开发中的具体问题。其规划人员是高层管理人员,直接影响整个组织的改革和发展进程。

(2)指导性。系统规划是在宏观上对信息系统进行描述,为整个信息系统的建设确定目标、发展战略及资源分配的计划,并不解决信息系统在实际开发中的具体问题。

(3)管理与技术相结合。系统规划需要现代信息技术有效的支持和辅助管理决策,系统规划人员不仅要具备良好的管理与技术的理论和实践经验,更需要具备开创精神和务实的态度。

(4)环境适应性。系统规划是组织总体发展规划中的一部分,不仅要遵循组织总体发展规划的目标,同时需要适应环境的发展和改变,做出及时有效的调整。

企业信息化建设作为一项复杂的系统工程,耗资大、历时长、技术复杂、牵扯部门多,为了保证系统具有良好的整体性、较高的适应性、较好的可靠性,同时可以有效缩短开发周期,节省开发费用,必须做好管理信息系统开发阶段的各项工作。

5. 系统规划的步骤

管理信息系统的战略规划包含的内容非常广,由企业的总目标到各职能部门的目标以及它们的政策和计划,直到企业信息部门的活动与发展,绝不只是"拿钱买机器"的规划。进行管理信息系统的规划一般包括下列步骤,如图4-1所示:

(1)确定规划的基本问题,如规划的年限、规划的方法,确定是集中式还是分散式的规划,以及是进取还是保守的规划等。

(2)收集初始信息。包括从企业的管理层、企业内部各种信息系统领导小组、各种文件以及从书籍和杂志中收集信息。

(3)现存状态的评价和识别计划约束。包括目标、系统开发方法、计划活动、现存硬件和它的质量、信息部门人员情况、运行和控制、资金、安全措施、人员经验、手续和标准、中期和长期优先序、外部和内部关系、风险度和政策、现存的设备、现存软件及其质量,以及企业的思想和道德状况。

(4)明确规划目标。确定管理信息系统的开发目标,明确管理信息系统应具有的功能、服务范围和质量、政策、组织以及人员等,这实际上应由总经理和管理信息系统委员会来设置。

(5)准备性能评价矩阵。列出管理信息系统规划内容相互之间所组成的矩阵,确定各项内容以及它们实现的优先顺序。这实际上是评价建成的信息系统以及信息系统开发工作好坏的指标矩阵。

(6)提出解决方案。一般至少 3 个方案,也可能多至 n 个。

(7)对每一个方案做出较详细的说明。

(8)在所有备选方案中选择最合适的方案。

(9)写出规划报告。这时要与用户和 MIS 委员会反复交流讨论。

(10)写出的规划要经总经理批准才能生效,并宣告战略规划任务的完成。如果总经理没批准,只好再重新进行规划。

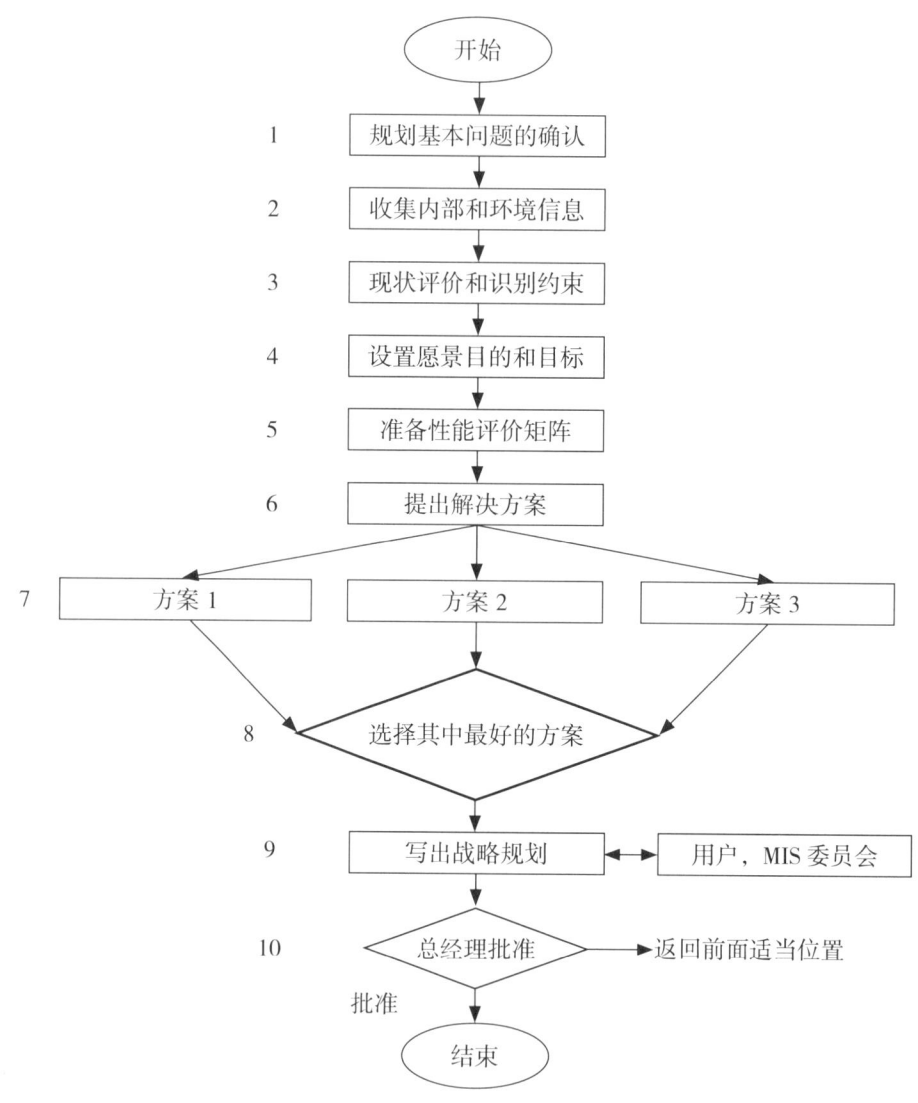

图 4-1　管理信息系统规划步骤

4.1.2　系统规划的主要方法

用于管理信息系统规划的方法很多,主要是关键成功因素法(critical success factor, CSF)、战略目标集转化法(strategy set transformation, SST)和企业系统规划法(business system planning, BSP)等。

1. 关键成功因素法

1970 年哈佛大学教授 William Zani 在 MIS 模型中使用了关键成功变量,这些变量是决定管理信息系统成败的因素。10 年后,麻省理工学院教授 John Rockart 将关键成功因素法提升为管理信息系统的规划方法。

(1)关键成功因素法的基本思想。

在现行系统中,总存在着多个变量影响系统目标的实现,其中若干个因素是关键的和主要的,即关键成功因素。通过对关键成功因素的识别,找出实现目标所需的关键信息集合,从而确定系统开发的优先顺序。

关键成功因素法的基本思想是通过分析找出促使企业成功的关键因素,围绕这些因素确定信息系统的需求,对信息系统进行规划。它的理念是:一个组织的信息需求是由管理者的几项关键性成功因素决定的。

(2)关键成功因素法的基本步骤。

第一,确定企业或 MIS 的战略目标。

第二,识别所有的成功因素:主要是分析影响战略目标的各种因素和影响这些因素的子因素。

第三,确定关键成功因素。不同行业的关键成功因素各不相同,即使是同一个行业的组织,由于各自所处的外部环境的差异和内部条件的不同,其关键成功因素也不尽相同。

第四,明确各关键成功因素的性能指标和评估标准。

关键成功因素法的优点是能够使所开发的系统具有很强的针对性,能够较快地取得收益。应用关键成功因素法需要注意的是,当关键成功因素解决后,又会出现新的关键成功因素,就必须再重新开发系统。

(3)关键成功因素的确定。

不同组织的关键成功因素不同,不同时期关键成功因素也不相同。在一个时期内的关键成功因素解决后,又要识别新的关键成功因素。如某企业当前的关键成功因素是降低成本、增加产量,当成本降低、产量增加后,开拓市场、稳定客户便成为关键成功因素。在众多影响企业发展的要素中,可以通过考虑下列几个方面来确定企业的关键成功因素。

第一,确保企业具有竞争能力的关键因素。

第二,不同类型的业务存在不同的关键成功因素。

第三,企业处于不同发展时期,关键成功因素也可能变化。

第四,企业所处的外部环境变化时,可能引起关键成功因素的变化。

第五,不同的高层管理人员,对于企业关键成功因素的定义和想法也会不同。

识别关键成功因素就是要识别与系统目标相关联的主要数据类及其关系。识别关键成功因素的主要工具是树枝图。

下面举例说明基于 CSF 的电脑选购过程。假如某人要买一台台式电脑,用于工作、学习和娱乐,其功能方面的主要内容包括 Office 办公软件、Photoshop 和 CorelDRAW 等图像处理软件、上网以及影音娱乐等。据此,我们可以首先定义系统(功能)的目标,即需求集合 R={图像处理软件,办公软件,即时通信工具,影音播放 }。其次,为满足 R,电脑的性能主要应该考虑:具备有效运行图像处理软件的能力,包括运算速度和存储能力。只要具备这种能力,电脑的其他用途均可得到满足。除了考虑电脑的功能要求以外,选购电脑往往还要从电脑的外观、附件及服务,以及信息技术的发展等几个方面综合选购,这些因素用 CSF 的树枝图工具进行描述,如图 4-2 所示。

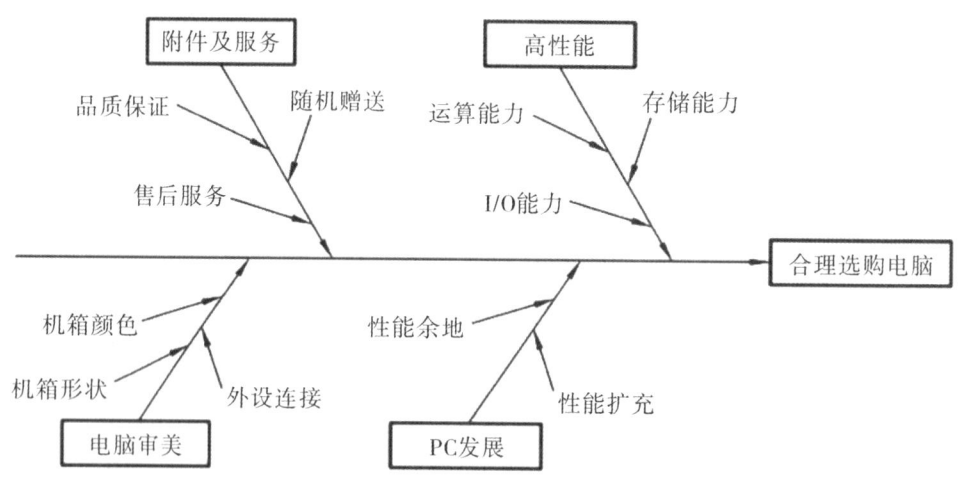

图 4-2　电脑选购 CSF 树枝图

关键成功因素法分析简明、快速,但它类似于艺术创作,没有一个特定的严格规则,适用于高层,适合在 DSS 与 ESS 开发中使用。特别要注意,个人的 CSF 不一定是组织的 CSF。

2. 战略目标集转化法

战略目标集转化法是一种通过识别管理目标,从而得出信息系统目标的结构化方法。William King 于 1978 年提出把企业的总战略、信息系统战略分别看成"信息集合",由使命、目标、战略和其他战略变量(如管理的复杂性、改革习惯以及重要的环境约束)等组成。战略目标规划的过程则是由组织战略集转换成信息系统战略集的过程。

这个方法的第一步是识别组织的战略集,先考察一下该组织是否有成文的战略长期规划,如果没有就要去构造这种战略集合。可以采取以下步骤:

① 描绘出组织各类人员结构。

② 识别每类人员的目标。

③ 对于每类人员识别其使命及战略。

第二步是将组织战略集转化成信息系统战略集,信息系统战略集应包括系统目标、系统约束以及系统开发战略等。这个转化的过程包括对应组织战略集的每个元素识别对应的信息系统战略约束,然后提出整个信息系统的结构。最后,选出一个方案交给组织负责人。图 4-3 描述了这个转化过程:

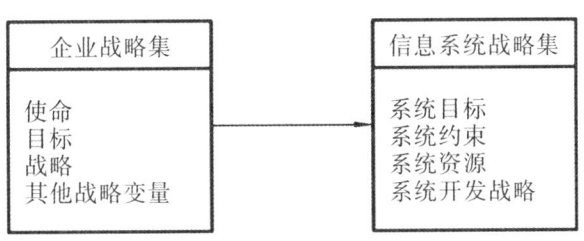

图 4-3 SST 转化过程

战略目标集转化法是从另一个角度来识别组织的管理目标,反映了组织内外各种人的需求,并按这些需求进行目标分层,进而将这些需求转化为管理信息系统的目标。它能保证战略目标的全面性,减少遗漏,但是重点不突出。

3. 企业系统规划法

企业系统规划法是由 IBM 公司于 20 世纪 70 年代研制的指导企业信息系统规划的方法。作为用于内部系统开发的一种方法,它的基本理念是"信息支持企业运行"的思想,即要了解一个公司的信息需求,只能通过研究整个组织,这包括组织的结构设置、部门的职能、业务流程和所需的数据。它是通过全面的调查,分析企业信息需求,来制定信息系统的总体方案。在总的思路上它和前述的方法有许多类似之处,它也是先自上而下识别系统目标,识别企业过程,识别数据,然后再自下而上设计系统,以支持目标。BSP 的基本思想和实现过程如图 4-4 所示:

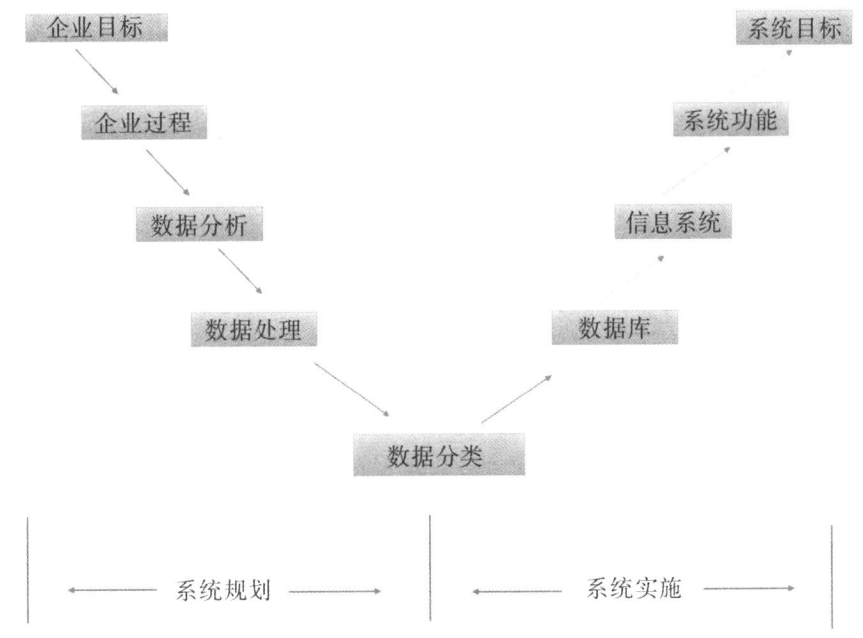

图 4-4 BSP 的基本思想和实现过程

使用 BSP 规划是一项系统工程性工作,准备活动包括接受任务和组织队伍,一般接受任务是由一个委员会来承担,委员会应当由总经理或副总经理牵头,这个委员会要明确规划的方向和范围,明确两个"W"和一个"H"的问题(做什么"what"、为什么做"why"和如何做

"how")。其主要的工作步骤如图4-5所示。

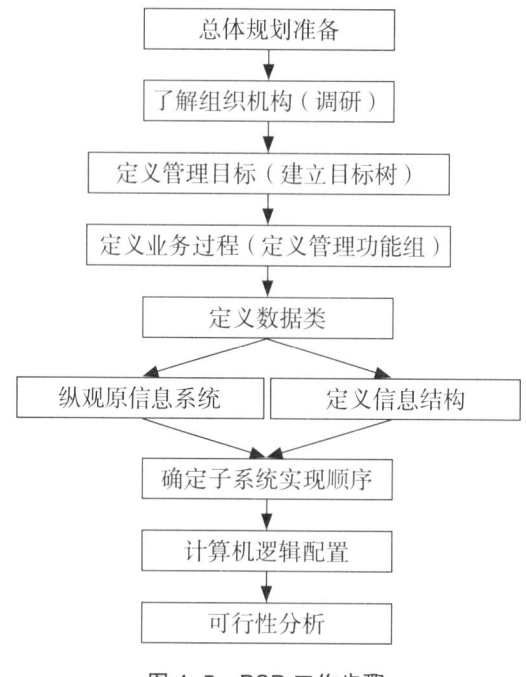

图 4-5 BSP 工作步骤

(1)准备工作。成立由最高领导牵头的委员会,下设一个系统规划组,确定总体规划的范围,确定工作计划,画出总体规划工作的计划评审技术图或甘特图。

(2)调研。规划组成员通过查阅资料,深入各级管理层,了解企业有关决策过程、组织职能以及部门的主要活动和存在的主要问题。

(3)定义业务过程(又称企业过程或管理功能组)。定义业务过程是 BSP 方法的核心。业务过程指的是企业管理中必要且逻辑上相关的、为了完成某种管理功能的一组活动。识别企业过程可对企业如何完成其目标有个深刻的了解,可以作为信息识别构成信息系统的基础,按照企业过程所建造的信息系统,在企业组织变化时可以不必改变,或者说信息系统相对独立于组织。整个企业的管理活动由许多企业过程所组成,每个过程都是相对独立的一项功能,如销售功能可以分解为销售策略与管理、订货服务、合同管理、产品与库存管理等过程。

(4)业务过程重组。业务过程重组是在业务过程定义的基础上,找出哪些过程是正确的,哪些过程是低效的,需要在信息技术支持下进行优化处理,还有哪些过程不适合采用计算机信息处理,应当取消。

(5)定义数据类。数据类是指支持业务过程所必需的逻辑上相关的数据。对数据进行分类是按业务过程进行的,即分别从各项业务过程的角度将与该业务过程有关的输入数据和输出数据按逻辑相关性整理出来,归纳成数据类。

(6)定义信息系统总体结构。定义信息系统总体结构的目的是刻画未来信息系统的框架和相应的数据类。其主要工作是划分子系统,尽量把信息产生的企业过程和使用的企业过程划分在一个系统中,从而减少子系统之间的信息交换。具体实现可利用 U/C 矩阵。

（7）确定总体结构中的优先顺序，即对信息系统总体结构中的子系统按先后顺序排出开发计划。

（8）完成 BSP 研究报告，提出建议书和开发计划。

企业系统规划法综合全面地考虑了一个组织对系统数据的使用及不足，对如何利用信息有了一个全面的认识和了解。在这个过程中要靠许多经理和用户的参与来帮助组织内产生一致意见，需要收集和分析的数据量大。它是根据企业过程模型去建立信息系统，但它更多地承认企业的现有过程，将手工作业改变成自动化，虽有过程的改进，但力度不大，很多情况下，"企业如何经营"可能需要一种全新的方法。

4. 管理信息系统战略规划方法的综合比较

关键成功因素法能抓住主要矛盾和矛盾的主要方面，使目标的识别突出重点，最有利于确定管理目标。

战略目标集转化法从组织的各类管理者的角度识别管理目标，它反映各种人的要求，而且给出按照这种要求分层，而后转化为信息系统目标的结构化方法，能保证目标比较全面，疏漏较少，但没突出重点方面。

企业系统规划法首先强调目标，但没有明显的目标引出过程。它通过识别企业"过程"引出系统目标，企业目标到系统目标的转换是通过对组织、企业过程与数据类及其相互关系的分析得到的。

5. CSB 方法

20 世纪 80 年代初中国就有学者把这三种方法结合起来使用，把它叫 CSB 方法（即 CSF、SST 和 BSP 结合），如图 4-6 所示。这种方法先用 CSF 方法确定企业目标，然后用 SST 方法补充完善企业目标，并将这些目标转化为信息系统目标，用 BSP 方法校核两个目标，并确定信息系统结构，这样就弥补了单个方法的不足。当然这也使得整个方法过于复杂，而削弱了单个方法的灵活性。

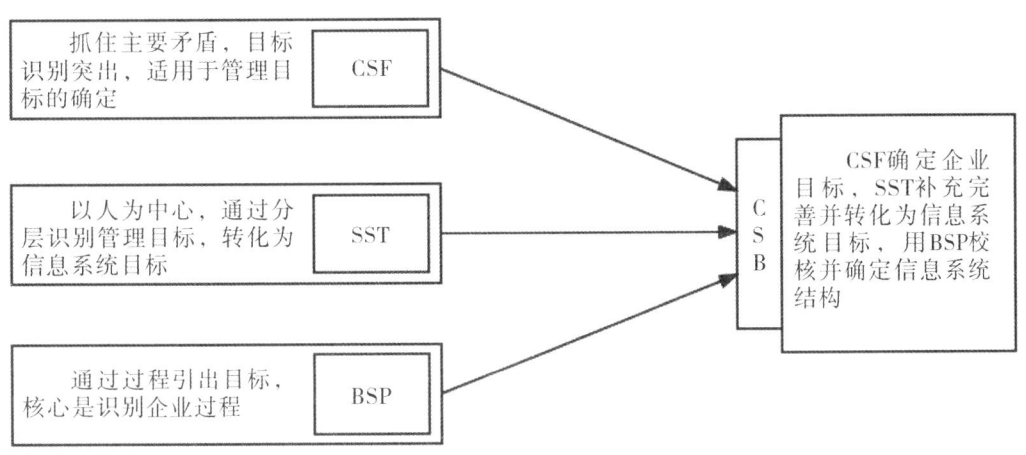

图 4-6　三种信息系统规划方法的结合——CSB 方法

4.1.3　业务流程重组

企业的业务流程直接体现了企业的核心竞争力,是企业实现其目标的基础。管理信息系统的规划不仅是信息技术的应用和信息平台的搭建,更应该应用现代信息技术与管理方法,对企业的流程进行改造和创新。

1. 业务流程重组的定义

业务流程重组(business process reengineering,BPR),也称为业务流程再造,是最早由美国的 Michael Hammer 和 James Champy 提出,在 20 世纪 90 年代达到全盛的一种管理思想。业务流程重组是指对企业过程进行根本的再思考和彻底的再设计,以此来提高企业的关键性能指标,如质量、服务和速度。

BPR 实施需要考虑企业面临的实际问题以及所处的环境,据统计有 70% 的 BPR 项目都是失败的,这也需要企业在进行 BPR 项目之前做好全面充分的调研以及分析工作。

2. 业务流程重组的步骤

企业的业务流程重组是站在信息的角度,对企业流程的重新思考和再设计,是一个系统的工程。BPR 的实施过程一般分为三个阶段,具体步骤如图 4-7 所示。

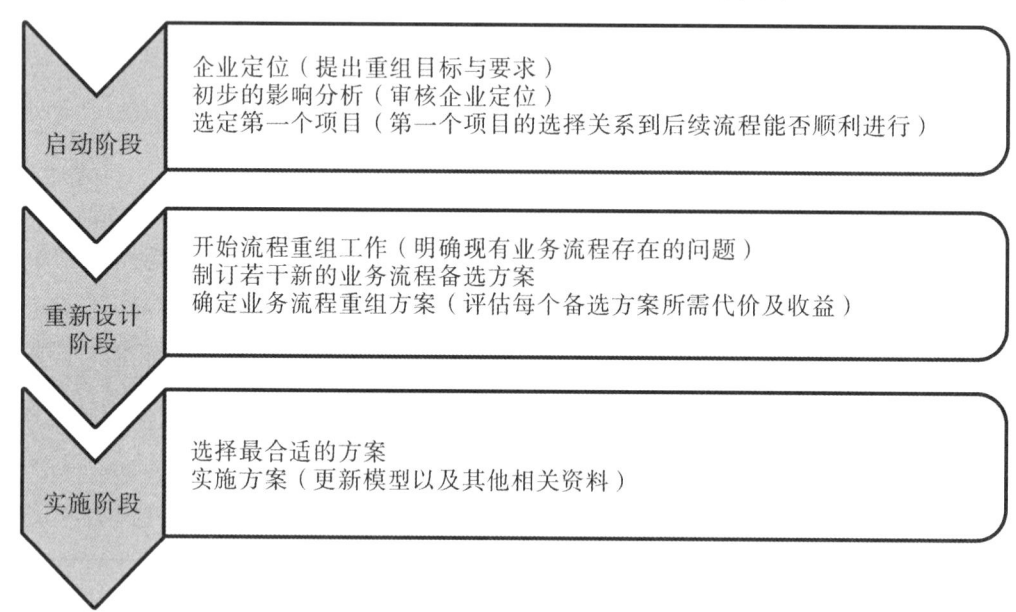

图 4-7　BPR 的步骤

进行企业流程重组工作的过程中,还需要注意以下三个方面:

(1)以核心生产力为中心,重组业务流程。

企业想在激烈的市场竞争中立足,就必须不断地提高和创新自身的核心生产力。否则,迟早会被市场淘汰。企业应该做好内部基本流程的重组,以现有的核心生产力为基础,全面多角度地了解所有业务流程,大胆改革,找出核心业务流程,进而形成具有企业自身特色的核心产品和核心竞争力的业务流程体系。

(2)以客户为起点,整合企业业务流程。

目前,市场的发展已经由以"产品"为导向的时代转变成以"客户"为导向的时代,对于客户资源的争夺将会越来越激烈。这些发展现状要求企业在业务流程再造时,充分考虑客户这个因素,调整企业的研发及生产销售等活动。

(3)加强人力资源的开发管理以及信息基础设施的建设。

目前,素质高、能力强的人才已经成为企业争相抢夺的资源,拥有优秀的人才,才能使企业的业务流程重组成功顺利地进行,因此,企业人力资源的开发和管理显得尤为重要。对于信息技术以及信息基础设施而言,大多数企业目前仍然处在局部利用和内部整合的阶段,无法达到业务流程重组对于信息技术和信息基础设施的要求,因此,企业应该加强对信息技术的利用以及信息基础设施的建设。

3. 业务流程重组与企业信息化的关系

(1)企业信息化的定义。

企业信息化(enterprise informatization,EI)是指企业以业务流程的优化和重组为基础,利用计算机技术、网络技术和数据库技术来控制和集成化管理企业运营活动中的各种信息,实现企业内外部信息的共享和利用,提高企业的经济效益和市场竞争力。

企业进行信息化建设有两种方式:一种是为企业梳理业务流程,量身定制开发,但是开发周期长且不易取得成功;另一种是选择适合公司管理风格的信息化方案,在此基础上进行细节的修改。

(2)企业信息化背景下的业务流程重组的实施。

企业信息化和业务流程重组对于企业运营有着相同的作用,两者都是为了提升企业管理的水平,帮助企业增强对业务流程的管理和控制,并对企业的管理工作进行改进和优化。

在企业信息化的背景下,可以通过以下步骤来实施业务流程重组。

①在总体规划阶段,要全面深入了解企业信息化建设的战略目标与范围,同时确定参与业务流程重组的人员、制订重组计划以及完成相应的预算工作。

②在重组项目启动阶段,需要在公司内部召开项目启动会,主要目的是对企业内部基层员工和管理层人员进行业务流程重组基本知识和实施方案的培训。

③在流程分析阶段,必须充分了解企业业务运行的现状,并对现有业务流程进行描述和分析,找出其中存在的问题并进行分析诊断。

④在流程优化设计阶段,需要根据企业信息化目标来确定关键业务流程,同时明确业务流程的改进方向,对企业业务流程进行优化设计。在业务流程优化方案制订的过程中,要充分考虑管理信息系统实施中可能需要满足的要求。在管理信息系统配套方案的设计中,要根据方案要求收集和整理配套信息,并制订智能调整方案。

⑤在流程切换阶段,需要对企业的组织结构进行适当的调整,并配合实施方案对相关参与者进行培训。

⑥在业务流程重组实施完毕后,必须对业务流程重组的效果进行评价与总结。若企业有

需要,可进一步改进和优化设计方案,以便支持项目的持续改进。

4.1.4 信息系统规划报告

只有在被共享的前提下,信息才能发挥其资源作用。在企业或组织中,来自企业或组织内外的信息源很多,如何从大量的信息源中收集、整理、加工、使用这些信息,发挥信息的整体效益,以满足各类管理不同层次的需要,显然不是分散、局部考虑所能解决的问题,必须经过来自高层的、统一的、全局的规划。系统规划阶段的任务就是要站在全局的角度,对所开发的系统中的信息进行统一的、总体的考虑。另外信息系统的开发需要经过开发人员长时间的努力,需要相应的开发资金,因而在开发之前要确定开发顺序,合理安排人力、物力和财力,这些问题也必须通过系统规划来解决。具体地说,系统规划是在可行性分析论证之后,从总体的角度来规划系统应该由哪些部分组成,在这些组成部分中有哪些数据库(这里所规划出的数据库是被系统各个模块所公用的主题数据库),它们之间的信息交换关系是如何通过数据库来实现的,并根据信息与功能需求提出计算机系统硬件网络配置方案。同时根据管理需求确定这些模块的开发优先顺序,制订出开发计划,根据开发计划合理调配人员、物资和资金。这一阶段的总结性成果是系统规划报告,这个报告要在管理人员特别是高层管理人员、系统开发人员的共同参与下进行论证。系统规划报告应包括如下内容:

1. 组织愿景与战略

在确定信息系统战略规划的时候,需要先研究组织的战略规划。需要回答的问题如下:

(1)组织的目标是什么?

(2)组织打算如何达成目标?

2. 信息系统的战略

(1)信息系统的目标定位与发展战略。

(2)信息系统的建设原则与策略选择。

(3)信息系统的目标功能结构。

(4)新技术发展的预测。

3. 现存的信息系统

(1)当前存在哪些系统?

(2)它们是如何支持企业业务的?

(3)现存系统适用性分析。

(4)打算做哪些改变?

4. 计划建立的信息系统

(1)已选择哪些系统?

(2)通过它们能够支持哪些企业过程?

(3)如何评价这些系统?

(4)组织整顿与业务重组策略。

(5)管理控制策略。

5. 信息系统的应急计划

(1)有什么计划保护系统免遭灾难?

(2)如何选择保护系统?

6. 信息系统的实施计划

(1)信息系统开发进度计划。

(2)软件购置计划。

(3)资源投入计划。

(4)组织重组与人员培训计划。

(5)成本/效益计划。

4.1.5　可行性研究

在信息系统的目标需求确定后,系统分析人员就可以开始对项目的可行性进行研究。事实上,可行性研究是任何一项大型工程正式投入力量之前必须进行的一项工作。这对于保证资源的合理使用、避免浪费是十分必要的,也是项目一旦开始以后能顺利进行的必要保证。

1. 可行性研究的定义

可行性(feasibility)研究是指在项目正式开始之前,依照一定标准,从经济、技术以及社会等方面对项目开发的必要性、可能性、合理性以及项目所面临的重大风险进行分析评估。

管理信息系统可行性研究工作的内容重要且复杂。首先,要对亟待开发的信息系统总体规划进行可行性论证;其次,要对在信息系统建设的过程中,各阶段投入开发的子项目进行可行性分析;最后,随着环境、需求以及技术的发展变化,要及时根据变化对管理信息系统建设的影响进行可行性分析。

2. 可行性研究的内容

一般来说,管理信息系统开发过程中的可行性研究包括系统开发的必要性、系统目标和方案的可行性、技术可行性、经济可行性以及社会可行性五个方面。

(1)系统开发的必要性。

可行性分析包括对系统的可能性和必要性的分析。若企业目前使用的信息系统能够满足企业信息管理的需求,又或者企业的高层管理者认为目前使用的信息系统没有必要进行升级,那么,管理信息系统的开发工作就不具备可行性。因此,信息系统规划人员需要根据现行信息系统的运行状况及管理层对业务工作的要求,综合分析和论证开发信息系统的必要性。

(2)系统目标和方案的可行性。

首先要确定系统目标是否明确,是否与企业目标和用户需求相一致;其次分析信息的开发方案是否切实可行,是否能够满足企业进一步发展的要求等。

(3)技术可行性。

技术可行性(technical feasibility)是指在特定条件下技术资源的可用性以及这些资源用于解决管理信息系统问题的可能性和现实性。技术条件包括以下几个方面:

①硬件。如计算机的存储量、运算速度,外部设备的功能、效率、可靠性,通信设备的能力、质量是否满足要求等。

②系统软件。如操作系统提供的平台是否符合需要,数据库管理系统、程序设计语言、网络软件的功能和性能是否满足需要,等等。

③应用软件。如是否已有专用的软件。

④技术人员。各类技术人员的数量、水平、来源。

(4)经济可行性。

在所有管理信息系统的开发过程中,经济成本是企业管理人员和系统开发人员考虑的主要问题。经济可行性(economic feasibility)分析要估计项目的成本和效益,分析项目经济上是否合理。如果不能提供研制系统所需要的经费,或者不能提高企业的利润,或一定时期内不能回收它的投资,就不应该开发该项目。也就是说,经济可行性要解决两个问题:资金可行性和经济合理性。

①资金可行性。先要估计成本,计算项目投资总额。成本包括初始成本与日常维护费用。系统的初始成本包括:各种软、硬件及辅助设备的购置、运输、安装、调试费用;机房及附属设施(电源、通信、地板等)的建设费用;其他费用(差旅、办公费用及不可预见费用)。日常维护费用包括系统维护(软件、硬件、通信)费用、人员薪资、易耗品(表格、磁带、磁盘)费用、内务开销(公用设施、建筑物、远程通信、动力)等。应注意防止成本估计过低的倾向(经验表明,实际费用往往高于预估费用2~4倍),如只计算开发费用而不计算维护费用;只考虑硬件而忽视软件,等等。

②经济合理性。要说明经济合理性,需计算信息系统带来的效益。效益可分为直接效益和间接效益。直接效益是系统投入运行后,对利润的直接影响,如节省多少人员、压缩多少库存、增加多少产量及减少多少废品,等等。这些效益可直接折合成货币形式。信息系统的效益大部分是难以用货币形式表现出来的间接效益。如系统运行后可以更及时地得到更准确的信息,对管理者的决策提供有力的支持;改善企业形象,增加竞争力,等等。

(5)社会可行性。

社会可行性(social feasibility)是指所建立的信息系统能否在该企业实现,在当前操作环境下能否很好地运行,即组织内外是否具备接受和使用新系统的条件。从组织内部来讲,管理信息系统的建立,可能导致某些制度,甚至管理体制的变动。从组织外部来讲,管理信息系统运行后,报表、票证格式的改变,是否为有关部门认可和接受,将直接影响企业的营业额。对于涉及社会经济现象的系统,还应考虑原始数据的来源有无保证。

3. 可行性研究的结论

可行性分析报告的结论一般有如下四种：

一是，可以立即开始进行；

二是，需要推迟到某些条件（例如资金、人力、设备等）落实之后才能开始进行；

三是，需要对开发目标进行某些修改之后才能开始进行；

四是，不能进行或不必进行（例如因技术不成熟、经济上不合算等）。

在可行性研究结束之后，应该将分析结果用可行性报告的形式编写出来，形成正式的工作文件。这个报告是非常必要的，因为我们把项目的目标用专门的语言表达出来，并按照我们的理解把它明确化、定量化，列出优选顺序并进行权衡考虑，这些是否符合使用者的原意，有没有偏离使用者的目标，都还没有得到验证。虽然我们尽力去体会使用者的意图，但由于工作背景和职业的差别，仍难免发生一些误解与疏漏。因此，与使用者交流，请他们审核可行性分析报告是十分必要的。对可行性报告的讨论是研制过程中的关键步骤，必须在项目的目标和可行性问题上取得一致的认识，才能正式开始项目的详细调查研究。

可行性报告包括总体方案和可行性论证两个方面。

① 引言。说明系统的名称、系统目标和系统功能、项目的由来等。

② 系统建设的背景、必要性和意义。

③ 拟建系统的候选方案。这部分要提出系统的逻辑配置方案，可以提出一个主要方案及几个辅助方案。

④ 可行性论证。从技术、经济、社会三个方面对规划进行论证。报告要用较大的篇幅说明总体规划调查、汇总的全过程，使人信服调查是真实的，汇总是有根据的，规划是可信的。

⑤ 几个方案的比较。若结论认为是可行的，则给出系统开发的计划，包括各阶段人力、资金、设备的需求和开发进度。

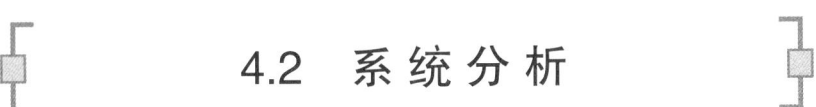

4.2　系统分析

系统分析也称系统的逻辑设计，它是信息系统开发过程中的重要环节，也是确定新系统最佳逻辑设计方案的关键阶段，是信息系统建设中最困难却必不可少的阶段。随着信息系统开发项目规模的扩大和系统建设的环境日趋复杂，企业对信息系统的要求不断提高，系统分析成为信息系统开发中最繁重的任务之一。

4.2.1　系统分析概述

系统分析是指在信息系统总体规划的指导下，在对系统进行深入、详细的调查研究及用户信息需求分析的基础上,通过可行性研究、详细调查等工作来确定新系统逻辑方案的过程。简单来说,系统分析阶段是将新系统目标具体化为用户需求,再将用户需求转化为系统的逻辑模型,系统的逻辑模型是用户需求明确、详细的表示。

1. 系统分析的主要任务

信息系统的分析工作是一项复杂、周密且技术含量较高的工作,对于整个开发过程起着至关重要的作用。管理信息系统分析的主要任务是:在充分认识原信息系统的基础上,通过问题识别、可行性分析、详细调查以及系统化分析,最后完成新系统的逻辑方案设计。系统分析主要是解决“做什么”的问题,该阶段的工作主要由系统分析员来完成,即系统分析员通过与用户接触,充分了解用户需求,并把双方的理解用系统说明书表述出来。

从系统分析的任务内容就可以看出,系统分析主要是为接下来的系统设计做准备工作的。系统分析主要的工作就是对原系统存在的问题进行识别,调查现行系统存在的问题以及薄弱环节,以及找出不合理的业务流程和数据流程等,提出新系统的逻辑模型,总之就是找出现行系统的缺陷,使新设计的系统更加完善。如果没有系统分析这一环节,新系统很可能就达不到预期的效果,甚至根本就难以设计。所以系统分析在管理信息系统开发过程中是非常重要的。

2. 系统分析的一般步骤

系统分析阶段的工作内容主要包括以下几个方面,如图 4-8 所示。

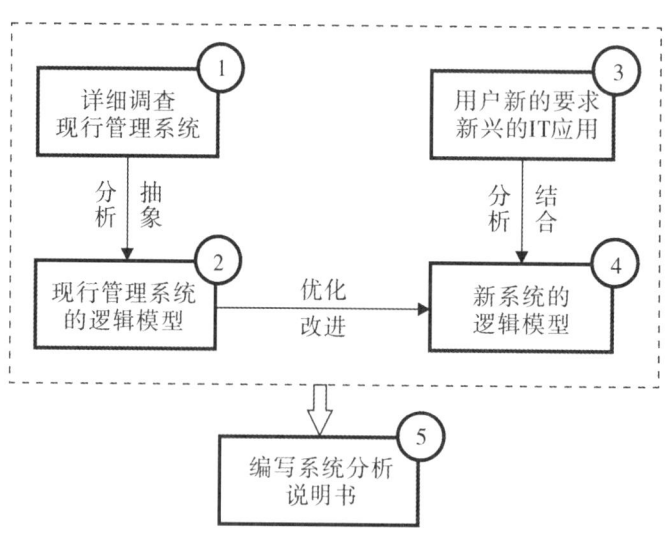

图 4-8　系统分析阶段工作内容图

(1)现行系统的详细调查。在系统规划阶段所做的初步调查只是为了系统规划和进行可行性分析,相对来说是比较粗糙的。现在,应在初步调查的基础上,通过各种方式和方法对现行系统做详细、充分和全面的调查,进一步收集和了解、分析用户需求,调查用户的有关详细情况。

(2)描述现行系统,形成现行系统的逻辑模型。这部分包括组织结构与业务流程分析和系统数据流程分析。组织结构与业务流程分析是指要详细了解各级组织的职能和有关人员的工作职责、决策内容对新系统的要求,业务流程各环节的处理业务及信息的来龙去脉。系统数据流程分析是指在业务流程分析的基础上,分析数据的流动、传递、处理与存储过程,用数据流程图进行描述,建立数据字典。

(3)分析用户新的要求,在详细调查的基础上进行需求分析。用户需求是指用户对新系统应具有的全部功能和特性的要求,主要包括功能需求、性能需求、可靠性需求、安全保密需求,开发费用和时间以及资源方面的限制等。其中明确用户在功能、性能等方面的要求是系统分析的核心,需要用户和系统分析人员共同完成。

(4)确定新系统的逻辑模型。通过对现状的调查分析,得到现行系统的逻辑模型,在此基础上根据企业的实际需求,考虑现代管理理念及信息处理技术的特点,全面分析并改进现行系统中的数据处理流程、处理过程和处理方法中不合理的部分,必要时可结合业务流程重组,构成新系统的逻辑模型。逻辑模型由一组图表工具进行表达和描述,使新系统的概貌清晰地呈现在用户面前,方便系统分析人员和用户针对模型了解未来目标系统,并进行交流讨论和改进。

(5)编制系统分析报告。对前面的分析结果进行总结,编制系统分析阶段的成果文档,完成系统分析报告。它是系统分析阶段的主要成果和总结,是向开发单位有关领导提交的正式书面报告,是用户与开发人员达成的书面协议或合同,是管理信息系统生命周期中的重要文档,也是下一阶段——系统设计的工作依据。

系统分析阶段工作的质量是系统开发成功与否的关键,因此,必须扎扎实实做好系统分析阶段的工作,为系统的开发打下良好的基础。

4.2.2　系统详细调查

1. 系统调查原则

(1)自顶向下与自底向上相结合。

系统初步调查采用自顶向下的调查顺序,从全局出发,对高层决策层、中层管理层及底层运行层依次了解用户需求,规划系统的整体框架。系统详细调查采用自底向上的调查顺序,从细节入手,对底层运行层、中层管理层以及高层决策层依次了解用户的需求,制定系统的具体功能。

(2)采用工程化的思想。

工程化的思想即对系统开发过程每一项工作都先做好工作计划,对所有人的工作方法和调查过程中所用到的图表都采用统一规范的标准和形式,使得团队中所有人都能方便地相互沟通和合作。对于一个系统的开发,特别是大型系统的开发,需要很多人同时进行调查工作,利用工程化的方法进行工作不仅可以避免出现一些冲突,而且可以对所有调查阶段进行规范化管理。

(3)全面调查与重点关注相结合。

全面调查的目的是要了解组织的概况,把握系统整体框架的设置;重点关注是针对需要开发的子系统的各项功能需求。例如,某系统近期需要开发提高产品质量的质量控制管理系统,关注的重点是与产品密切相关的生产部门、销售部门和技术研发部门,当然也要了解其他辅助部门(如财务部门)与待开发部门之间的联系。

(4)良好的调查态度。

创造一个积极主动的工作环境和一种亲切友善的人际关系将有利于系统调查工作的顺利开展,并且可能使系统调查和系统开发的整体工作效果加倍。

(5)用户参与。

详细调查应遵循用户参与的原则,即由使用部门的业务人员、主管人员和设计部门的系统分析人员、系统设计人员共同进行。设计人员虽然掌握计算机技术,但对使用部门的业务不够清楚,管理人员则熟悉本身业务而不一定了解计算机,两者结合,就能互补不足,更深入地发现对象系统存在的问题,共同研讨解决的方案。

2. 系统调查的方法

在管理信息系统开发中所采用的调查方法通常有以下几种:

(1)收集资料。就是将各部门科室和车间日常业务中所用的计划、原始凭证、单据和报表等的格式或样本统统收集起来,以便对它们进行分类研究。每个企业都有大量的资料,这些都是系统分析员了解现行系统的素材。

(2)问卷调查。针对所需调查的各项内容,绘制相应的各种形式的图表,用这些图表对企业管理岗位上的工作人员进行全面的需求调查(填表),然后分析整理这些图表,逐步得出我们所要调查的内容。

(3)开调查会。这是一种集中征询意见的方法,适合于对系统的定性调查。在问卷调查的基础上,再在一些关键部门、关键岗位组织一些调查会议,请各业务部门介绍各部门的管理职能、工作内容、工作流程和管理模式等内容。这样就可以使系统开发者获取许多不能从调查表上了解的系统现状及用户需求。

(4)个别访问。开调查会有助于大家互相补充见解,以便形成较为完整的印象,但是由于时间限制等因素,不能完全反映出每个与会者的意见,因此,往往在会后根据具体需要再进行个别访问。

(5)重点询问调查。首先列出影响信息系统成败的关键因素,编制一个调查问卷表,然后自顶向下对组织的各个管理层次进行访问,并分类整理结果,从而了解各部门的全部工作和设想。

(6)深入实际的调查方法,即参加业务实践。开发人员亲自参加业务实践,不仅可以获得第一手资料,而且便于开发人员和业务人员的交流。应在这个阶段就收集出一套将来可供程序调试用的实验数据,这对系统实施阶段考核程序的正确性很有帮助。

调查的方法多种多样,可以根据系统调查的具体需求确定调查方法。不管采用何种调查方法,都是以了解企业现状为最终目标的。

3.详细调查时的事项

详细调查时的事项主要体现在事前、事中、事后三个阶段,具体事项如表 4-1 所示:

表 4-1 详细调查事项表

阶段	事项
事前	制订调查计划
	确定调查顺序
事中	掌握调查状态
	处理人际关系
事后	整理文档资料
	绘制相关图表

4.详细调查的内容及工具

详细调查包括组织调查、流程调查、数据调查、过程调查等,具体的调查内容及用到的分析工具如表 4-2 所示:

表 4-2 详细调查内容及工具表

类型	调查内容	分析工具
组织调查	组织目标和发展战略	组织结构图、业务功能表、组织业务关联图
	组织机构和功能业务	
流程调查	主要产品和生产过程	业务流程图
	管理形式和业务流程	
数据调查	数据结构和数据流程	数据流图、数据字典
过程调查	业务功能与处理过程	决策树、决策表、结构英语
其他调查	管理规范和决策方式	文字描述
	可用资源和限制条件	
	存在问题和改进意见	

4.2.3 组织结构和业务流程分析

组织结构与业务流程分析是整个系统分析工作中最简单的一环,主要包括 3 个部分,即组织结构分析、业务功能分析与业务流程分析。

1.组织结构图

组织结构图是一张反映组织内部各部门之间隶属关系的树状结构图。要建立管理信息系统,就必须知道现行系统的组织机构设置情况和它们之间的隶属关系,当然,最重要的是那些与计算机管理有关的机构和关系。组织结构图就是用来描述组织的总体结构以及组织内部各部分之间的联系的工具。如图 4-9 所示为某企业的组织结构图:

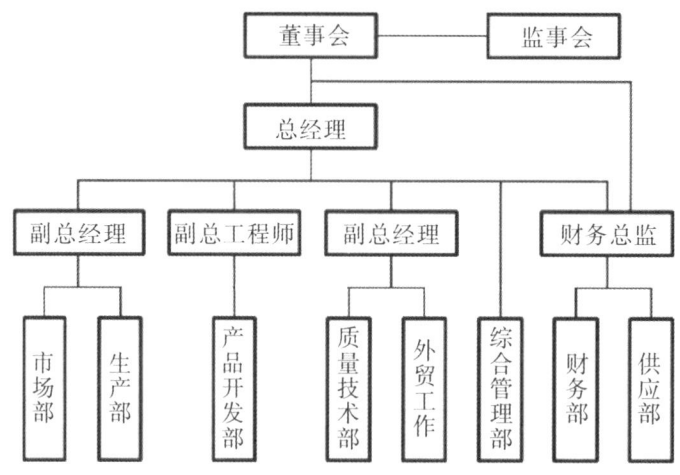

图 4-9　某企业组织结构图

2. 业务功能图

在组织中常常会有这种情况:组织的各个部分并不能完整地反映该部分所包含的所有业务。因为在实际工作中,组织的划分或组织名称的取定通常是根据最初同类业务人员的集合而定的。随着生产的发展,生产规模的扩大和管理水平的提高,组织的某些部分业务范围越来越大,功能也越分越细,由原来单一的业务派生出许多业务。这些业务在同一组织中由不同的业务人员分管,其工作性质逐步有了变化。当这种变化发展到一定程度时,就会引起组织本身的变化,裂变出一个新的、专业化的组织,由它来完成某一类特定的业务功能。如图 4-10 所示为某企业销售管理业务功能图。

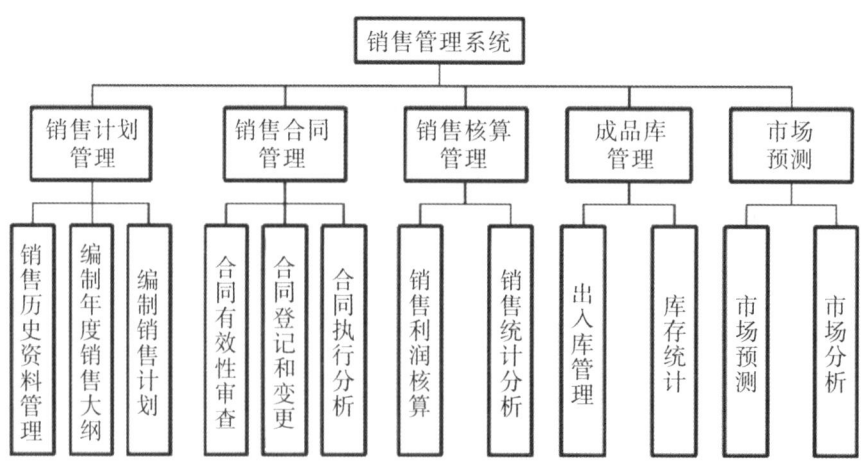

图 4-10　某企业销售管理业务功能图

3. 业务流程图

业务流程图(transaction flow diagram，TFD)是一种描述系统内各单位、人员之间业务关系、作业顺序和管理信息流向的图表，是用一些规定的符号及连线来表示某个具体业务处理过程。利用它可以帮助分析人员找出业务流程中的不合理流向。

业务流程图基本上按照业务的实际处理步骤和过程绘制。也就是说，它是一"本"用图形方式来反映实际业务处理过程的"流水账"。绘制这本"流水账"对于开发者理顺和优化业务过程是很有帮助的。

(1)业务流程图的符号及其含义。

业务流程图的基本图形符号非常简单，有关符号的内部解释则可直接用文字标于图内。这些符号所代表的内容与信息系统最基本的处理功能一一对应，如表4-3所示。

表4-3　业务流程图的基本图形符号

图例	名称	含义
⬭	外部实体	表示和本系统有信息传递关系的单位或个人，圈内写明单位或个人职务的名称
→	数据流	表示信息传递或处理的流向
☐	业务处理	表示业务处理，框内写明处理的名称
▭	表格／报表	表示输入或输出的报表、计划、单据、报告等，框内写明其名称
⬭	存储	表示各种账目、规范、定额手册、报表积累等大量存档信息，符号内部写明其名称

(2)业务流程图的绘制。

业务流程图的绘制是根据系统调查所得到的资料，用尽可能简单的方法来描述业务处理过程，使阅读人员容易阅读和理解企业具体的业务流程。

有业务描述：成品库保管员按车间的入库单登记库存台账。发货时，发货员根据销售科送来的发货通知单将成品出库，并发货，同时填写三份出库单，其中一份交给成品库保管员，由他按此出库单登记库存台账，出库单的另外两联分别送销售科和会计科。按以上业务过程绘制的业务流程图如图4-11所示。

4. 泳道流程图

泳道流程图(swimlane flowcharts)是一种反映商业流程中人与人之间关系的特殊图表。泳道图在纵向上是部门职能，横向是岗位(有时候横向上不区分岗位)。绘图元素与传统流程图类似，但在业务流程主体上，通过泳道(纵向条)区分出执行主体，即部门和岗位。

泳道图是将模型中的活动按照职责组织起来。这种分配可以通过将活动组织成用线分开的不同区域来表示。由于它们的外观，这些区域被称作泳道。它可以方便地描述企业的各种业务流程，能够直观地描述系统的各活动之间的逻辑关系，利于用户理解业务逻辑。某企业O2O总体业务泳道流程图如图4-12所示。

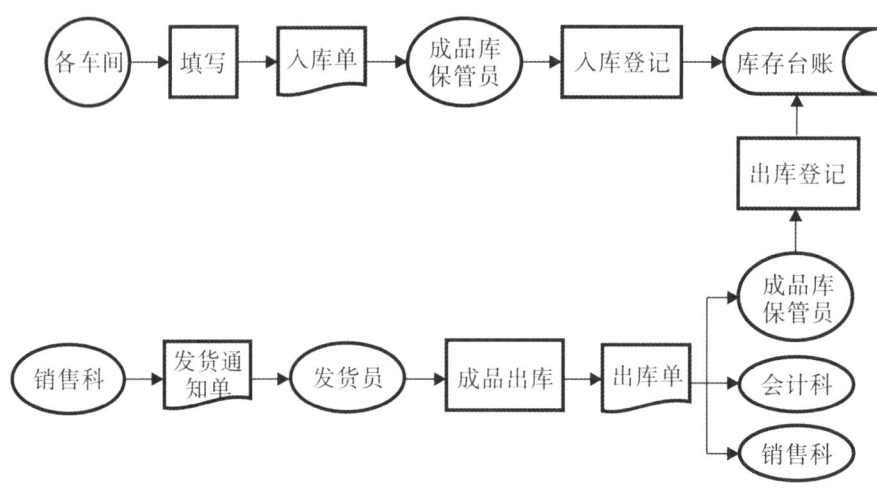

图 4-11　业务流程图

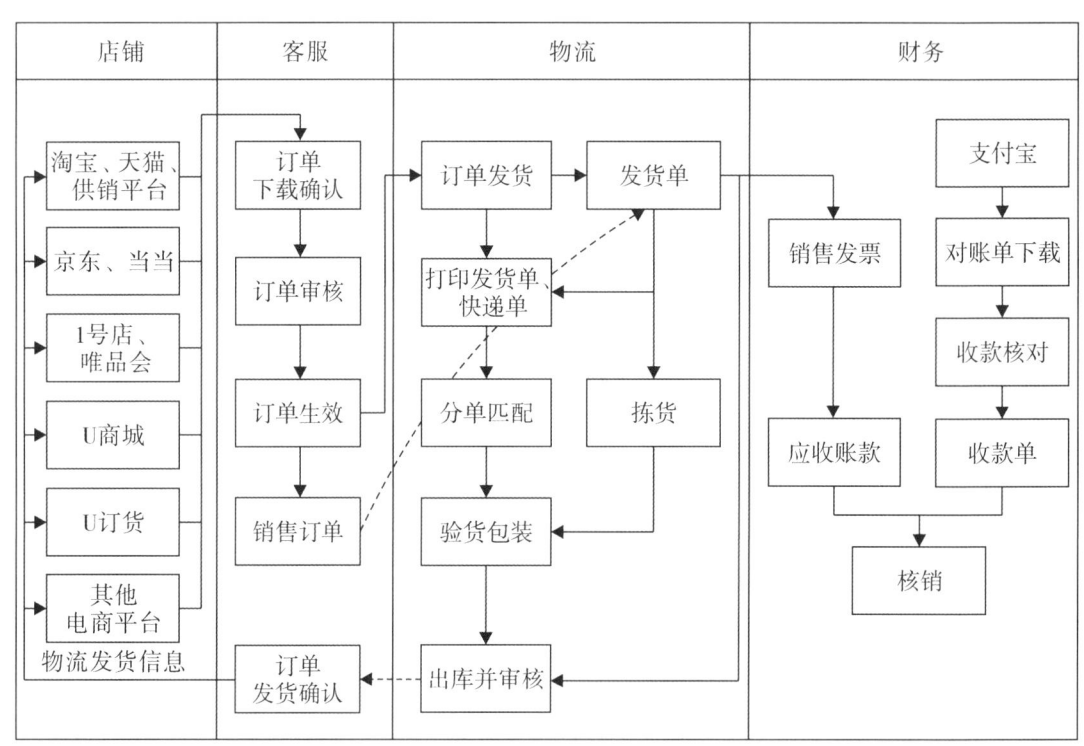

图 4-12　某企业 O2O 总体业务泳道流程图

4.2.4　数据分析与数据流程分析

管理业务流程分析中绘制的业务流程图虽然形象地表达了管理中信息的流动和存储过程,但没有完全脱离一些物质要素,如单据、文件。为了用计算机进行信息管理,必须进一步舍去物质要素,对原系统业务流程进行抽象处理,绘制出系统的数据流程图,为进一步分析做好准备。

1. 数据分析

(1) 数据汇总。

在系统调查过程中,系统调查人员收集了大量的数据,而这些原始数据都是按照组织结构或者业务过程分开收集的,只能部分反映某项业务对于数据的需求以及业务现有的数据管理情况。要使调查过程中收集到的大量数据成为系统设计的依据,为系统设计所用,就必须对这些数据进行去粗取精、去伪存真的加工处理、汇总和分析,以便于后续的数据运用和共享。数据汇总就是对数据进行分类整理。

为使数据汇总能顺利进行,通常将数据汇总分为 4 个步骤,如图 4-13 所示:

第一,数据分类编码和排序。将系统调查中收集到的数据按业务过程分类编码,按处理过程的顺序进行排列。

第二,数据完整性分析。按照业务过程自顶向下对数据项进行整理,追溯到记录数据的原始单据或凭证,确保数据的完整性和正确性。

第三,分类整理所有原始数据和最终输出数据。原始数据是新系统关系数据库基本表的主要内容,最终输出数据是反映管理业务所需要的主要数据指标。它们对后续工作都是非常重要的,所以应对它们分别整理并单独列出来。

第四,确定数据的字长和精度。数据字长和精度主要根据系统调查中用户对数据的要求、满意程度及预计该业务可能的发展规模来统一确定。对于数值型数据来说,要确定数据的正、负号,小数点前后的位数,取值范围等;对字符型数据来说,要确定它的最大字长和是否为中文等。

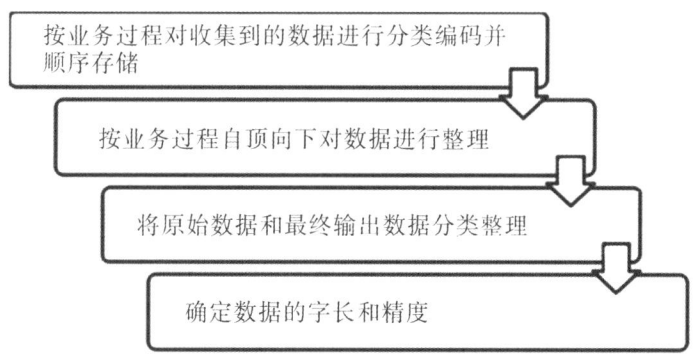

图 4-13　数据汇总的步骤

(2) 数据分析。

数据汇总只是从某项业务的角度对数据进行了分类整理,还不能确定收集数据的具体形式以及整体数据的完整程度、一致性程度和无冗余程度,因此还需要对这些数据做进一步的分析。常用的分析工具为 U/C 矩阵。

U/C 矩阵是通过一张二维表来分析汇总数据的正确性,矩阵中的列表示业务过程类变量,行表示数据类变量,业务与数据之间的关系通过 U(use,使用) 和 C(create,建立) 来表示。U/C 矩阵是 MIS 开发中用于系统分析阶段的一个重要工具。它提出了一种用关系数据库实现 U/C

矩阵的方法,并对其存储、正确性检验、表上作业等做了分析,同时利用结果关系进行了子系统划分,如图4-14所示。

业务过程类变量 \ 数据类变量	客户	订货	产品	工艺流程	材料表	成本	零件规格	材料库存	成品库存	职工	销售区域	财务计划	经营计划	设备负荷	物资供应	任务单
经营计划		U					U					U	C			
财务规划							U			U		C	U			
资产规模												U				
产品预测	U		U							U						
产品设计开发	U		C	U	C		C							U		
产品工艺			U		U		U	U								
库存控制							U	C	C						U	U
调度			U	U					U					U		C
生产能力计划				U										C	U	
材料需求			U		U				U						C	
操作顺序				C										U	U	U
销售管理	C	U	U							U	U					
市场分析	U	U	U								C					
订货服务	U	C	U							U	U					
发运		U	U							U	U					
财务会计	U		U							U	U		U			
成本会计		U	U			C						U				
用人计划										C						
业绩考评										U						

图 4-14　U/C 矩阵（1）

在建立 U/C 矩阵之后,就要对数据进行分析。反复检查 U/C 矩阵,可以避免信息收集过程中的疏漏。基本原则是"数据守恒原理(principle of data conservation)",即数据必定有一个产生的源,而且必定有一个或多个用途。做到这一点,即满足了数据的完整性、一致性和无冗余3条原则。

上述原则落实到 U/C 矩阵上,可概括为以下几点:

第一,每列只有一个"C",如果没有"C",则可能是数据收集时有错。如果在一列中存在多个"C",则可能是数据汇总时有错,误将其他引用数据当成数据源,或者是数据栏是一大类数据的总称,应将其细化。

第二,每列至少有一个"U"。如果没有"U",一定是调查数据或建立 U/C 矩阵时有误。

第三,不能出现空行和空列。如果出现空行空列,则可能是两种情况:一是数据项或业务过程的划分是多余的;二是在调查或建立 U/C 矩阵的过程中漏掉了它们之间的数据联系。

然后需要确定信息系统的结构。即调整表中行列的顺序,使"C"尽量朝对角线靠近。沿着对角线画出一个个小方块,把所有的"C"都包含在小方块之内。每个小方块就是一个子系统,如图 4-15 所示。

功能 / 数据类	经营计划	财务计划	产品	零件规格	材料表	材料库存	成品库存	工作令	机器负荷	材料供应	工艺流程	客户	销售区域	订货	成本	职工
经营计划　经营计划	经营计划子系统													U	U	
经营计划　财务规划															U	U
经营计划　资产规模																
技术准备　产品预测			产品工艺子系统									U	U			
技术准备　产品设计开发	U												U			
技术准备　产品工艺							U									
生产制造　库存控制						生产制造计划子系统										
生产制造　调度			U													
生产制造　生产能力计划																
生产制造　材料需求			U		U											
生产制造　操作顺序																
销售　销售管理				U	U		U					销售子系统				
销售　市场分析				U												
销售　订货服务				U			U									
销售　发运				U			U									
财会　财务会计	U	U		U			U					U		U		U
财会　成本会计	U	U		U			U							U	1	
人事　人员计划																
人事　人员招聘/考评															2	

1—财务子系统；2—人事档案子系统

图 4-15　U/C 矩阵（2）

最后确定信息资源分布。确定子系统之后,信息的使用关系一部分在小方块之内,一部分在小方块之外。在小方块之内使用和产生的信息,今后考虑放在本子系统的计算机上;而在小方块之外的数据关系(即小方块以外的"U"),则表示了各子系统之间的数据联系,这些数据资源今后考虑放在网络服务器上,以供子系统共享或通过网络来传递数据。

2. 数据流程分析

数据流程分析可以采用数据流程图,按自顶向下、逐层分解、逐步细化的结构化分析方式进行。通过数据流程分析系统的数据流向及其相互调用关系,不仅可以体现现有系统的业务流程特点和用户需求,也可以为子系统的划分奠定基础。

(1)数据流程图的概念。

数据流程图(data flow diagram,DFD,也称数据流图)是一种能够全面描述系统数据流程的主要工具,通过图形方式描述信息的来龙去脉和实际流程。它可以用少数几种符号综合地反映出信息在系统中的流动、处理和储存情况。它具有抽象性和概括性。抽象性表现在它完全舍去了具体的物质,只剩下数据的流动、加工处理和储存;概括性表现在它可以把信息中的各种不同业务处理过程联系起来,形成一个整体。无论是手工操作部分还是计算机处理部分,都可以用它表达出来。

(2)数据流程图的基本符号。

数据流程图一般由四种基本符号组成,如图 4-16 所示。

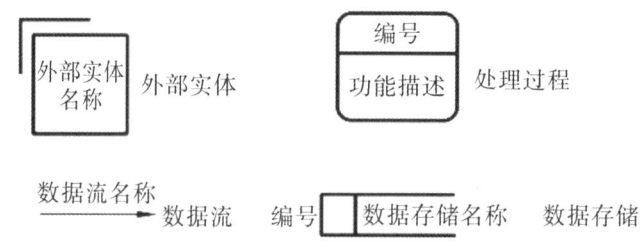

图 4-16　数据流程图的基本符号

①外部实体。

外部实体指系统以外的又和系统有联系的人或事物,它说明了数据的外部来源和去处,属于系统的外部和系统的界面。外部实体中支持系统数据输入的实体称为源点,支持系统数据输出的实体称为终点。通常外部实体在数据流程图中用正方形框表示,框中写上外部实体名称。为了区分不同的外部实体,可以在正方形的左上角用一个字符表示,同一外部实体可在一张数据流程图中出现多次,这时在该外部实体符号的右下角画上小斜线表示重复。

②处理过程。

处理指对数据逻辑处理,也就是数据变换,它用来改变数据值。而每一种处理又包括数据输入、数据处理和数据输出等部分。在数据流程图中处理过程用带圆角的长方形表示,长方形分上下两个部分,上面的标识部分用来标识一个功能,下面为功能描述部分。

③数据流。

数据流是指处理功能的输入或输出。它用来表示中间数据流值,但不能用来改变数据值。数据流是模拟系统数据在系统中的传递过程的工具,在数据流程图中用一个水平箭线或垂直箭线表示,箭头指出数据的流动方向,箭线旁注明数据流名称。

④数据存储。

数据存储表示数据保存的地方,它用来存储数据。系统处理从数据存储中提取数据,也将处理的数据返回数据存储。与数据流不同的是数据存储本身不产生任何操作,它仅仅响应存储和访问数据的要求。数据存储用右边开口的长方条表示,在长方条内写上数据存储名称。为了区别和引用方便,左端加一小格,再标上一个标识,用字母 D 和数字组成。

(3)数据流程图的绘制。

对于复杂的软件系统的信息流向和加工,可采用分层的 DFD 来描述,分层 DFD 有顶层、中间层、底层之分。

① 顶层。顶层决定系统的范围,决定输入 / 输出数据流,它说明系统的边界,把整个系统的功能抽象为一个加工,顶层 DFD 只有一张。

②中间层。顶层之下是若干中间层,某一中间层既是它上一层加工的分解结果,又是它下一层若干加工的抽象,即它又可进一步分解。

③底层。若一张 DFD 的加工不能进一步分解,这张 DFD 就是底层的了。底层 DFD 的加工是由基本加工构成的,所谓基本加工是指不能再进行分解的加工。

图 4-17 为第一层数据流程图,图 4-18 是对 P1 进一步分解的流程图。

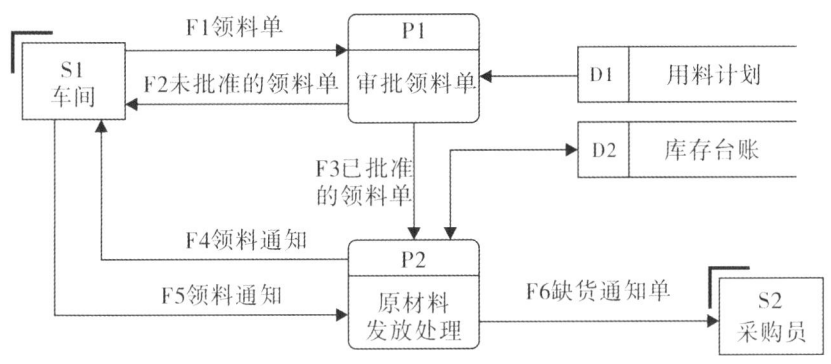

图 4-17　第一层 DFD 图

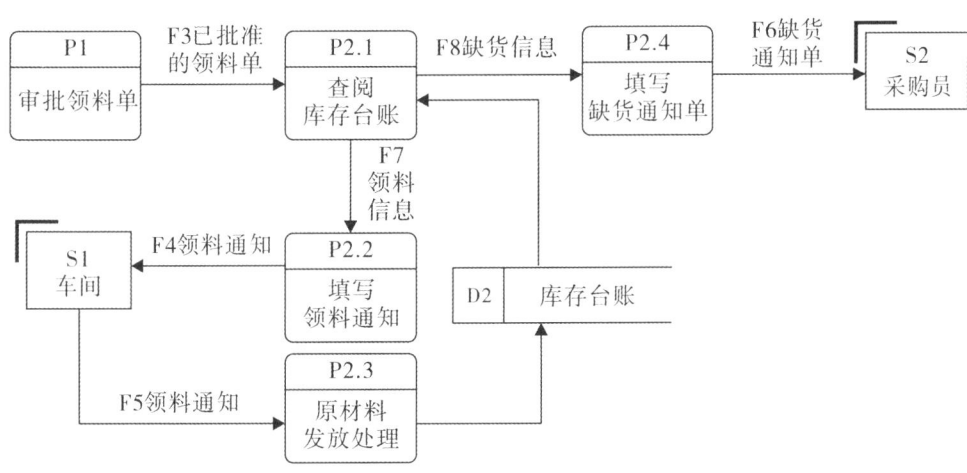

图 4-18　第二层 DFD 图

3. 数据字典

数据流程图从数据流向的角度描述了系统的组成和各部分之间的联系,但没有具体说明各个组成部分和数据流的具体含义。为此,还需要其他工具对数据流程图加以补充说明。

(1)数据字典的定义。

数据字典(data dictionary, DD)是一种用户可以访问的记录数据库和应用程序元数据的目录。数据字典是在数据流程图的基础上,描述系统中数据流程图中全部组成部分的清单。它能弥补数据流程图对数据的具体内容不能详细说明的不足。主动数据字典是指在对数据库或应用程序结构进行修改时,其内容可以由 DBMS 自动更新的数据字典。被动数据字典是指修改时必须手工更新其内容的数据字典。

数据字典对数据流程图中的数据项、数据结构、数据流、数据存储、处理逻辑、外部实体等进行详细的定义和描述,其目的是对数据流程图中的各个元素做出详细的说明,使用数据字典为简单的建模项目。

数据字典与数据流程图应结合使用,两者共同构成系统的逻辑模型,形成一份完整的系统分析"规格说明书"。

（2）数据字典的内容。

①数据项：数据流程图中数据块的数据结构中的数据项说明。

数据项是数据的最小单位，是不可再分的数据单位。对数据项的描述通常包括以下内容：

数据项描述 ={ 数据项名,数据项含义说明,别名,数据类型,长度,取值范围,取值含义,与其他数据项的逻辑关系 }

其中"取值范围""与其他数据项的逻辑关系"定义了数据的完整性约束条件，是设计数据检验功能的依据。

若干个数据项可以组成一个数据结构。数据项举例如表 4-4 所示。

表 4-4　数据项定义

数据项编号	ID201
数据项名称	材料编号
别名	材料编码
简述	某种材料的代码
类型及长度	字符型，4 位
取值范围	"0001" ～ "9999"

②数据结构：数据流程图中数据块的数据结构说明。

数据结构反映了数据之间的组合关系。一个数据结构可以由若干个数据项组成，也可以由若干个数据结构组成，或由若干个数据项和数据结构混合组成。对数据结构的描述通常包括以下内容：

数据结构描述 ={ 数据结构名,含义说明,组成 :{ 数据项或数据结构 }}

数据结构举例如表 4-5 所示。

表 4-5　数据结构定义

数据结构编号	DS03-02
数据结构名称	订货单标志（I1）
简述	订货单信息（I2）
数据结构组成	I1+I2

③数据流：数据流程图中流线的说明。

数据流是数据结构在系统内传输的路径。对数据流的描述通常包括以下内容：

数据流描述 ={ 数据流名,说明,数据流来源,数据流去向,组成 :{ 数据结构 },平均流量,高峰期流量 }

其中"数据流来源"是说明该数据流来自哪个过程，即数据的来源。"数据流去向"是说明该数据流将到哪个过程去，即数据的去向。"平均流量"是指在单位时间（每天、每周、每月等）里的传输次数。"高峰期流量"则是指在高峰时期的数据流量。

数据流举例如表 4-6 所示。

表 4-6　数据流定义

数据流编号	F03-08
数据结构名称	领料单
简述	车间开出的领料单
数据流来源	车间
数据流去向	发料处理模块
数据流组成	材料编号 + 材料名称 + 领用数量 + 日期 + 领用单位
数据流量	10 份 / 时
高峰流量	20 份 / 时（上午 9:00—11:00）

④数据存储：数据流程图中数据块的存储特性说明。

数据存储是数据结构停留或保存的地方，也是数据流的来源和去向之一。对数据存储的描述通常包括以下内容：

数据存储描述 ={ 数据存储名，说明，编号，流入的数据流，流出的数据流，组成 :{ 数据结构 }，数据量，存取方式 }

其中"数据量"是指每次存取多少数据，每天（或每小时、每周等）存取几次等信息。"存取方式"包括是批处理，还是联机处理；是检索还是更新；是顺序检索还是随机检索等。

另外"流入的数据流"要指出其来源，"流出的数据流"要指出其去向。

数据存储举例如表 4-7 所示。

表 4-7　数据存储定义

数据存储编号	D03-08
数据存储名称	库存账
简述	存放配件的库存量和单价
数据存储组成	配件编号 + 配件名称 + 单价 + 库存量 + 备注
关键字	配件编号
相关联的处理	P02，P03

⑤处理过程：数据流程图中功能块的说明。

数据字典中只需要描述处理过程的说明性信息，通常包括以下内容：

处理过程描述 ={ 处理过程名，说明，输入 :{ 数据流 }，输出 :{ 数据流 }，处理 :{ 简要说明 }}

其中"简要说明"中主要说明该处理过程的功能及处理要求。功能是指该处理过程用来做什么（而不是怎么做）；处理要求包括处理频度要求（如单位时间里处理多少事务、多少数据量)、响应时间要求等,这些处理要求是后面物理设计的输入及性能评价的标准。

处理过程举例如表4-8所示。

表4-8 处理过程定义

处理逻辑编号	P2.1
处理逻辑名称	判定订货处理方式
简述	判定订货处理方式
输入的数据流	订货单
处理	根据用户信用情况、库存情况和购货金额来分类处理
输出的数据流	订货单D1、订货单D2、订货单D3
处理频率	每半小时处理一次

4. 处理逻辑分析

数据流程图中比较简单的计算性处理逻辑可以在数据字典中定义,但是还有不少逻辑上比较复杂的处理,有必要运用一些描述处理逻辑的工具来加以说明。

描述处理逻辑的工具有判断树、判断表和结构化语言。

(1)判断树(又称决策树)。

例:某图书发行公司采用下列优惠政策:书店订购20册以上优惠25%,否则不优惠;图书馆和个人订购6册以下不优惠;6~19册则优惠5%,20~49册则优惠10%,50册以上则优惠15%。根据题意绘制"优惠政策"决策树,如图4-19所示。

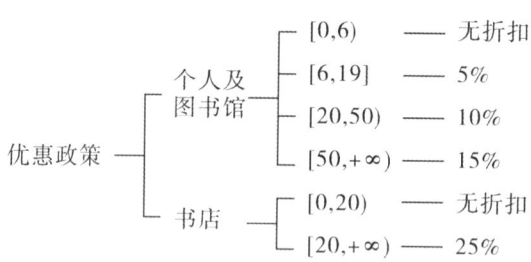

图4-19 "优惠政策"决策树

决策树比较直观,容易理解,但当条件多时,不容易清楚地表达整个判别过程。

(2)判断表(又称决策表),采用表格方式来描述处理逻辑。采用判断表可以清晰地表达条件、决策规则和应对策略之间的逻辑关系,易于被管理人员和系统分析人员所接受。

例:某公司根据客户欠款时间长短和现有库存情况处理用户订货的方案。

对于欠款时间小于等于30天的客户,若其需求量小于库存量,则立即发货;若库存量不足,则先按库存发货,进货后再补发。

　　对于欠款时间大于 30 天且小于等于 100 天的客户,若其需求量小于库存量,则通知其先付款,再发货;若库存量不足,则不发货。

　　对于欠款时间大于 100 天的客户,通知其先付欠款后再议。

　　该公司的决策规则判断表如图 4-20 所示。

决策规则		1	2	3	4	5	6
条件	欠款时间 ≤30天	Y	Y	N	N	N	N
	欠款时间 >100天	N	N	Y	Y	N	N
	需求量 ≤库存量	Y	N	Y	N	Y	N
应采取的行动	立即发货	×					
	先按库存量发货,进货后再补发		×				
	先付款,再发货					×	
	不发货						×
	要求先付款			×	×		

图 4-20　决策规则判断表

(3)结构英语表示法。

　　上例所示,某公司根据客户欠款时间长短和现有库存情况处理用户订货的方案,可用结构英语表示如下:

IF 欠款时间 <=30 天

　　IF 需求量 <= 库存量

　　　THEN 立即发货

　　ELSE 先按库存量发货,进货后再补充

　　ENDIF

　ELSE

　　IF 欠款时间 <=100 天

　　　IF 需求量 <= 库存量

　　　　THEN 先付款,再发货

　　　　ELSE 不发货

　　　ENDIF

　　　ELSE 要求先付款

　　　ENDIF

　ENDIF

4.2.5　新系统逻辑方案的建立

　　新系统逻辑方案的建立是管理信息系统在系统分析阶段的结果,也是系统设计阶段和系统实施阶段的指导文件,其主要内容如图 4-21 所示。

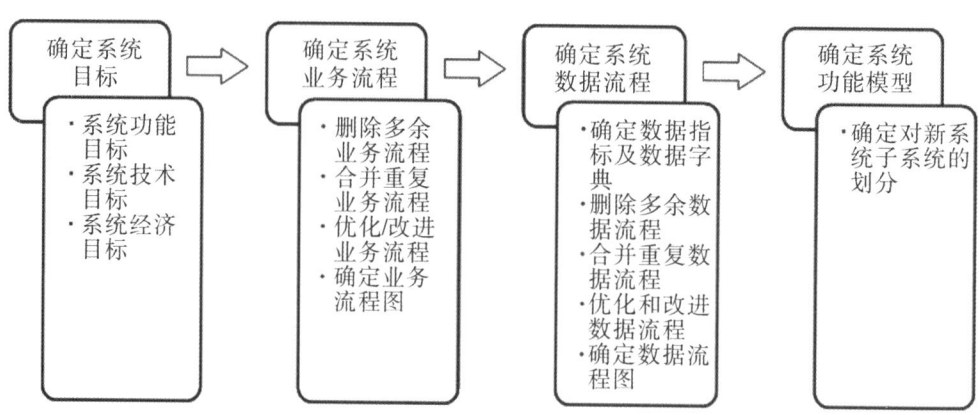

图 4-21　新系统逻辑方案建立的步骤

1. 确定新系统的业务流程

在对业务流程分析的过程中,已经对原有系统的业务进行了分析和优化,在确定新系统的逻辑方案时,应将业务流程分析的结果进行分析讨论,确定新系统的业务流程。具体内容如下。

(1) 分析业务流程,找出业务流程中不合理的地方,对业务流程进行重组、优化、再造,并说明业务流程的优化和改进部分以及改进能带来的益处。

(2) 给出最后确定的业务流程图。

(3) 指出在业务流程图中哪部分新系统可以完成,哪部分需要用户完成或需要用户配合新系统来完成。

2. 确定新系统的数据和数据流程

在对数据以及数据流程分析的基础上,确定新系统的数据模型,列出数据流程分析的结果并加以分析讨论。具体内容如下。

(1) 与用户确认最终的数据指标体系和数据字典。确认数据指标体系是否全面、合理,数据精度能否满足要求等。

(2) 分析数据流程,找出数据流程中基于信息技术的不合理的地方,对其进行优化。

(3) 确认数据流程图。

(4) 指出数据流程图中哪部分可由新系统完成,哪部分需要用户完成或需要用户配合新系统来完成。

3. 确定新系统的流程结构和数据分布

确定新系统的逻辑结构(即新系统子系统的划分)和数据资源分布(即确定哪些数据保存在数据所属的子系统内的存储设备中,哪些保存在网络服务器上)。

4. 确定新系统的管理模型

管理模型是对系统在每个具体管理环节上所采用的管理方法的抽象。由于计算机技术的飞速发展,许多复杂的计算和管理方法都可以实现。在信息系统的系统分析中,要根据业务和数据流程的分析结果,认真分析每个处理过程,研究每个管理过程的信息处理特点,找出相适应的管理模型,这是使信息系统充分发挥作用的前提。

4.2.6　系统分析报告

系统分析报告是信息系统在系统分析阶段的成果,它不仅能够充分展示系统调查的结果,还能反映系统分析的结果,即新系统的逻辑方案。系统分析报告必须经过组织各个方面的人员(如组织领导、相关管理人员、专业技术人员以及系统分析人员等)的论证分析,尽可能地发现报告中存在的问题、误解和疏漏,对其中的问题和疏漏及时纠正,对有争议的问题进一步深入调查和分析,确保系统分析报告的准确性和合理性。

系统分析报告完成并被用户认可后,成为下一阶段系统设计工作的指导文件以及今后系统验收工作的检验标准。系统分析报告简要提纲如下:

1. 现行系统概况

(1)组织目标与结构。

(2)组织的业务功能。

(3)新系统的开发背景。

2. 现行系统的运行概况

(1)现行系统的目标和主要功能。

(2)现行系统的组织与业务流程分析。

(3)现行系统的数据流程分析。

(4)现行系统的数据字典。

(5)现行系统存在的问题。

3. 新系统目标

(1)新系统所能完成的功能。

(2)新系统所能满足的需求。

4. 新系统的逻辑方案

(1)新系统的功能模型。

(2)新系统的信息模型。

(3)新系统采用的管理方法、算法及模型。

(4)新系统开发资源与开发进度预估。

 # 4.3　系 统 设 计

系统设计是根据新系统的逻辑模型来构造物理模型。系统设计工作应该"自顶向下"地进行。首先设计总体结构，然后逐层深入，直至进行每一个模块的设计。总体结构设计主要是指在系统分析的基础上，对整个系统的划分（子系统）、机器设备（包括软、硬件）的配置等方面进行合理的安排。

4.3.1　系统设计概述

1. 系统设计的目标

系统设计的基本目标就是要使所设计的系统满足系统逻辑模型的各项功能要求，同时尽可能地提高系统的性能。系统设计的目标是评价和衡量系统设计方案优劣的基本标准，也是选择系统设计方案的主要依据。评价和衡量系统设计目标实现程度的指标主要有以下几个方面：

（1）系统的效率：主要反映在系统对处理请求的响应时间和单位时间内处理的业务量方面，主要和硬件平台的选择、系统软件的性能、系统的工作方式（系统结构）等因素有关。

（2）系统的工作质量：指系统处理数据的正确性和友好的人—机界面，即操作的方便性与输出信息的易读易懂性，主要与系统的硬件设备和软件设计的质量有关。

（3）系统的可变更性：指系统的可维护性或可修改性，也称为系统的适应性。系统投入运行后，系统的环境和条件会不断变化，系统在设计上的缺陷和功能上的不完善以及在使用过程中出现的硬、软件故障等会影响系统的正常运行。可变更性强的系统便于维护、便于扩充完善。软件的设计水平是影响系统可变更性的主要因素。

（4）系统的通用性：指同一软件系统在不同使用单位的可适应程度，这一指标对商品化软件尤为重要。提高系统通用性的措施主要是进行充分的系统分析，业务处理的规范化、标准化，功能与数据结构设计的模块化以及系统参数的较大包容性。

（5）系统的可靠性：指系统在正常运行时对各种外界干扰的抵抗能力，这是对系统的基本要求。对系统的外界干扰来自很多方面，大致可分为对硬件的干扰、对软件以及对数据的干扰。

2. 系统设计的任务

系统设计阶段的任务是根据系统分析的结果，结合计算机的具体实现，设计各个组成部分在计算机系统上的结构，即采用一定的标准和准则，考虑模块应该由哪些程序块组成，它们之间的联系如何。同时要进行系统的编码设计、输入／输出设计等。

系统设计通常可分为两个阶段进行，首先是总体设计，其任务是设计系统的框架和概貌，并向用户单位和领导部门做详细报告同时获得认可，在此基础上进行第二阶段的详细设计（见表4-9）。这两部分工作是互相联系的，需要交叉进行。系统设计是开发人员进行的工作，他们将系统分析阶段得到的目标系统的逻辑模型转换为目标系统的物理模型，该阶段得到的工作成果——系统设计说明书是下一个阶段系统实施的工作依据。

表 4-9　系统设计分阶段表

阶段	工作内容
总体设计	硬件平台设计
	软件平台设计
	计算模式设计
详细设计	功能结构设计
	代码设计
	数据库设计
	界面设计
	输入 / 输出设计

4.3.2　系统的总体设计

1. 硬件平台设计

硬件平台设计包括计算机主机、外围设备、联网设备的选择以及系统网络平台的设计。如图 4-22 为某企业系统硬件平台设计图。

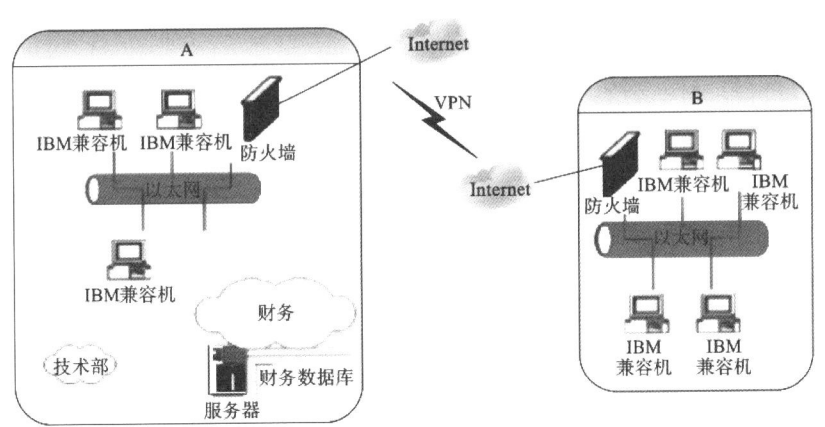

图 4-22　某企业系统硬件平台设计图

2. 软件平台设计

软件平台的设计包括选择适合的网络操作系统和数据库管理系统。

目前流行的网络操作系统包括 Linux 系统、Windows 系统、UNIX 系统和 Netware 类。

主流的数据库管理系统包括 Oracle、DB2、SQL Server、MySQL、SQLite 等。

3. 计算模式设计

计算模式的发展主要分为四个阶段,如图 4-23 所示。

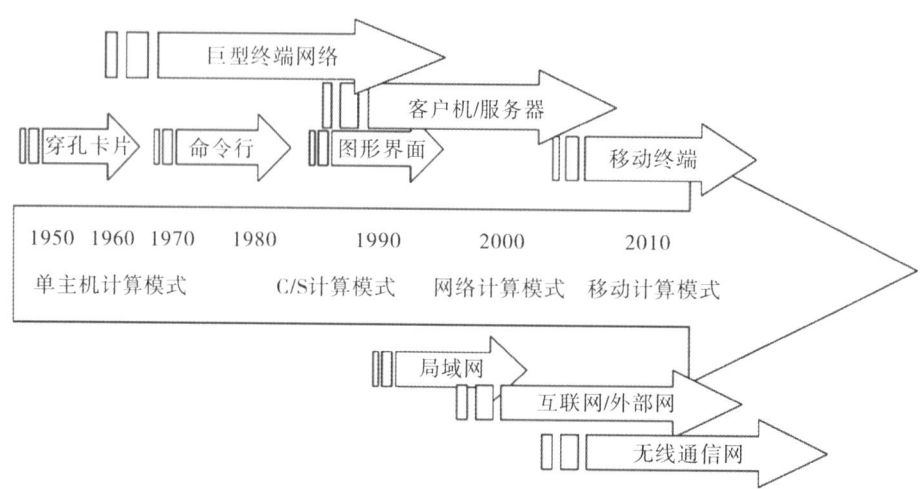

图 4-23　计算模式的发展阶段图

(1)单主机计算模式。

(2)客户机 / 服务器(C/S)计算模式。

(3)网络计算模式:浏览器 / 服务器(B/S)计算模式,网格计算模式,虚拟机模式,云计算模式。

(4)移动计算模式。

4.3.3　系统的详细设计

在总体设计基础上,第二步进行的是详细设计,主要是处理过程设计,以确定每个模块内部的详细执行过程,包括局部数据组织、控制流以及每一步的具体加工要求等。一般来说,处理过程模块详细设计的难度并不太大,关键是用一种合适的方式来描述每个模块的执行过程,常用的有流程图、问题分析图、IPO 图和过程设计语言等。除了处理过程设计,还有代码设计、界面设计、数据库设计和输入 / 输出设计等。

1.功能结构设计

功能结构设计采用自顶向下的方法,从数据流图出发,把复杂系统逐层分解成模块,产生系统的总体结构,形成模块结构图,如图 4-24 所示。

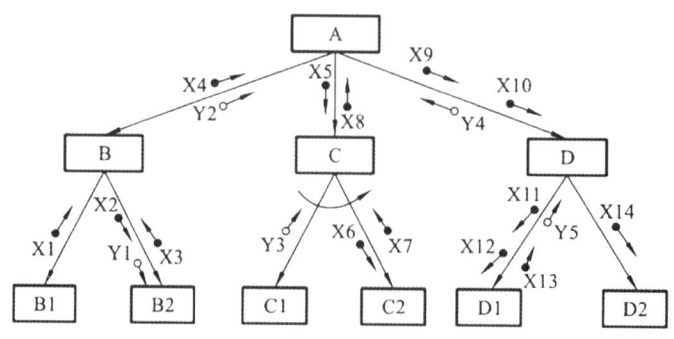

图 4-24　模块结构图

2. 代码设计

MIS 覆盖企业从市场预测、产品设计、生产制造、产品销售到售后服务的全过程,是一种集成化的管理信息系统。要实现 MIS 的集成化,必须在以计算机网络支持下的物理集成的基础上实现信息集成,也就是说,使整个企业范围的信息达到共享,并且在不同的部门之间使信息保持完整一致而且不冗余。为了实现信息集成,除了建立全企业范围内的信息模型外,对整个企业范围内的信息进行统一的分类编码也是至关重要的。

信息分类编码是利用计算机辅助企业管理必要的前提条件。一般情况下,信息的分类在先,编码在后。代码是指代表事物名称、属性和状态等的符号,一般用数字、字母或它们的组合来表示。代码设计是科学管理的体现。按功能分类可将代码分成以下几类。

(1)顺序码。用连续数字代表编码对象,通常从 1 开始编码。顺序码的一个特例是分区顺序码,它将顺序码分为若干区,例如按 50 个号码或 100 个号码分区,并赋予每个区以特定意义。例如职工代码,1001 为王五,1002 为赵六,1001 ~ 1999 的代码还可以表示为第一车间职工。

(2)层次码,层次码也是区间码。它将代码的各数字位分成若干个区间,每一区间都规定不同的含义,因此该码中的数字和位置都代表一定意义,我国公民身份证号码就是典型的层次码。

例如,财务管理中的会计科目代码可写成 6110501,其意义如下:

一级科目	二级科目	三级科目
611	05	01
利润	营业外支出	劳保支出

层次码由于数字的位置都代表一定意义,因而检索、分类和排序都很方便,缺点是有时会造成代码过长。

举一个实例,如表 4-10 所示:

表 4-10 代码体系举例

类别	房型	景观	……
1 豪华	1 单人	1 海景	……
2 标准	2 双人	2 日出	……
3 经济	3 三人	3 日落	……
4 总统套房	4 多人	4 幽静	……
……	……	……	……

可以观海景的双人总统套房的代码:421

代码校验:$S=4 \times 8 + 2 \times 4 + 1 \times 2 = 42$ $R=42 \bmod 10 = 2$ $C_4 = 2$

所以,代码为:4212

3. 数据库设计

数据库设计是对企业中大量的数据进行合理的规划和布局,减少数据的冗余和操作异常,如图 4-25 所示。

客观世界   抽象 分析   概念世界   转换 规范化   计算机世界

客观世界	概念世界	计算机世界
➤ 人	➤ 实体、属性	➤ 二维表格
➤ 事物	➤ 联系	➤ 字段、记录
➤ 事件	➤ ERD	➤ 完整性约束
➤ ……	➤ 关系模型	➤ ……

图 4-25 数据库设计抽象图

(1)E-R 图分析。

E-R 图主要是由实体、属性和联系三个要素构成的,它利用系统分析阶段建立的数据字典,并对照数据流程图对系统中的各个数据项进行分类、组织,确定系统中的实体、实体的属性、标识实体的码以及实体之间联系的类型,如图 4-26 所示。

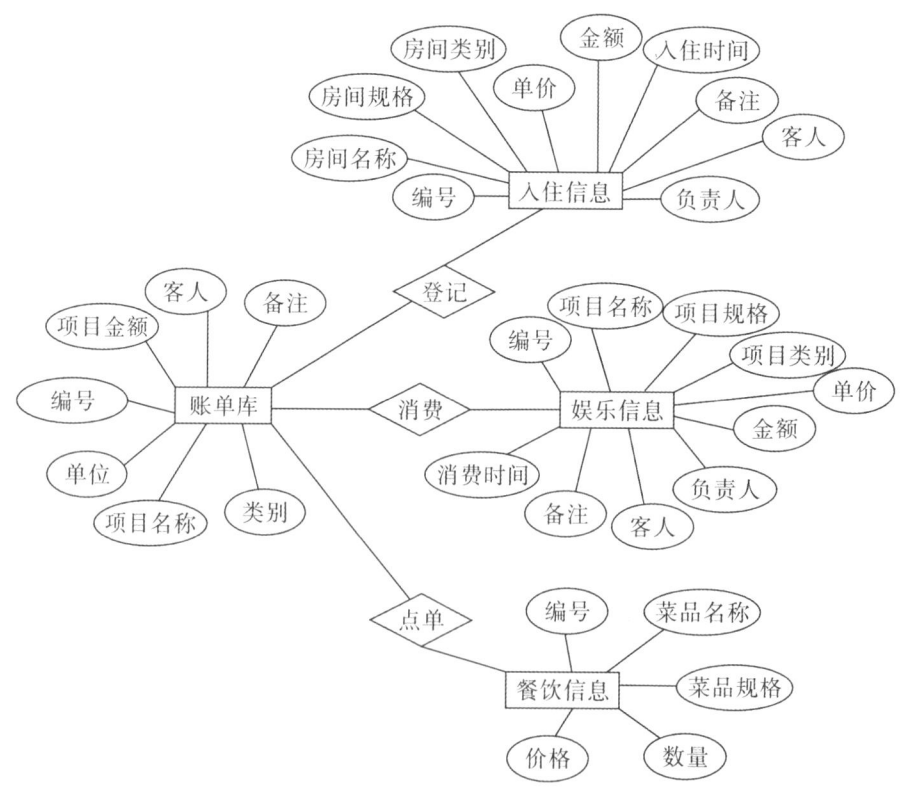

图 4-26 E-R 图

(2)数据库设计。

在系统分析阶段进行新系统逻辑模型设计时,已从逻辑角度对数据储存进行了初步设计。到系统设计阶段,就要根据已选用的计算机硬件和软件及使用要求,进一步完成数据储存的详细设计。

数据库在物理设备上的存储结构与存取方式称为数据库的物理结构。它依赖于给定的计算机系统。为一个给定的逻辑数据模型选取一个最适合应用要求的物理结构的过程，就是数据的物理设计。

表 4-11 所示为入住信息，其作用是反映所有客人的住房情况，主码是 rzid。

表 4-11　入住信息表

域名	类型	宽度	中文名称
rzid	C	5	编号
rzname	C	6	房间名称
rzspec	C	4	房间规格
rzkind	C	4	房间类别
rzunit	C	2	计量单位
rzaccount	I	1	订购天数
rzprice	I	4	单价
rzvalue	I	8	金额
rzdate	C	8	入住时间
rzdeal_person	C	8	经办人
rzsave_person	C	8	负责人
rzbase	C	8	客人
rzmemo	C	14	备注

4. 界面设计

用户界面(user interface，UI)描述用户如何与计算机系统交互。用户界面设计的好坏极大地影响用户的工作效率。

界面交互方式包括提问回答、命令对话、菜单对话、输入表格对话、输出图形对话。界面如图 4-27 所示。输出设计和输入设计界面风格一致，如图 4-28 所示。

5. 输入 / 输出设计

输入设计主要以输入方式设计，在实现系统开发过程中输入设计所占的比重较大。输入设计对系统的质量起着决定性的作用。输入数据的正确性直接决定系统输出信息的正确性。输出设计的目的是使系统能输出满足用户需要的有用信息。

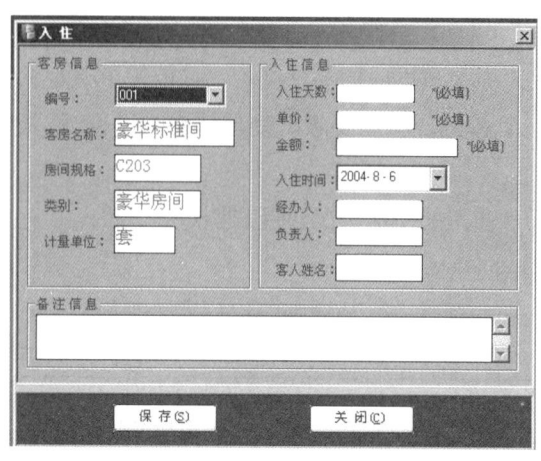

图 4-27　输入界面图

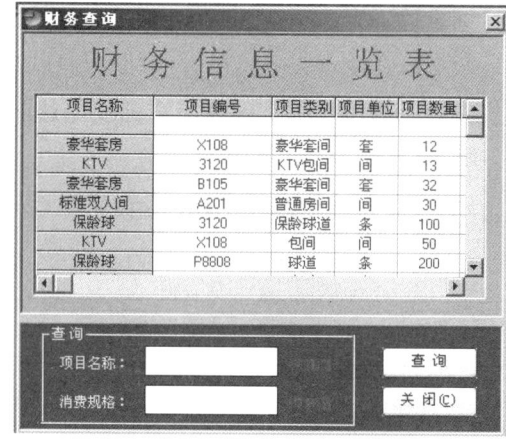

图 4-28　输出界面图

4.3.4　系统设计说明书

系统设计阶段的总结文档是程序设计说明书,它是用来给处理过程下定义的书面文件,由各种设计方案和设计图标组成。程序设计说明书以每个处理过程为单位,由系统设计人员编写并交给系统开发人员使用。

系统设计说明书的主要项目包括:

1. 系统概述

对系统的整体情况进行介绍,包括系统名称、系统设计目标、系统主要功能、待设计的系统在计算机软硬件和运行环境方面的要求、系统安全方面的要求以及系统中专业术语的说明。

2. 系统总体设计

对系统设计的整体情况进行介绍,包括系统总体结构、系统模块结构图、子系统结构图及各个模块的 IPO 图。

3. 物理系统配置

物理系统配置的内容包括系统的总体模式、计算机系统的地域分布与配置设计、其他相关设备的配置设计、主机 / 外设 / 终端 / 辅助设备及网络结构的配置设计、操作系统 / 数据库管理系统 / 软件开发工具的选择与设备以及网络组成 / 网络拓扑结构 / 网络协议的选择与配置。

4. 代码设计

代码设计的内容包括代码设计原则和设计方案,以及包含各类代码类型、名称、功能、使用范围及使用要求的代码设计说明书。

5. 数据库设计

数据库设计的内容包括数据库设计的目标、数据库的功能和性能要求、数据库的总体结构设计、数据库逻辑设计方案、数据库物理设计方案及数据库运行环境的要求。

6. 用户界面设计和输入/输出设计

用户界面设计的内容包括系统主界面的风格、样式、色系以及语句设计;输入设计的内容包括输入人员选择、主要功能要求设计以及输入校验;输出设计的内容包括输出项目设计、输出接收者分析以及输出要求的满足。

7. 系统实施方案

系统实施方案的内容包括系统的实施计划(包含实施工作任务的分解、实施进度安排和经费预算)和实施方案的审批。

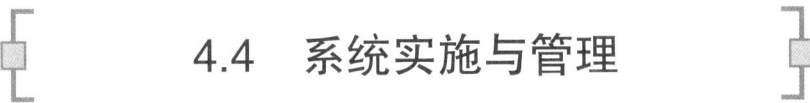

4.4　系统实施与管理

4.4.1　系统实施概述

1. 系统实施目标和任务

系统实施是系统开发的最后一个阶段,将系统设计的结果根据实际情况在计算机上实现。系统实施的主要任务包括:物理系统的实施、程序设计与调试、项目管理、人员培训、数据准备与录入、系统转换和评价等。 系统正式投入运行后,为了使系统能够长期高效地工作,必须对系统运行进行日常管理、维护和评价。

系统实施是取得用户对系统的信任的关键阶段。企业管理信息系统的规模越大,实施阶段的任务就越复杂。

2. 物理系统的实现

物理系统的实现就是按系统总体设计方案购置和安装计算机硬、软件系统和通信网络系统,包括计算机机房的准备和设备安装调试,工具、材料、软件、人员培训的准备等一系列活动。

(1)计算机的购置。

计算机的购置是一个复杂的问题,计算机系统的设计与卖主可能提供的设备结构是紧密地联系在一起的,购买计算机的基本原则是满足 MIS 设计的要求,并留有一定的扩充余地。投资分析仅仅是影响决策的许多因素中的一个,同时还要考虑产品的信誉、使用方法,期望的更换日期和卖主的选择等。另外,还要考虑合理的性能价格比。

选择卖主之后,就要与卖主就计算机的价格、指标、售后服务等条款进行谈判、签订购销合同。谈判前,要做好准备工作,查阅有关资料,了解卖主的销售策略,制订谈判方案。合同一旦签订,对双方都有约束力,一方违反合同中的某些条款,另一方有权要求赔偿,甚至提起诉讼。因而签订合同时,必须对每一项条款进行详细阅读,细致推敲,明确条款的规定,以免给自己带来经济损失。

(2)机房的准备和系统的安装。

计算机设备对工作环境的要求比其他设备严格,因为它是极其精密的设备,对数据处理的精度要求很高。通常机房要保证无尘,硬件与电源通过电缆线连接,电缆要敷设在没有静电感应的地板下面。另外为了防止意外停电,一定要安装备用电源设备,如功率足够的不间断电源等。

计算机的安装与调试任务主要应由生产厂家负责完成,系统运行时使用的常规诊断系统也应由生产厂家一并提供,另外生产厂家还应该负责计算机使用操作的培训。

(3)计算机网络设计。

典型的 MIS 是一个由通信线路相互连接起来的各种设备所组成的计算机网络系统,有两种基本类型的通信网络——局域网和广域网,广域网可用于与远程设备之间的通信。

3. 软件系统的实现

在系统设计中,一般强调自上而下的结构化系统设计思想。而在程序设计过程中,普遍采用的是自下而上的逐步开发方法,即先开发一个个的模块,从下而上逐步建立整个系统。软件系统的实现的主要工作就是程序代码的设计与调试。

(1)程序设计。

程序设计的主要依据是系统设计阶段的 HIPO 图以及数据库结构和编码设计。程序设计的目的就是要用计算机程序语言来实现系统中的每一个细节。程序设计工作与计算机技术的发展密切相关。

随着开发工具、技术的发展,程序设计思想、方法、技巧都发生了一些变化。目前程序设计的方法普遍采用结构化方法、原型法和面向对象的方法,并充分利用现有软件工具和 CASE 工具,使开发的工作量大大减少。借助 CASE 工具,使系统开发过程规范、文档齐全,并且系统的功能强大,易于维护和修改。

①结构化程序设计方法。

按照 HIPO 图的要求,用结构化的方法来分解和设计程序。结构化程序设计方法强调自顶向下地分析和设计,自底向上地实现,这是当今程序设计的主流方法。但此法不适合对功能单一且规模较小的模块的开发。

②原型法。

原型法编程是程序设计普遍采用的方法,实现的过程是,首先将 HIPO 图中类似带有普遍性的功能模块集中,如菜单模块、报表模块、查询模块、统计分析和图形模块等,然后,寻找有无相应、可用的软件工具,用这些工具生成这些程序模块原型。如果没有可供使用的工具,则考虑开发通用模块。如果 HIPO 图中有一些特定的处理功能和模型,而这些功能和模型又是现有工具不可能生成的,则再考虑编写一段程序加进去。利用现有的工具和原型方法可以很快地开发出所要的程序。

③面向对象的程序设计方法。

面向对象的程序设计方法一般应与面向对象设计所设计的内容相对应。它是一个简单直接的映射过程,即将面向对象设计中所定义的范式直接用面向对象程序设计语言,如 C#、

Smalltalk、Python、Java 等来取代。

（2）评价编程工作。

衡量编程工作质量的指标是多方面的，这些指标随着系统开发技术和计算机技术的发展也要不断地变化。从目前技术的发展来看，衡量编程工作质量的指标大致可有如下 4 个方面。

①可靠性。程序可靠性指标分解为两个方面的内容：一方面是程序或系统的安全可靠性，如数据存取的安全可靠性、通信的安全可靠性、操作权限的安全可靠性，这些工作一般都要在系统分析和设计时严格定义；另一方面是程序运行的可靠性，这一点只能靠调试时的严格把关来保证编程工作的质量。

②规范性，即对应各子系统程序的命名、变量的命名以及程序设计说明书等，都按统一规范，这有利于程序的阅读、修改和维护。

③可读性。程序设计清晰，不使用过于繁杂的技巧，便于理解。可读程序是今后维护和修改程序的条件。在国外常常在程序中插入大量解释性语句，以对程序中的变量、功能、特殊处理细节等进行解释，便于他人阅读。

④可维护性。程序之间的关系，在系统设计的时候通过模块之间的关系已经约定。根据结构化设计的要求，构成系统的各个程序是相互独立的，没有主程序调用子程序以外的其他联系，就是说同级模块之间，不存在调用关系。当需要维护某一程序的时候，不会牵动其他程序。

（3）程序的调试。

程序调试包括对程序功能的调试和程序在各种可能情况下运行的测试。程序功能调试是对程序是否满足设计要求的检验；对程序各种运行情况的测试，需要设计各种可能的数据和操作组合，对程序进行运行试验，找出存在的问题并加以修改，使之达到设计要求，提高程序的可靠性。在大型软件的研制过程中调试工作的比重很大，一般占 50% 左右，所以对于程序的调试工作应给予充分的重视。

程序的调试分为 3 步：

第一，模块调试。按要求对模块进行全面的调试（主要是调试其内部功能）。

第二，分调。由程序的编制者对与本子系统有关的各模块进行联调，以考察各个模块的外部功能、接口以及各模块之间调用关系的正确性。

第三，联调。各模块、各子系统均经过调试准确无误后，就可进行系统联调。联调是程序设计阶段的最后一道检验工序。联调通过后，项目进入验收阶段。

4.4.2　系统的转换

1. 人员培训

为用户培训系统操作、维护、运行管理人员是信息系统开发过程中不可缺少的环节。一般来说，人员培训工作应尽早地进行。前面章节已经谈到，系统开发自始至终都必须有用户参加，这样做的目的是让用户尽早了解系统，做到用户参与，确保系统顺利实施。系统运行阶段的人员培训主要是操作员的培训。

操作员培训在系统实施阶段一开始便进行,与编程和调试工作同时进行。编程开始后,编程工作由程序员去做,系统分析人员就有时间开展用户培训,这时就应该开始培训操作员。如果编程完毕后,再培训操作员,将要影响整个实施计划的执行。用户受训后,一方面,熟悉系统的工作方式,就能够更有效地参与系统的测试;另一方面,通过培训,系统分析人员能对用户需求有更清楚的了解。

操作员培训的内容包括以下几点:

(1)系统整体结构和系统概貌。

(2)系统分析设计思想和每一步的考虑。

(3)计算机系统的操作与使用。

(4)系统所用主要软件工具的使用。

(5)系统输入方式、操作方式。

(6)可能出现的故障以及故障的排除方法。

(7)系统文档资料的分类以及检索方式。

(8)数据的收集、统计渠道、统计口径等。

(9)运行操作注意事项。

2. 基础数据的准备

基础数据准备是指按照系统分析所规定的详细内容,组织和统计系统所需的数据。

可以简单地将信息系统实施所要准备的数据分为两大类,即静态数据和动态数据,也可以称为基础数据和事务数据。

静态数据是指开展业务活动所需要的基础数据,如物料基本信息、客户数据、供应商数据、财务的科目体系等。其特点是在整个数据的生命周期中基本保持不变,是其他数据(动态数据)的基础。组织所有业务通过调用静态数据来保持同一数据在整个系统中的唯一性。

动态数据是指每笔业务发生时产生的事务处理信息,如销售订单、采购订单、生产指令等。动态数据按照时点来分,又可以分为期初数据和日常数据。其中上线时点的数据对系统上线前的数据准备尤其重要,它代表系统在期初上线这样的时间点上,组织动态数据的当前状态,我们称其为期初数据(或者称为初始数据)。期初数据既包括上线时点组织所有数据的状态,如物料库存的数量、金额,财务科目的余额,还包括那些未完结的业务单据,如未交货的销售订单、未付款的采购订单等。

可以将数据的分类和数据准备的先后次序列表,并对每项数据设计一个收集表,下发到各部门,进行摸底调查。在所有的数据中,有些数据量多、分布广,如生产企业的物料数据。物料既包括原材料、半成品、产成品,也包括设备、固定资产等。所以,要首先把工作重心放在这类数据的准备上。

有了基础数据,就有了系统运行的基础。但系统上线后,系统的数据是否能够反映现实情况,就要看期初数据能否及时准确地录入系统了。由于期初数据反映的是上线那个时间点的数据,因此过早准备是没有意义的。因为这些事务处理数据都是动态的,每天都在变化,因此,完成期初数据准备需要更精密的时间表。对于生产企业,需要进行如下工作安排。

(1)根据信息系统项目的实施进度,确认上线时间,并进行项目管控。

(2)在上线之前一个月内进行全面的库存盘点,并在财务上进行盘盈盘亏处理。

(3)要求各业务部门在上线之前尽可能处理完未结清的订单和应收应付单据,以减少手工和系统切换的难度,同时也可以减少日后对账的工作量。

(4)在上线之前两周,集中人力将静态数据导入或者录入系统。

(5)在上线时点将库存期初数据、科目余额和未结单据录入系统。可视数据量的多少适当提前或者滞后录入,但要保持系统中的数据与实际情况相符。

(6)在上线后的一个月内,通过核对手工账和实物,检查系统数据是否准确,并查出差异所在,进行调整。

基础数据的准备要注意以下几个方面。

(1)数据统计要科学化,系统方法要程序化、规范化。

(2)计量工具、计量方法、数据采集渠道和程序都应该固定,以确保新系统运行有稳定可靠的数据来源。

(3)统计和数据采集报表要标准化、规范化。

3. 系统的试运行与系统转换

系统实施的最后一项就是新系统的试运行和新老系统的转换,它是系统调试和检测工作的延续,它很容易被人忽视,但对最终使用的安全、可靠、准确性来说,它又是十分重要的工作。

(1)系统的试运行。

系统联调时,使用的是系统测试数据,这些数据很难测试出系统在实际运行中可能出现的问题,所以系统交付使用之前,还要进行系统的试运行,这是对系统的进一步检验和测试。

系统试运行阶段的工作主要包括以下几点。

①对系统进行初始化。

②记录系统运行的数据和状况。

③对比新系统和旧系统输出的结果。

④考察系统的输入方式(是否方便、效率如何、安全可靠性、误操作保护等方面)。

⑤测试系统运行情况和响应速度(包括运算速度、传递速度、查询速度、输出速度等)。

(2)系统切换。

系统切换是指新系统试运行之后,新系统替代旧系统的过程。系统切换有 3 种方式:直接切换、并行切换和分段切换。

①直接切换:确定新系统运行准确无误之后,终止旧系统运行,新系统完全替代旧系统。这种方式可节省人员、设备等方面的费用。这种方式一般适用于系统的处理过程不太复杂、数据不很重要的场合。

②并行切换:为了保证系统的可靠性,新系统和旧系统并行工作一段时间,经过一段时间的考验以后,新系统正式替代旧系统。

由于新旧系统并行工作,必然增加费用,因此,并行时间不宜过长,一般为2~3个月,最长不能超过半年。由于新系统与旧系统并行工作,消除了认识新系统之前的惊慌与不安。

③分段切换。这种切换方式是以上两种切换方式的结合。在新系统正式运行前,一部分一部分地替代旧系统,而没有正式运行的那部分,可以在一个模拟环境中进行考验。这种方式既保证了可靠性,又不至于使运行的费用太高;但是这种分段切换对系统的设计和实现都有一定的要求,否则是无法实现这种分段切换的设想的。

第一种切换方式简单,风险大,假如新系统运行出问题,将导致工作混乱;第二种方式无论从工作安全上,还是从心理状态上均是较好的,缺点就是费用大;第三种方式是为克服第二种方式缺点的混合方式,是常用的系统切换方式(见图4-29)。

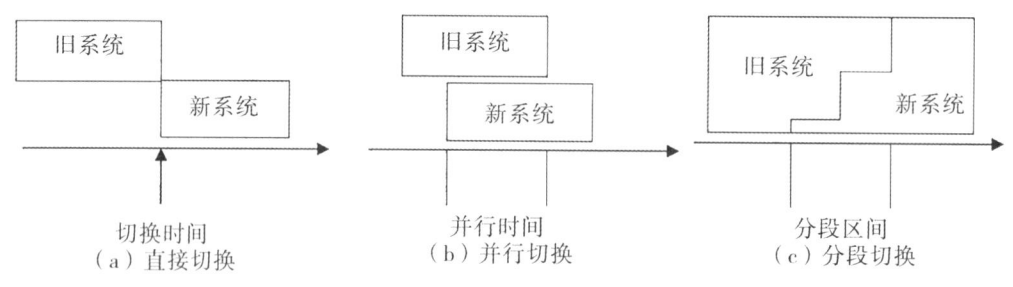

图4-29   系统切换方式图

4.4.3   系统运行控制

1. 对信息的控制

(1)信息处理的控制。

①数据收集。

高质量的数据收集是信息系统有效工作的基础,数据收集工作要求迅速而准确。数据收集主要有数据的被动接收、数据主动采集(录入)和数据批量转换等形式。一般情况下,数据批量转换的数据收集由专业的信息管理人员完成;数据被动接收形式的数据采集者,是客户和其他人员;数据主动采集的数据收集是由企业的业务人员完成的。

数据校验是数据质量控制工作中不可缺少的。数据校验的工作应由专业的信息系统管理人员完成,或者在较大的系统中,考虑设置专门的数据控制功能模块来完成。

②信息转换。

信息转换是信息系统中的主要功能,它是按照企业或者信息系统规定的业务逻辑对收集的数据进行运算的过程,处理结果将直接或间接用于信息服务。

③信息服务。

常见的信息服务工作包括:例行的数据更新、统计分析、报表生成、数据的复制以及保存、与外界的定期数据交流等。这些工作都是在系统研制中已经详细规定好了的,操作人员也应该经过严格的培训,清楚地了解各项操作规则,了解各种情况的处理方法。

(2)文档管理。

　　管理信息系统开发的文档是描述系统从无到有整个发展过程和演变过程的文字资料。管理信息系统实际是由物理的信息系统与对应的文档两大部分组成,系统的开发应以文档的描述为依据,而系统的运行与维护更需要文档来支持。

　　系统文档不是事先一次形成的,而是在系统开发、运行与维护过程中不断地按阶段依次编写、修改、完善与积累而形成的。系统文档的质量,将直接影响系统开发或运行的结果。当系统开发人员发生变化时,规范的系统文档显得尤为重要。

　　文档资料是 MIS 开发过程按照国家软件开发规范编写的一套有价值的资料集合。MIS 开发过程中的各个阶段,都是从上一阶段产生的文档开始,以产生该阶段的文档而告终。文档是每个阶段工作成果的总结,也是开展下一阶段工作的依据。在系统完成并交付用户使用后,这套文档就是维护系统的依据。这些文档资料在不同的开发阶段,由参加该阶段工作的技术人员编写,编写文档时一定要遵守国家有关文档书写的规范,要求做到标准化、规范化,尽可能简单明了,便于阅读和理解,除了文字以外,适当使用图表加以说明。为保证文档的一致性与可追踪性,所有文档要及时收齐,统一保管。

　　①文档编写的基本原则。

　　一是要立足于用户和使用者。

　　二是要立足于实际需要。

　　三是要文字准确、图表清晰、简单明了。

　　②文档管理的要求。

　　一是文档管理制度化。必须形成一整套的文档管理制度,根据完善的制度来协调、控制系统开发工作,并以此对每一个开发成员的工作进行评价。

　　二是文档编写标准化。在系统开发前制定或选择统一的文档编写标准,在标准的制约下,开发人员完成所承担任务的文档编写。

　　三是保证文档的一致性。管理信息系统开发过程是一个不断变化的动态过程,一旦需要对某一个文档进行修改,要及时、准确地修改与之相关的文档。

　　四是文档管理由专人负责。项目开发过程中形成的文档应指定专人负责,负责文档的保管、整理和借阅。

　　③ 文档管理的工作任务。

　　文档的重要性决定了文档管理的重要性,即必须对文档进行规范管理。系统文档的管理工作主要有以下三点:

　　第一,文档标准与规范的制定。

　　第二,文档编写的指导与督促。

　　第三,文档的收存、保管与借用手续的办理等。

　　④管理信息系统文档的类型。

　　管理信息系统开发的各个阶段都要产生相应的文档,这些文档按用途可以分为管理文档、开发文档和应用文档,主要文档见表 4-12,各个文档的详细内容在前面各章节已有详细阐述,这里不再赘述。

表 4-12　管理信息系统文档类型

文档类型	文档名称
管理文档	系统开发立项报告、可行性研究报告、系统开发计划书、需求说明书、需求变更申请书、系统开发进度月报、系统开发总结报告
开发文档	系统分析说明书、系统设计说明书、程序设计说明书、数据库设计说明书、系统测试计划、系统测试报告、系统评价报告
应用文档	用户手册、操作手册、运行日志／月报、维护修改建议书

2. 对信息系统的控制

（1）系统运行记录。

从每天工作站点计算机的打开、应用系统的进入、功能项的选择与执行，到下班前的数据备份、存档、关机等，都要记录有关系统软硬件运作及数据等情况。运行情况有正常、不正常与无法运行等，后两种情况应将所见的现象、发生的时间及可能的原因做尽量详细的记录。

运行情况的记录对系统问题的分析与解决有重要的参考价值。由于该项工作较烦琐，在实际中往往流于形式，因此一般应在系统中设置自动记录功能。但作为一种责任与制度，一些重要的运行情况及所遇到的问题，例如多人共用或涉及敏感信息的计算机及功能项的使用等仍应做书面记录。

对系统运行情况的记录应事先制定尽可能详尽的规章制度，具体工作主要由使用人员完成。无论是自动记录的还是由人工记录的系统运行情况，都应作为基本的系统文档来长期保管，以备系统维护时参考。

（2）系统的维护。

信息系统的维护是系统的正常运行所必须开展的工作，也是使系统始终能适应系统环境，支持并推动企业战略目标实现的重要保证。系统适应性维护应由企业信息管理机构领导负责，指定专人落实。为强调该项工作的重要性，在工作条件的配备上及工作业绩的评定上应与系统的开发同等看待。

系统维护分为日常维护与适应性维护，日常维护是定时地重复进行对有关数据与软、硬件的维护，以及对突发事件的处理等。适应性维护是指信息系统为了适应环境的变化及克服本身存在的不足，对系统做调整、修改与补充。

①日常维护。

第一，数据的备份、存档、整理及初始化。

为安全考虑，每天操作完毕后，都要对变动过的或新增加的数据备份。一般来说，工作站点上的或独享的数据由使用人员备份，服务器上的或多项功能共享的数据由专业人员备份。除正本数据外，要求有两个以上的备份，并以单双方式轮流制作，以防刚被损坏的正本数据冲掉上次备份。数据正本与备份应分别存于不同的磁盘上或其他存储介质上。数据存档或归档，是当工作数据积累到一定数量或经过一定时间间隔后转入档案数据库的处理,作为档案存储的数据成为历史数据。为防意外,档案数据也应有两份以上。数据的整理是关于数据文件或数据表的索引、记录顺序的调整等,目的是便于查询与引用,保证数据的完整和准确。在系统正常运行后,数据的初始化主要是指以月度或年度为时间单位的数据文件或数据表的切换与结转数据等的预置。

第二,硬件维护。硬件日常维护主要有各种设备的保养与安全管理、简易故障的诊断与排除、易耗品的更换与安装等。硬件的维护应由专人负责。

第三,软件维护。信息系统不可避免地会存在一些缺陷与错误,它们会在运行过程中逐渐暴露出来,为使系统能始终正常运行,所暴露出的问题必须及时地予以解决。

第四,突发事件处理。信息系统运行中还会出现一些突发事件,导致软件运行出现问题。如操作不当、计算机病毒攻击、突然停电等。这些事件的发生,会影响系统的正常运行,严重时会破坏数据,甚至导致整个系统的瘫痪。

突发事件应由企业信息管理机构的专业人员处理,有时要原系统开发人员或软硬件供应商来解决。对发生的现象、造成的损失、引起的原因及解决的方法等必须做详细的记录。

②适应性维护。

组织环境在不断变化,信息系统需要不断地适应环境的变化,因此,系统适应性维护与系统运行始终是并存的,系统的适应性维护是一项长期的有计划的工作。系统维护所付出的代价往往要超过系统开发的代价,系统维护的好坏将显著地影响系统的运行质量、系统的适应性及系统的生命周期。我国许多企业的信息系统开发好以后,不能很好地投入运行或难以维持运行,在很大程度上是重开发、轻维护所造成的。

系统适应性维护以系统运行情况记录和日常维护为基础,其内容如下。

第一,系统发展规划的研究、制订与调整。

第二,系统缺陷的记录、分析与解决方案的设计。

第三,系统结构的调整、更新与补充。

第四,系统功能的增设、修改。

第五,系统数据结构的调整与扩充。

第六,各工作站点应用系统的功能重组。

第七,系统硬件的维修、更新与添置。

第八,系统维护的记录及维护手册的修订等。

(3) 系统的安全与保密。

信息是企业的重要资源,几乎反映了企业过去、现在与未来的所有方面。系统软硬件的损坏或信息的泄露会给企业带来不可估量的经济损失,甚至危及企业的生存与发展。因此信息系统的安全与保密是一项必不可少的极其重要的信息系统管理工作。

信息系统的安全是为防止有意或无意地破坏系统软硬件及信息资源行为的发生,避免企业遭受损失所采取的措施;信息系统的保密是为防止有意窃取信息行为的发生,使企业免受损失而采取的措施。

信息系统的安全性问题主要有以下几方面。

①自然现象或电源不正常引起的软硬件损坏与数据破坏。

②操作失误导致的数据破坏。

③病毒侵扰导致的软件与数据的破坏。

④人为对系统软硬件及数据所做的破坏。

保障信息系统安全采取的措施如下。

①依照国家法规及企业的具体情况,制定严密的信息系统安全与保密制度,做深入的宣传与教育,增强每一位涉及信息系统的人员的安全与保密意识。

②配备齐全的安全设备,如稳压电源、电源保护设备、空调器等。

③设置切实可靠的系统访问控制机制,例如权限的设定和用户身份的确认等。

④结合系统的日常运行管理与系统维护,做好数据的备份及备份的保管工作。

⑤敏感数据尽可能以隔离方式存放,由专人保管。

上述措施必须完整地严格贯彻,尤其是加强人的安全保密意识,加强信息安全道德意识和责任感,从根本上解决信息系统的安全保密问题。

3. 对知识工作者的控制

信息系统本身所体现的特点是运用先进技术为管理工作服务,因而其工作中必然要涉及多方面的具有不同知识水平及技术背景的知识工作者。这些人员在系统中各负其责、相互配合,共同实现系统的功能。这些人员能否发挥各自的作用,他们之间能否相互配合、协调一致,是系统成败的关键之一。没有好的人员管理,不能实现有效的分工协作,人—机系统不能实现整体优化,将会阻碍信息系统功能的有效发挥。

知识工作者管理的内容包括以下 3 个方面。

(1)明确规定参与信息系统人员的任务以及职权范围,尽可能确切地规定各类人员在各项业务活动中的工作内容、工作职责、工作方式和工作次序。

(2)定期进行人员岗位检查及评价。对每种工作制定评价指标,这些指标应该尽可能量化,以便检查与比较,并有明确的衡量标准。

(3)对工作人员进行培训,不断提高他们的工作能力,使工作质量不断改善,从而提高整个系统的效率。

系统各类工作人员的责任如下:

(1)系统主管人员的责任是组织各方面人员协调一致地完成各自在系统中所担负的信息处理任务,掌握并控制全局,保证信息系统结构完整,确定系统改善或扩充的方向。整个应用系统在管理中发挥的作用及其效益是其工作的评价标准。

(2)硬件和软件操作人员的任务是按照系统规定的工作流程进行日常的运行管理。系统是否安全正常地运行是对他们工作的最主要的衡量指标。

(3)程序员的任务是在系统主管人员的组织下,完成系统的修改、完善及扩充,为满足信息使用者的信息需求编写相应程序。

（4）数据录入人员的任务是把数据准确地送入计算机。录入的速度及差错率是他们工作的主要衡量标准。

（5）数据检验人员的责任是保证送到录入人员手中的数据或者信息系统中的数据从逻辑上讲是正确的,即保证进入信息系统的数据正确地反映客观事实。

知识梳理与总结

事实证明,信息系统失败的原因80%来自非技术因素,因此,对信息系统的设计、开发、运行和管理各阶段进行科学的管理和运作是非常重要的。本章根据结构化开发方法的过程,介绍了系统规划、系统分析、系统设计和系统实施的具体操作。

关键词汇

系统规划　　系统分析　　系统设计　　系统实施

关键成功因素法(critical success factor, CSF)

战略目标集转化法(strategy set transformation, SST)

企业系统规划法(business system planning, BSP)

业务流程图(transaction flow diagram, TFD)

技能训练

实训:管理信息系统可行性报告的编写

一、目的与要求

目的:对同学进行管理信息系统初步实践技能的基本训练,提高同学分析问题和解决问题的能力。

形式:独立完成,单独考核。

二、实施步骤

编写调查提纲和调查表,对某个具体的管理系统进行实地调查,根据调查结果编写为其开发一个管理信息系统的可行性报告(包括调查提纲和调查表、调查记录)。要求从管理可行性、技术可行性和经济可行性三个方面进行分析,经分析后给出相应的结论:可以立即开发,或者改进原系统,或者目前尚不可行,等哪些条件具备后再开发。

三、提交内容

每位同学送交可行性报告一份。

可行性分析报告是系统分析师在这一阶段工作的总结,它反映了系统分析师对系统开发研制的看法。这个看法要提交给领导小组(或委员会),然后召开会议讨论,如果可行性报告讨论通过,此时,这个报告就不再只是系统分析师自己的看法了,而是整个组织的领导、管理人员和系统分析师的共同认识。一般而言,可行性分析报告包括总体方案和可行性论证两个方面,内容大致有以下几点。

1.引言。说明系统的名称、系统的目标和系统功能、项目的由来。

2.系统建设的背景、必要性和意义。报告要用较大篇幅说明总体规划调查、汇总的全过程,要使人信服调查是真实的,汇总是有根据的,规划是可信的。

3.拟建系统的候选方案。这部分要提出一个主要方案及几个辅助方案。

4.可行性论证。

5.几个方案的比较。若结论认为是可行的,则给出系统开发的计划,包括各阶段人力、资金和设备的需求。

 复习思考题

1.为什么需要对管理信息系统的开发进行规划?

2.试比较三种系统规划方法的优缺点。

3.管理信息系统在分析阶段为什么要进行系统调查?

4.系统分析阶段的主要工作有哪些?

5.简述系统实施阶段的工作任务和内容。

6.系统转换的方法有哪些?

第五章 企业信息资源开发和利用

教学目标

1. 能够对企业信息应用需求进行调研；
2. 能够对企业信息应用需求进行分析；
3. 熟悉管理信息系统的数据采集与管理；
4. 掌握企业信息资源的概念；
5. 了解企业信息中心及其主要职责；
6. 了解企业信息主管的职责和素质要求。

案例导入

 东海公司的信息资源管理

东海公司现有职工 1200 人(其中管理人员 240 人),是以散装货物为主(如煤炭、散装化肥等),提供货物装卸、仓储及中转服务的大型港口企业。东海公司的信息系统建设结束后,通过学习其他企业的成功经验,公司领导普遍认识到,整个企业的信息化建设还有很多工作要做。虽然信息系统的运行实现了企业内部业务的信息化控制,提高了企业运作的效率,增加了企业经济效益,但是系统还不能为管理决策提供全面、及时和有针对性的信息支持,尤其是不能提供企业外部的政治、经济、行业、竞争对手等信息,尚不能改变决策工作犹如"戴着镣铐跳舞"的局面。因此,东海公司总经理张明决定集思广益,他设置了一个电子信箱,专门接收员工来信,看看大家有什么好的建议。他坚持每天都抽出一段时间来阅读信件。今天一封邮件引起了他的注意:

尊敬的张总:

你好!我是信息中心一名普通员工,我叫李海波。2016 年从大学毕业来到公司,在工作中我参与了公司信息系统规划、开发的整个过程。现在系统开发工作已经结束,但我认为这并不意味着公司信息化的终结。公司目前在信息管理过程中还存在一个很大的漏洞,就是对信息资源开发利用认识不足,具体表现为:

一、重信息系统、轻信息资源

现在业界有一句流传很广的话:"信息化成功的关键是三分技术、七分管理、十二分数据"。现在许多企业已经跨越了重技术、轻管理的倾向,流程重组等概念为企业所接受,但是都不同程度上存在重系统、轻数据的问题。我们公司也不例外,也存在这一问题。

二、信息资源开发机构分散

公司的信息功能单元包括战略规划小组、行业政策研究室、信息研究室、信息中心、档案馆、企划部、公关组织等,各部门相互独立,各自为政,缺乏统一的管理和规划,使得企业的信息资源管理分散,没有形成反映企业生产经营活动全貌的综合性信息,企业要提高效率、降低成本、改善产品和服务,增强综合实力,就必须对这些机构进行重组,实现信息资源的集成管理。

三、信息资源开发技术水平低下

由于信息技术的快速发展,资源开发工作也呈现了全新的面貌,网络信息资源的获取,信息门户的完善,信息分析工具、决策支持系统的成熟都使得信息资源开发利用的效率大大提高。但是我们公司的信息资源开发手段还在较低的水平徘徊,已远远不能满足企业快速发展的要求。

四、信息资源管理制度不完善

信息资源开发缺乏统一规划,管理制度不完善,人员待遇低,激励机制不健全,信息开发利用渠道不通畅等,严重制约了公司信息资源开发利用的效率。

信息资源开发是企业信息化建设和管理的核心,信息资源利用是取得竞争优势的关键,是企业生产活动实现价值增值的有机链条。因此建立有效的企业信息资源管理制度,是企业良性循环以及可持续发展的一个重要保障。如果上述问题不解决,企业信息化的成效难以充分发挥,因此企业下一步的工作必须转向信息资源的开发利用上。

这封邮件引起了张总的同感,东海公司的信息资源如何更好地开发利用,是摆在东海人面前的一个难题,如何提升公司员工办公水平,也是急需解决的一个问题!

思考题

如果你是李海波,下一步该做哪些事情?如何实现企业信息资源管理的目标?

课程思政 了解我国大数据战略,激发使命担当

《国务院关于印发促进大数据发展行动纲要的通知》(选读)

《国务院关于印发促进大数据发展行动纲要的通知》(国发〔2015〕50号文件)中提到,大数据是以容量大、类型多、存取速度快、应用价值高为主要特征的数据集合,正快速发展为对数量巨大、来源分散、格式多样的数据进行采集、存储和关联分析,从中发现新知识、创造新价值、提升新能力的新一代信息技术和服务业态。

全球范围内,运用大数据推动经济发展、完善社会治理、提升政府服务和监管能力正成为趋势,有关发达国家相继制定实施大数据战略性文件,大力推动大数据发展和应用。目前,我国互联

网、移动互联网用户规模居全球第一,拥有丰富的数据资源和应用市场优势,大数据部分关键技术研发取得突破,涌现出一批互联网创新企业和创新应用,一些地方政府已启动大数据相关工作。坚持创新驱动发展,加快大数据部署,深化大数据应用,已成为稳增长、促改革、调结构、惠民生和推动政府治理能力现代化的内在需要和必然选择。

 # 5.1　企业信息资源

5.1.1　企业信息资源概述

企业信息资源是企业在信息活动中积累起来的以信息为核心的各类信息活动要素(信息技术、设备、信息生产者等)的集合。

企业信息资源管理的任务是有效地搜集、获取和处理企业内外信息,最大限度地提高企业信息资源的质量、可用性和价值,并使企业各部分能够共享这些信息资源。由于企业是以利润最大化为目标的经济组织,其信息资源管理的主要目的在于发挥信息的社会效益和潜在的增值功能,为完成企业的生产、经营、销售工作,提高企业的经济效益和社会效益服务。

我国学者乌家培在1991年首次提出了"信息是最重要的生产力软要素"的观点,信息资源被认为是与物质、能源同等重要的战略性资源,信息资源已成为我国经济新的增长点,对企业、产业乃至经济发展至关重要。

5.1.2　企业信息资源管理

信息资源管理(information resource management, IRM)最早出现在20世纪70年代末80年代初期,最早出现的领域为政府部门的文书管理领域。1979年霍顿(F.W.Horton)率先提出信息资源管理的概念,认为IRM是对一个机构的信息内容及其支持工具的管理。

信息资源管理按实践领域划分:

政府文书管理——用政策手段控制信息量,实现信息共享,以减轻文书工作负担。

企业信息管理——从政府管理领域移植的信息资源管理,更注重信息资源的经济特征。企业关注如何利用信息技术更好地管理企业的信息资源,发挥其经济价值。

1. 企业信息资源管理的内涵

现代意义上的企业信息资源管理是指为实现现代企业的经营目标和宗旨,企业管理者运用各种现代信息管理的理论、技术和方法,从企业发展战略新高度把企业运作中的各种不同类型的信息,作为企业发展必不可少的重要资源加以科学管理的企业管理职能和活动。

2. 企业信息资源管理的特点

传统的企业管理理论几乎总是把企业的信息管理工作局限于内部信息的管理,没有把企业外部的社会信息流看成是一种信息资源或者是信息资产来加以管理。企业信息资源管理与传统的企业信息管理相比较,有鲜明的特点。

(1)管理环境不断变化。企业的内外环境都发生了巨大的变化,尤其是市场竞争日趋激烈、社会联系日益广泛,企业内部管理环境的运行系统和决策科学性对企业信息管理工作有了更高要求。企业信息资源在企业管理各个层面都应发挥应有的作用,企业管理流程信息化、企业调控方式信息化、企业决策活动信息化、企业经营行为信息化。企业信息资源管理成为企业管理的基本方式。

(2)管理对象的广域性。在现代管理环境中,不仅企业的各种生产经营活动产生了大量的信息,需要加以有效的控制,而且企业也需要大量信息作为各种活动的重要决策依据。现代企业信息资源管理的对象呈现出明显的广域性:不仅有内源信息,而且有外源信息;不仅有正式信息,而且有非正式信息;不仅有实物信息或文献信息,而且有动态信息或混合信息;不仅有实时信息或本地信息,而且有远程信息或网络信息;不仅有企业经营信息、同行竞争信息、用户市场信息,而且有社会发展信息、政策法规信息、技术经济信息。现代企业信息资源管理的这种管理对象的复杂性同时也表现为管理对象的结构多样性。企业管理者需要的各种各样的信息共同形成了企业的信息资源,它们是企业发展的条件和基础。

(3)管理理念的新颖性。传统的企业信息管理以企业内部信息管理为主体,形成相对封闭、缺乏活力、消极管理的格局。随着市场竞争的加剧和信息技术的发展,企业必然进行管理理念上的变革。一方面,企业各管理层要充分认识到企业的信息管理工作在企业生存环境日益严峻的条件下具有的重要作用,现代企业中的各种信息流已成为企业的一种重要经营资源,现代企业的信息管理工作从企业的业务工作中有效地分离出来并把企业信息资源管理作为企业管理的重要内容是当前企业管理的必然趋势,应当给予积极支持;另一方面,企业信息管理工作人员不仅要通过为各级管理者的各项管理决策提供良好的信息服务和信息保障来展示现代企业信息资源管理的功能和作用,而且要在企业信息资源管理工作中努力形成并强化主动服务、高质量服务、动态服务、友好服务的意识,同时还要运用开放的思维方式、科学的管理方法、先进的信息技术、优质的信息产品、良好的经济效益来不断增强和提高企业信息资源管理的系统性、科学性和效益性。

3. 企业信息资源管理的功能

以为实现企业的经营宗旨和目标而服务于企业各项管理工作为中心,以完善现代企业信息资源管理机制和强化现代企业信息资源管理作用为基本点,形成科学、高效、适用的现代企业信息资源管理系统,这是企业信息资源管理的基本目标,是企业信息资源管理的根本方向。

(1)环境监视功能。

企业信息资源管理通过对企业内外信息状态的客观描述和科学利用,可以准确地把握企业发展的内外环境,即企业的生存状态,从而促进企业的进一步发展。企业环境监视是企业信息资源管理的一项重要功能,是有关企业内外环境的信息的管理过程。其关注的重点包含了企业的内外管理环境,特别强调企业的内外环境信息的交互作用。

(2)决策支持功能。

企业信息资源管理通过对与各项行动和决定有关的信息的处理和利用,使企业决策(如可行性方案形成、预期效果评价、潜在问题分析和最后方案抉择等)立足于全面而准确的企业内外信息资源管理的基础之上,极大地提高管理决策的科学性和效益性。企业的信息管理活动又加速了决策信息的流动,使决策活动能够充分地发挥作用。各项管理决策的全过程中都需要信息管理的参与和辅助作用。

(3)企业整合功能。

企业信息资源的合理管理成为加速企业运转、维持企业稳定、指导成员行为的重要工具和手段,体现了企业信息资源管理对现代企业的良好整合功能。它利用各种手段与企业外界交换各种信息,在加强社会沟通中收集外部信息并有针对性地传播内部信息,实现一个企业既是社会构成又是社会个体的双重地位。企业信息资源管理的企业整合功能正是从协调企业结构、规范成员行为、配置企业资源、增强管理效益、联结社会关系等方面得以展示的。

5.2　系统数据的组织与管理

管理信息系统说到底,还是对在销售、采购、库存等业务活动中产生的各种业务数据进行管理。下面介绍管理信息系统中的数据组织与管理的相关知识。

5.2.1　管理信息系统中的数据分类

管理信息系统中的数据种类繁多,既有有形数据(如商品销售额、库存状况、费用开支等),又有无形数据(如某个厂家的信誉、营业部门的经营状况、市场对商品的需求等);既有传统的数据形式,又有系统本身的特有形式,如一些商品的数据不仅要求它有名称和规格等文字信息,还要求有一些图形信息。

(1)外部数据。

外部数据主要包括政策、法规信息,环境信息,科技信息,市场信息(市场供求信息、消费者购买意向信息、竞争信息)等。

(2)内部数据。

内部数据主要包括商品进货数据、商品销售数据、商品库存数据、商品流转费用数据、商品财务数据以及行政事务信息数据等,如表5-1所示。

表 5-1 企业的主要内部数据

数据类型	内容
商品进货数据	按时序、按商品品种、按业务人员、按来源汇总的订购总额数据； 把各种总量与计划指标、承包合同相比较，可反映各指标完成的数据； 进、销、存的平衡数据； 商品订购合同执行情况数据； 商品购进质量分析数据； 商品购进来源分析数据
商品销售数据	商品销售总量； 各种销售指标完成数据； 企业经营发展方面的数据； 企业经营商品结构变动数据； 销售方式选择方面的数据； 重点商品分析数据
商品库存数据	按时序、按品种汇总存储额（量）信息，获取企业存储问题的情况； 商品存储分布数据； 商品存储计划、计划执行状态数据； 商品进、销、存的平衡状况数据； 对库存商品进行 ABC 分类数据； 商品品种计划完成情况分析数据； 商品周转速度分析数据
商品流转费用数据	按时序、按费用项目汇总的费用开支数据； 流转费用计划执行情况的数据； 流转费用分项分析数据
商品财务数据	企业收益状况数据； 企业财务状况数据； 企业财务状况变动数据； 企业财务活动变动趋势的数据； 收益分析数据； 安全性分析数据； 流动分析数据； 生产性分析数据； 综合收益数据
行政事务信息数据	人事管理信息数据； 办公文秘信息数据； 其他信息数据

5.2.2 管理信息系统中的数据采集

1. 数据采集的含义

企业管理信息系统的数据采集就是指系统为提供满足企业业务管理和决策信息的需要而进行的各类数据的收集。在企业管理中，大量的各种不同数据结构、不同数据类型的信息处于同一系统中，因此，在进行数据采集的过程中必须从系统的观点出发，通盘考虑数据的全局组织，细致考虑各类数据信息之间的关系和相互之间的数量与逻辑关系，确定原始数据的存储和派生数据的计算,以及各种数据信息的存储量和处理频度,才能有效地完成数据采集工作,同时还需配备相应的设备并设计好这些设备的安排与联系。

2. 数据采集的准备工作

企业的数据收集涉及企业的每个环节,信息来源复杂,因而在确定、识别信息采集的内容前应做好以下几项准备工作。

(1)人员素质准备。能否准确地确定信息采集内容取决于信息采集人员的素质。要求企业信息管理师不仅要有较高的认识水平、较强的分析鉴别能力和广博的知识面,还必须明确和熟知以下内容:机构的方针任务、信息采集的原则和评估指标、信息采集的工具和技术、信息获取的渠道和信息积累。

(2)摸清用户主要信息需求。进行信息采集,首先要确定信息采集的内容。这项工作是信息资源管理成败的关键所在。一般来说,与特定用户信息需求相关的信息资源是广泛分散且异常丰富的,而具体的信息资源管理机构的人力、物力、财力都是有限的,这就要求信息采集人员要摸清用户的主要信息需求,也就是要抓住用户的"兴奋点"。

(3)选准核心资源。在收集用户的"兴奋点"的基础上,还要选准能够满足用户主要信息需求的核心资源,力求快速、准确地将信息查找结果提交给需求者。摸清用户主要信息需求与选准核心资源这两项工作都属于选择的范畴,选择是动态的过程、消除不确定性的过程。

(4)信息环境扫描。在信息识别前,也要对信息环境进行扫描。信息扫描可以自动进行,也可以人工进行。使用自动化系统除了能过滤信息外,不能给信息增加价值;人工进行则可以给信息增加语境、解释、比较、结合本企业的应用等。信息扫描还应当包括外界人员的非正式信息等。

3. 数据采集的方式

企业管理信息系统数据采集的方式主要分为三种:

(1)人工采集。这种方式要求信息人员根据企业现行的组织结构、业务流程、采用的决策方式、各种报表的内容、各种统计数字等情况,采用查阅档案、采访调查、发调查表、观察总结、具体测定、采样、参加实践、会议听取、研究有关上级文件等方法,全面收集企业内部和外部的信息。

(2)终端采集。终端采集主要针对企业的内部信息而言,系统通过设置在各个责任岗位的机器终端自动采集企业每天的业务数据。

(3)社会公共信息采集。企业可以通过各种社会信息网络平台,及时获取各种社会数据,包括商品物价数据、国家宏观调控信息、商品生产和供应信息、居民收入信息、消费品结构变动信息、零售企业产业结构变动和市场份额变动信息等。

4. 数据采集的管理

数据采集的管理就是要有效利用数据的采集点,减少数据冗余度。

传统的人工方式的数据采集由于没有计算机的统筹,往往是各部门、各环节根据自己的业务需要,自行采集数据。这样往往使得一个数据要被几个采集点同时采集,从而大大增加了数据的冗余度,浪费了人力和物力。

计算机系统对数据的采集采用分站点、分数据类型、分业务环节、一点采集多点共享的原则,大大减少了数据的重复采集。同时,由于其采集工具的先进性,也增加了采集的数据的品种,提高了采集的数据的质量,扩大了数据的采集面,从而为数据的进一步加工打下了科学的基础。

5.2.3　管理信息系统中的数据存储

1. 数据存储的含义

企业计算机管理信息系统的一个重要特点就是要处理的数据量很大,而且许多数据都具有长期使用价值,随时需要对其进行查询或做各种统计分析处理,这就产生了将数据长期保存在计算机系统中的要求。目前,用于数据存储的计算机设备主要可分为外部存储设备(简称外存,如磁带、磁盘等)和内部存储设备(简称内存),用于长期保存数据的主要是外存。在存储数据时,往往根据不同的因素考虑采用不同的存储方式,如存放地点、存储时间、存储的安全级别等。

2. 数据存储的层次

按照数据的共享程度,数据存储可以分为四个层次:

(1)终端数据存储。终端数据主要是供基层单位(如柜台、收款台)使用的,数据只经过初步的加工,是对日常业务的直接反映,往往具有简单明了的特点,保存价值较低,大都采用随机存储的方式,直接存放在终端设备上,保存时间在一个月之内。

(2)部门数据存储。部门数据供中层管理部门(如商品部、柜组、专业商场等)使用。这些数据是经过较深入加工形成的,是对本部门业务的反映,往往配有一定的报表和图形,具有较高的保存价值,一般存放在部门服务器或工作站上,保存时间在半年到一年之间。

(3)企业数据存储。企业数据是供企业最高层领导使用的,数据是经过深入加工形成的,全面反映整个企业各项业务,配有大量的报表、图形、图像,具有很高的保存价值,一般存放在企业服务器上并定期备份,保存时间在一至五年之间。

(4)社会综合数据存储。社会综合数据是企业通过与社会综合信息网联网,取得与本企业的经营和管理密切相关的数据,并综合本企业的数据,形成企业综合信息库,用于企业最高层制定本企业的发展规划、经营方针,具有最高的保存价值,一般应该存放在专用的服务器或工作站上,由专人负责管理和维护,保存的安全级别要求也最高,保存时间在五年以上。

3. 数据存储的类型

按照业务数据的使用价值,数据存储可分为三种类型:

(1)没有加工的流水数据。这类数据如企业的销售流水记录、进货流水记录、财务流水记录等,都是企业各环节业务的初始记载,一般只能反映某个部门、某一时刻的业务运行情况,可用于检查该岗位这一时刻的工作情况,使用价值相对较低,保存级别也最低。

(2)经过初步加工的数据。这类数据如柜组的销售报表、库存报表等,是企业某个部门或某个业务环节某一时期的业务运行情况的综合反映,可以用于企业中层领导检查该部门的日常工作,使用价值较高,保存级别也较高。

(3)综合加工的数据。这类数据如整个企业的进、销、存及财务数据,反映了整个企业在某一时期的经营情况,具有最高的使用价值,保存级别也最高。

另外,企业管理信息系统本身也要求系统数据的保存要充分考虑到数据安全等方面的因素。

5.2.4　管理信息系统中的数据加工

1.数据加工的含义

企业计算机管理信息系统的数据加工,就是计算机系统根据企业业务管理和决策的需要,对系统已有的数据进行进一步的整理,从而提供能应用于企业不同层次、不同环节、不同部门的业务经营管理的数据处理过程。

2.数据加工的类型

按照数据加工的对象不同,数据加工可以分为以下三种类型:

(1)初始数据的规范化加工。计算机系统要求输入的数据要满足一定的规范格式,如一条商品记录要包括商品编码、类别、颜色、质量、产地、保质期等一系列属性。这些属性在原始的数据中有的是存在的,有的是符合计算机处理数据要求的。数据初始加工的目的就是把这些不全的或不规范的数据进行分类、整理、补充,形成规范的、满足系统处理的需要的信息。这类工作主要出现在系统运行的初始阶段,这时要对商品、人员、组织机构进行编码,要确定每一个商品、人员、组织机构记录的字段内容,要把残缺不全的数据整理成规范的数据。这个工作既可以由人工来完成,也可以通过计算机自动完成。

(2)规范数据的粗加工。数据的粗加工也可以叫作数据的"一级加工",它是指对输入数据的第一次加工。这类加工产生的数据主要是满足基层管理的需要,它们往往能直接反映各类业务的原始情况。如收银台销售日汇总,它通过对每一个收银台一天交易的分类统计,形成收银台和售货员的日销售报表,使得主管和售货员个人都能很好地考评当日的工作。粗加工中还对信息数据进行分拣,主要是分拣有用的数据和缓用数据,并剔除信息垃圾(或暂存)。这次加工产生的数据是日常基层管理工作得以进行的基础。

(3)已有数据的再加工。已有数据的再加工是指对经过粗加工以后的各类、各级数据的进一步加工。对数据的分级是根据数据加工的程度进行的。一般来说,经过两次加工的就叫作二级加工,经过三次加工的就叫作三级加工,以此类推。

已有数据的再加工是为了满足中高层管理的信息需要。如一个专业商场,既要对各柜组的销售情况进行进一步汇总,形成整个商场的销售报表;而总公司又要对各专业商场的销售进行汇总,形成整个公司的销售统计表。这类数据加工都是在下级加工的基础上进行的,所以也可以叫作"深度加工"。

3. 数据加工的方式

数据加工的方式包括对各种数据的增加、删除、修改、排序、分类、汇总、检索、计算等一系列操作；另外，还包括运用数学模型对数据进行综合运算。数据加工的目的就是通过对数据的处理，提供满足企业经营管理需要的各类信息。

5.2.5　管理信息系统中的数据利用

企业管理信息系统的中心任务就是通过对企业内部和外部信息的综合处理，为企业各层次、各环节的管理人员提供管理和决策的依据。人们在见到企业计算机系统时，经常就会想到计算机提供的是满足不同要求、不同细度、不同口径的数据报表，会想到商场管理人员每天在查看各个部门、各个产品的销售、库存情况。实际上，这就是人们正在利用数据。按照利用数据的方式不同，把对数据的使用分为直接使用和间接使用。

1. 直接使用数据

直接使用是指人们对计算机系统提供的信息的直接使用，主要包括以下几方面：

(1) 直接查看系统现有的各种业务数据的流水记录表。

(2) 直接查看系统提供的统一格式的各种统计报表。

(3) 通过系统提供的运算方法，直接在系统内对有关数据进行综合运算，获得自己需要的各种管理数据。

2. 间接使用数据

间接使用指的是使用者在系统现有数据的基础上，利用数学模型进行进一步的分析和运算，获得系统所不能提供的综合信息，辅助决策。这类利用方式多出现在现有的计算机管理信息系统不能满足企业经营管理需要的情况下。

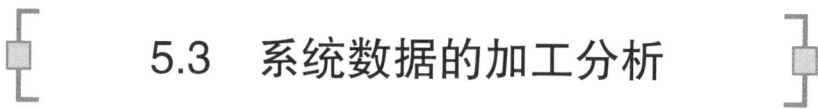

5.3　系统数据的加工分析

在实际应用过程中，系统导出的数据大多为 Excel 格式，本节内容就以 Excel 为工具对数据进行处理。

5.3.1　数据的清洗和预处理

1. 数据清洗

数据清洗从名字上也看得出，就是把"脏"的"洗掉"，指发现并纠正数据文件中可识别的错误的最后一道程序，包括检查数据一致性、处理无效值和缺失值等。

因为数据仓库中的数据是面向某一主题的数据的集合，这些数据从多个业务系统中抽取而来且包含历史数据，这样就避免不了有的数据是错误数据、有的数据相互之间有冲突，这些错误的或有冲突的数据显然是我们不想要的,称为"脏数据"。我们要按照一定的规则把"脏数据""洗掉",这就是数据清洗。

数据清洗的任务是过滤那些不符合要求的数据,将过滤的结果交给业务主管部门,确认是过滤掉还是由业务单位修正之后再进行抽取。

不符合要求的数据主要有不完整的数据、错误的数据、重复的数据三大类。

2.数据处理

(1)重复数据的处理。

对重复数据的处理,我们通常可以删除重复项和通过条件格式对重复数据进行标注。

例 5.1　现某仓库物料清单共有 808 条数据,每种物料都有 1 件及以上的库存,现在我们用函数、高级筛选及数据透视表进行相关操作,查找出每种物料的重复项。数据如图 5-1 所示。

	物料编码	工厂	库位	物料描述
1				
2	101168213	L096	0001	惠而浦热水器ESH-6.5MLU
3	101168213	L096	0001	惠而浦热水器ESH-6.5MLU
4	101168213	L096	0001	惠而浦热水器ESH-6.5MLU
5	101312249	L096	0001	松桥浴霸CC-26C02
6	101312249	L096	0001	松桥浴霸CC-26C02
7	101351022	L096	0001	小天鹅洗衣机TB50-1168G
8	101351022	L096	0001	小天鹅洗衣机TB50-1168G
9	101351022	L096	0001	小天鹅洗衣机TB50-1168G
10	101432827	L096	0001	美的（Midea）微波炉 EM720KG1-PW 20L 微电脑平板式 家用 7
11	101432827	L096	0001	美的（Midea）微波炉 EM720KG1-PW 20L 微电脑平板式 家用 7
12	101432827	L096	0001	美的（Midea）微波炉 EM720KG1-PW 20L 微电脑平板式 家用 7
13	101432827	L096	0001	美的（Midea）微波炉 EM720KG1-PW 20L 微电脑平板式 家用 7
14	101432827	L096	0001	美的（Midea）微波炉 EM720KG1-PW 20L 微电脑平板式 家用 7
15	102325844	L096	0001	格兰仕微波炉G80F25MSXLVII-A7(B0)
16	102325844	L096	0001	格兰仕微波炉G80F25MSXLVII-A7(B0)
17	102336955	L096	0001	格兰仕微波炉G80F23CN3L-C2(S1)
18	102336955	L096	0001	格兰仕微波炉G80F23CN3L-C2(S1)
19	102336955	L096	0001	格兰仕微波炉G80F23CN3L-C2(S1)
20	102718844	L096	0001	西门子燃气灶JZT-T52G1(ER76K230MP)
21	102718844	L096	0001	西门子燃气灶JZT-T52G1(ER76K230MP)
22	103412791	L096	0001	格兰仕 XQG60-A708 家用滚筒洗衣机
23	103412791	L096	0001	格兰仕 XQG60-A708 家用滚筒洗衣机
24	103761833	L096	0001	索尼彩电KDL-42W800A
25	103761833	L096	0001	索尼彩电KDL-42W800A
26	104022916	L096	0001	小天鹅洗衣机TG70-1411LPD(S)

图 5-1　仓储数据（截取）

操作一,标识数据重复出现的次数。

第一种方法,用 COUNTIF(range, criteria) 函数来标识数据重复出现的次数。

在 COUNTIF( ) 函数中, range 表示要计算其中非空单元格数目的区域, criteria 为以数字、表达式或文本形式定义的条件。

首先添加"出现次数"辅助列,然后输入函数,公式的写法为:"=COUNTIF($A$2:A2,A2)",表示从固定单元格 A2 开始,到 A2 单元格这个范围,有多少数据和 A2 重复,如图 5-2 所示。

	A	B	C	D	E
	物料编码	工厂	库位	物料描述	出现次数
2	101168213	L096	0001	惠而浦热水器ESH-6.5MLU	1
3	101168213	L096	0001	惠而浦热水器ESH-6.5MLU	2
4	101168213	L096	0001	惠而浦热水器ESH-6.5MLU	3
5	101312249	L096	0001	松桥浴霸CC-26C02	1
6	101312249	L096	0001	松桥浴霸CC-26C02	2
7	101351022	L096	0001	小天鹅洗衣机TB50-1168G	1
8	101351022	L096	0001	小天鹅洗衣机TB50-1168G	2
9	101351022	L096	0001	小天鹅洗衣机TB50-1168G	3
10	101432827	L096	0001	美的（Midea）微波炉 EM720KG1-PW 20L 微电脑平板式 家用 7	1
11	101432827	L096	0001	美的（Midea）微波炉 EM720KG1-PW 20L 微电脑平板式 家用 7	2
12	101432827	L096	0001	美的（Midea）微波炉 EM720KG1-PW 20L 微电脑平板式 家用 7	3
13	101432827	L096	0001	美的（Midea）微波炉 EM720KG1-PW 20L 微电脑平板式 家用 7	4
14	101432827	L096	0001	美的（Midea）微波炉 EM720KG1-PW 20L 微电脑平板式 家用 7	5
15	102325844	L096	0001	格兰仕微波炉G80F25MSXLVII-A7 (B0)	1
16	102325844	L096	0001	格兰仕微波炉G80F25MSXLVII-A7 (B0)	2
17	102336955	L096	0001	格兰仕微波炉G80F23CN3L-C2 (S1)	1
18	102336955	L096	0001	格兰仕微波炉G80F23CN3L-C2 (S1)	2
19	102336955	L096	0001	格兰仕微波炉G80F23CN3L-C2 (S1)	3
20	102718844	L096	0001	西门子燃气灶JZT-T52G1 (ER76K230MP)	1
21	102718844	L096	0001	西门子燃气灶JZT-T52G1 (ER76K230MP)	2
22	103412791	L096	0001	格兰仕 XQG60-A708 家用滚筒洗衣机	1
23	103412791	L096	0001	格兰仕 XQG60-A708 家用滚筒洗衣机	2
24	103761833	L096	0001	索尼彩电KDL-42W800A	1
25	103761833	L096	0001	索尼彩电KDL-42W800A	2
26	104022916	L096	0001	小天鹅洗衣机TG70-1411LPD (S)	1
27	104022916	L096	0001	小天鹅洗衣机TG70-1411LPD (S)	2
28	104126029	L096	0001	A0史密斯燃气热水器JSQ21-GA	1
29	104126029	L096	0001	A0史密斯燃气热水器JSQ21-GA	2

E2 ▼ fx =COUNTIF($A$2:A2, A2)

图 5-2　标注重复出现的数据

第二种方法，用数据透视表来标识数据重复出现的次数。

步骤一，单击"插入"—"数据透视表"，弹出"创建数据透视表"对话框，在对话框中，区域选择为"A1：D809"，将放置数据透视表的位置选择为"新工作表"，单击"确定"，这时会在工作表"Sheet1"的左侧弹出新的工作表"Sheet4"，在菜单栏弹出"选项"和"设计"两个新的菜单，在单元格的右侧弹出"数据透视表字段列表"。

步骤二，将重复值也就是"物料编码"拖到"列标签"和"数值"。数据透视表显示共有673条不重复物料编码，以及每个物料编码重复了几次，但是物料编码没有按照原来的顺序排序，而是按照数据大小排序（见图5-3）。可以对着重复次数双击，查看重复数据明细。

图 5-3　数据透视表结果

操作二,将不重复的值提取出来。

第一种方法,鼠标单击任意数据单元格,在菜单栏选择"数据",选择"删除重复项"。弹出"删除重复项"对话框,在"列"里面只勾选"物料编码",勾选"数据包含标题",操作如图 5-4 所示。

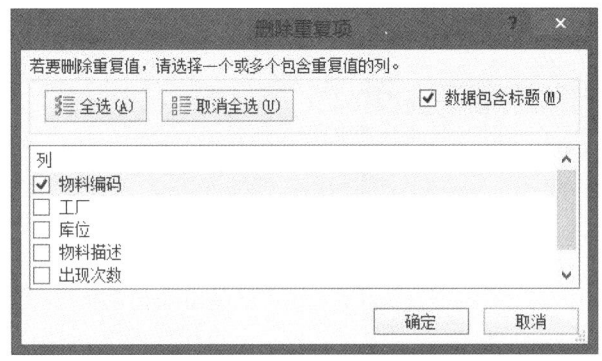

图 5-4　"删除重复项"对话框

这时,会弹出一个提示框,已经删除了 135 个重复值,保留了 673 个唯一值,如图 5-5 所示。单击"确定",这时返回的数据就已经把重复的数据全部删除了。

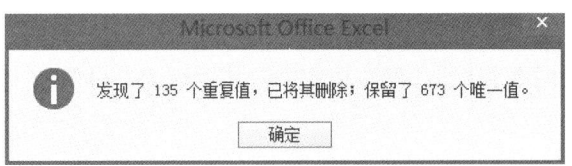

图 5-5　删除结果

第二种方法,在菜单栏选择"数据",单击"高级筛选",在弹出的"高级筛选"对话框中,勾选"在原有区域显示筛选结果",列表区域选择为"A1:A809",勾选"选择不重复的记录",单击"确定"(见图 5-6),将会筛选出 673 个唯一值。

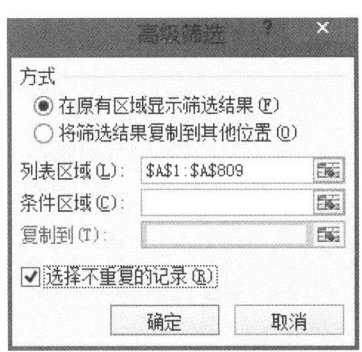

图 5-6　"高级筛选"对话框

(2)缺失数据的处理。

通常情况下,处理缺失值的方法有如下几种:

一是用一个样本计量的值代替缺失值,最常用的方法是使用平均值代替。

二是用一个统计模型计算出来的值代替缺失值,最常用的是回归模型、判别模型。

用以上两种方法,填充缺失值时,先用鼠标单击任意数据单元格,然后用功能键 F5 定位空值,在弹出来的"定位"对话框中,选择定位条件,选择"空值",单击"确定",如图 5-7、图 5-8 所示。接着输入需要填充的值,按 Enter 逐一将空值进行填充,按 Ctrl+ Enter 快捷键即可对全部缺失值进行填充。

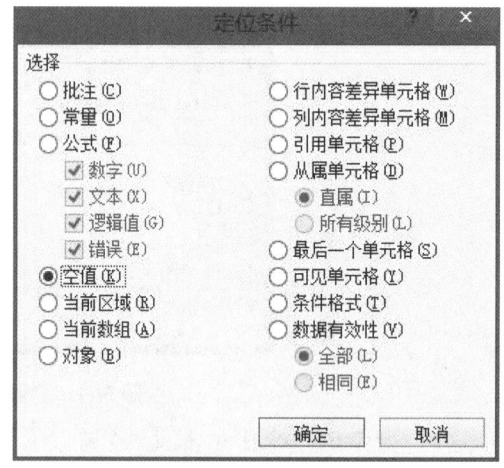

图 5-7　"定位"对话框　　　　　　图 5-8　"定位条件"对话框

三是将所有缺失值的记录删除。

四是将所有缺失值的个案保留,仅在相应的分析中做必要的排除。

(3)错误数据的处理。

一是逻辑错误数据的检查。

例 5.2　现有一份调查问卷情况统计表,在做问卷调查时,部分题目最多只能选择三项,该统计表的行标题表示该调查问卷第三个问题的 10 个被调查者的填写情况,列标题表示该调查问卷第三个问题的 6 个选项,如图 5-9。请检查出不符合规范的记录。

	A	B	C	D	E	F	G	H
1	问卷编号	Q3-1	Q3-2	Q3-3	Q3-4	Q3-5	Q3-6	
2	1	0	1	1	1	0	1	
3	2	1	1	1	1	0	1	
4	3	1	0	1	0	1	0	
5	4	0	0	1	0	0	1	
6	5	1	1	1	1	1	0	
7	6	0	0	1	0	1	1	
8	7	1	1	1	0	1	1	
9	8	1	1	1	1	0	1	
10	9	0	0	0	1	1	1	
11	10	0	1	1	1	1	1	

图 5-9　调查问卷情况统计表

方法一,用 COUNTIF( )函数和 IF(logical_test,value_if_true,value_if_false) 函数检查错误。

在 IF( ) 函数中,logical_test 表示计算结果为 TRUE 或 FALSE 的任意值或表达式;value_if_true logical_test 为 TRUE 时返回的值;value_if_false logical_test 为 FALSE 时返回的值。

添加"检验"辅助列,输入公式 =IF(COUNTIF(B2:G2,"<>0")>3,"F","T"),"COUNTIF(B2:G2,"<>0")"表示在 B2 到 G2 这个范围内 >0 或者 <0 的数据数,IF( ) 函数表示

B2 到 G2 这个范围内 >0 或者 <0 的数据数 >3，则用"F"表示，否则用"T"表示，如图 5-10 所示。

	H2			fx	=IF(COUNTIF(B2:G2,"<>0")>3,"F","T")		
	A	B	C	D	E	F	G	H
1	问卷编号	Q3-1	Q3-2	Q3-3	Q3-4	Q3-5	Q3-6	检验
2	1	0	1	1	1	0	1	F
3	2	1	1	1	1	0	1	F
4	3	1	0	1	0	1	0	T
5	4	0	0	1	0	0	1	T
6	5	1	1	1	1	1	0	F
7	6	1	1	1	1	0	0	T
8	7	1	1	1	1	1	1	F
9	8	1	1	1	1	1	1	F
10	9	0	0	0	1	1	1	T
11	10	0	1	1	1	1	1	F
12								

图 5-10　逻辑错误数据的检查

方法二，用 SUM(number1,number2) 函数和 IF( ) 函数检查错误。

添加"检验 2"辅助列，输入公式 =IF(SUM(B2:G2)>3,"F","T")，"SUM(B2:G2)"表示在 B2 到 G2 这个范围内的和，IF( ) 函数表示 B2 到 G2 这个范围内的和 >3，则用"F"表示，否则用"T"表示。

二是录入错误数据的检查。

如例 5.2，用二分法录入多选题数据时，出现了 0 和 1 之外的数据，可以使用条件格式来标注。

选择需要检测的数据区域，单击"开始"，选择"条件格式"，选择"突出显示单元格规则"，单击"其他规则"，弹出"新建格式规则"的对话框，在"选择规则类型"处选择"使用公式确定要设置格式的单元格"，在"只为满足以下条件的单元格设置格式"中输入公式 =or(B19=1，B19=0)=false，并在"预览"处设置不符合条件的单元格的格式，单击"确定"即可，如图 5-11 所示。

三是不合理的关联的辨识。例如，在询问是否有手机且手机的使用年限时，当标注没有手机但填写了手机的使用年限时就为不合理数据，如图 5-12 所示，可以采用筛选来解决这个问题。

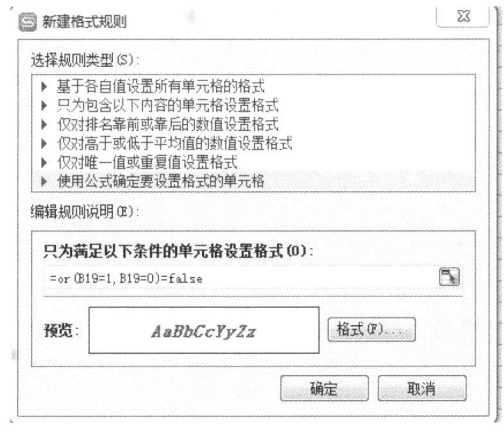

问卷编号	是否有手机	手机使用年限
12	0	3
13	1	2
14	0	0
15	0	2
16	1	4
17	1	8

图 5-11　使用条件格式标识错误数据　　　　图 5-12　不合理的关联的辨识

5.3.2 数据整理和加工

1. 数据抽取

在实际应用过程中,我们往往需要保留原数据表中某些字段的部分信息,组合成一个新字段。常用到的为字段分列、字段合并和字段匹配。

1) 字段分列

例 5.3   现有某班学生 63 名基本情况统计表。已知身份证号码,请从身份证号里面提取出生日期。

第一种方法,采用字符函数 TEXT(value,format_text) 和函数 MID(text,start_num,num_chars)来完成。

TEXT( ) 函数是根据指定的数值格式将数字转换成文本。在 TEXT( ) 函数中, value 为数值、计算结果为数字值的公式,或对包含数字值的单元格的引用;format_text 为设置 "单元格格式" 对话框中 "数字" 选项卡下 "分类" 框中的文本形式的数字格式。

MID( ) 函数从文本字符串中指定的起始位置起返回指定长度的字符。 在 MID( ) 函数中, text 是变体(字符串)表达式,要被截取的字符;start_num 是数值表达式,从左起第几位开始截取;num_chars 是变体(数值)表达式,从 start 参数指定的位置开始,要向右截取的长度。

首先添加辅助列 "出生日期",然后输入函数,公式是 =TEXT(MID(D2,7,8),"0000-00-00"),如图 5-13 所示。

E2		fx	=TEXT(MID(D2,7,8),"0000-00-00")	
A	B	C	D	E
姓名	学号	成绩	身份证号	出生日期
赵××	201701010201	74	××××81996092546××	1996-09-25
李××	201701010202	78	××××21997082962××	1997-08-29
王××	201701010203	99	××××21994040585××	1994-04-05
黄××	201701010204	95	××××81996091858××	1996-09-18
付×	201701010205	79	××××81996081946××	1996-08-19
吉××	201701010206	40	××××21997070617××	1997-07-06
张×	201701010207	83	××××11998020148××	1998-02-01
杨××	201701010208	50	××××11996111271××	1996-11-12
张××	201701010209	56	××××81995091610××	1995-09-16
代××	201701010210	75	××××71995051036××	1995-05-10
刘××	201701010211	46	××××51995021081××	1995-02-10
晏××	201701010212	63	××××51994121856××	1994-12-18
李××	201701010213	79	××××11995081816××	1995-08-18

图 5-13   采用函数进行数据分列

第二种方法,只用 MID( ) 函数提取出生日期。

函数公式为:=MID(D11,7,4)&" 年 "&MID(D11,11,2)&" 月 "&MID(D11,13,2)&" 日 "。

第三种方法,使用字段分列来提取出生日期。

步骤一,选中身份证号所在列,单击菜单栏 "数据",选择 "分列",在弹出来的 "文本分列向导" 对话框中,在 "请选择最合适的文件类型" 处选择 "固定宽度",单击 "下一步"。

步骤二,设置字段宽度,建立分列线,在出生日期前和后单击鼠标,单击 "下一步"。

步骤三,在弹出的对话框中,身份证号前六位数也就是分列线前是标黑部分,在 "列数据格式"处选择"不导入此列";然后单击分列线中间的部分,也就是身份证号中间的八位数部分,再在"列数据格式"处单击"日期";最后再单击分列线后面的部分,也就是身份证号后四位部分,再在"列数据格式"单击"不导入此列"(见图 5-14),单击"完成"。

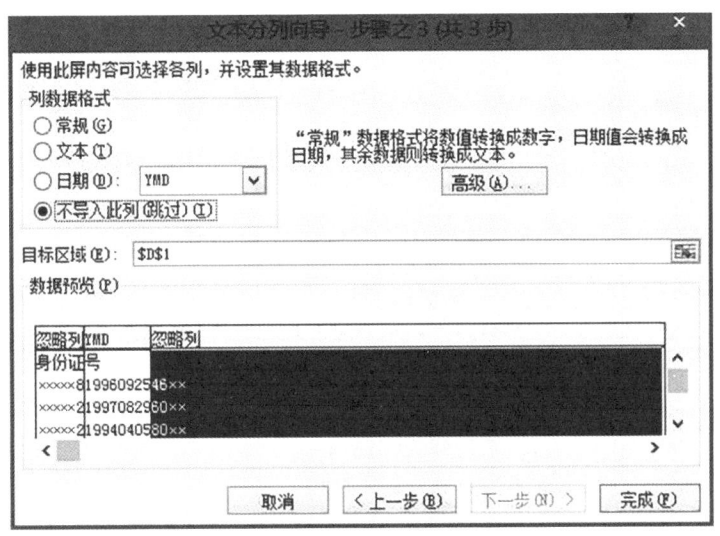

图 5-14　采用字段分列进行数据分列

2)字段合并

可以使用连接符"&",也可以使用函数 CONCATENATE(text1, [text2], ...)。例如用连接符"&"合并两个字段,如图 5-15 所示。

身份证号码	省份	合并
14**************	山西	14**************山西
52**************	贵州	=G3&H3
13**************	河北	13**************河北

图 5-15　采用连接符进行字段合并

CONCATENATE 函数的语法:CONCATENATE (text1,text2,...),其中的参数 text1,2 是指我们要连接的字符串。这个函数的作用就是将两个或者两个以上的字符串连成一个字符串。

3)字段匹配

可以使用 VLOOKUP( )和 HLOOKUP( )函数。

在 Excel 中与"Lookup"相关的函数有三个:VLOOKUP、HLOOKUP 和 LOOKUP,HLOOKUP 是按行查找的,VLOOKUP 是按列查找的。

VLOOKUP 函数的作用为在表格的首列查找指定的数据,并返回指定的数据所在行中的指定列处的数据。其标准格式为:VLOOKUP(lookup_value,table_array,col_index_num , range_lookup)。lookup_value 表示要查找的值, table_array 表示要查找的区域, col_index_num 表示返回数据在查找区域的第几列, range_lookup 表示是模糊匹配还是精确匹配。

在例 5.3 中,某班学生 63 名基本情况统计表为"数据源",现有获得奖学金的名单一份,为"查找表",现需要填写清楚每位获得奖学金的同学的身份证号。请根据"查找表"中的"姓名"在"数据源"表中匹配到相应的数据,并在"查找表"中显示出来。

首先添加辅助列"身份证号",然后输入函数,公式为 =VLOOKUP(A2,年龄段统计 !A:D,4,0)。其中 A2 是查找值,"年龄段统计 !A:D"是给定了数据源中的一个区域,应特别注意的一点是,这个区域的首列须是查找值要查找的范围,"4"代表返回对应查找值行的自区域首列开始的第 4 列处的数据,"0"表示精确匹配,如图 5-16 所示。

	A	B	C	D	E
	B2		fx	=VLOOKUP(A2,年龄段统计!A:D,4,0)	
1	姓名	身份证号			
2	陈××	××××11994111759××			
3	代××	××××71995051036××			
4	付×	××××81996081946××			
5	付××	××××31996121000××			
6	龚××	××××11996112374××			
7	吉××	××××21997070617××			
8	李××	××××11995081816××			
9	刘×	××××81998091218××			
10	刘×	××××11996020516××			
11	龙×	××××31996122351××			
12	王××	××××21994040585××			
13	晏××	××××51994121856××			
14	杨××	××××51995062800××			
15	杨××	××××21996061332××			

图 5-16 字段匹配

也可以使用公式 =VLOOKUP(A3,IF({1,0},年龄段统计 !A:A,年龄段统计 !D:D),2,0),这个公式通过 IF 语句只引用了查找值所在列和返回值所在列两列,所以返回值为"2"。以上两个公式均可,大家可以体会两个公式的不同用法。

HLOOKUP 函数在 Excel 中虽然不如 VLOOKUP 函数常用,但是同样具备很强的实用性,掌握它便于在工作中查找引用所需信息。该函数的语法规则如下:

HLOOKUP(lookup_value,table_array,row_index_num,range_lookup)

lookup_value:要查找的值(数值、引用或文本字符串)。

table_array:要查找的区域(数据表区域)。

row_index_num:返回数据在区域的第几行(正整数)。

range_lookup:模糊匹配 / 精确匹配。

2. 数据分组

数据分组是依据数据的不同将数据划分成若干组,分组后,要使组内的差异尽可能小,而组和组之间则有明显差异,从而使大量无序的、混沌的数据变成有序的、层次分明的、显示总体数量特征的数据资料。

在例 5.3 中,有每位同学的成绩,现选择成绩为分组标准进行分组。

(1)确定分组元素。

一是确定组数,主要取决于研究数据有多少,在这个例题中用"成绩"来进行分组,成绩一般有优、良、中、及格与不及格五种,所以我们分为五组。

二是确定组距。组距为上限和下限之差,一般情况下是编制等距数列,很典型的如成绩优、良、中、差等级;而当数据很不均匀或为了把现象的类型更好地划分出来时,就需要编制异距数列。在这个例题中,我们确定组距为 10。

三是确定组限。组限可以是连续组限,常用于连续的时期数据,例如 1000~2000 元,2000~3000 元;组限也可以是间断的,一般也就是不连续的时点数据必须用间断组限,例如 70~79 人,80~89 人。在这个例题中,分数是连续的时期数据,组限设置为 60 分以下,60~70 分,70~80 分,80~90 分,90~100 分。

(2)计算频数。

方法一是利用 IF 函数或 VLOOKUP 函数计算频数。

IF 函数较常用,但在使用过程中因为嵌套的层数较多很容易出错,这里只阐述一下 VLOOKUP 函数的操作步骤。

步骤一,使用 VLOOKUP 函数之前需要先做辅助表,这时的阈值是指一个效应能够产生的最低值,如图 5-17 所示。

F	G
阈值	分组
0	60以下
60	60-70
70	70-80
80	80-90
90	90-100

图 5-17 分组辅助表

步骤二,在 E 列,使用 VLOOKUP 函数,查找每位同学的成绩应该分在哪个组,公式为=VLOOKUP(C2,$F$2:$G$6,2,1),注意此处使用的是模糊匹配,如图 5-18 所示。

E2   Q fx =VLOOKUP(C2,$F$2:$G$6,2,1)

A	B	C	D	E	F	G
姓名	学号	成绩	身份证号	成绩所属分组	阈值	分组
赵××	201701010201	74	××××81996092546××	70-80	0	60以下
李××	201701010202	78	××××21997082962××	70-80	60	60-70
王××	201701010203	99	××××21994040585××	90-100	70	70-80
黄××	201701010204	95	××××81996091858××	90-100	80	80-90
付×	201701010205	79	××××81996081946××	70-80	90	90-100
吉××	201701010206	40	××××21997070617××	60以下		
张×	201701010207	83	××××11998020148××	80-90		
杨××	201701010208	50	××××11996111271××	60以下		
张××	201701010209	56	××××81995091610××	60以下		
代××	201701010210	75	××××71995051036××	70-80		
刘××	201701010211	46	××××51995021081××	60以下		
晏××	201701010212	63	××××51994121856××	60-70		

图 5-18 分组显示表（1）

步骤三,做数据透视表,在弹出的"创建数据透视表"对话框中,数据区域选择 E1:E64,将数据透视表放在新的工作表中。在创建的数据透视表中,将"成绩所属分组"拖到"行标签"

和"数值",结果如图5-19所示。

图5-19　计算频数

方 法 二 是 利 用 COUNTIF 函 数 和 COUNTIFS (criteria_range1,criteria1,criteria_range2, criteria2,…) 函数进行分组。

创建辅助列"分组",然后利用 COUNTIF 函数计算出每一个分组包含的人数,"60 以下" 这个分组的公式为 =COUNTIF(C2:C64,"<60"),"60 – 70" 这个分组的公式用 COUNTIFS 函数, 用来计算多个区域中满足给定条件的单元格的个数,可以同时设定多个条件。

在 COUNTIFS 函数中, criteria_range1 为第一个需要计算其中满足某个条件的单元格数目 的单元格区域(简称条件区域), criteria1 为第一个区域中将被计算在内的条件(简称条件),其 形式可以为数字、表达式或文本。同理, criteria_range2 为第二个条件区域, criteria2 为第二个 条件,以此类推。

所以"60 – 70"这个分组的公式为 =COUNTIFS(C2:C64,">=60",C2:C64,"<70"),以此类推, 分组的结果如图5-20所示。

图5-20　分组显示表（2）

方法三是利用 FREQUENCY (data_array,bins_array) 函数进行分组。

FREQUENCY 函数用来计算数值在某个区域内的出现频次,然后返回一个垂直数组, data_array 是一个数组或对一组数值的引用, bins_array 是一个区间数组或对区间的引用,该区间用于对 data_array 中的数值进行分组。

特别需要注意的是,由于函数 FREQUENCY 返回一个数组,所以它必须以数组公式的形式输入。

步骤一,创建"分组""阈值""频数",这时的阈值是指一个效应能够产生的最高值,如图5-21 所示。

E 分组	F 阈值	G 频数
60以下	59	
60-70	69	
70-80	79	
80-90	89	
90-100	100	

图 5-21　创建阈值

步骤二,用鼠标选中要输出的区域,即 G2: G6 区域,输入公式 =FREQUENCY(C2:C64, F2:F6),然后按"Ctrl+Shift+Enter"。如果需要对函数进行修改,修改完成后也需要按"Ctrl+Shift+Enter"。

5.3.3　数据的可视化

(1)利用瀑布图绘制生产成本占总成本的比例,如图 5-22 所示。

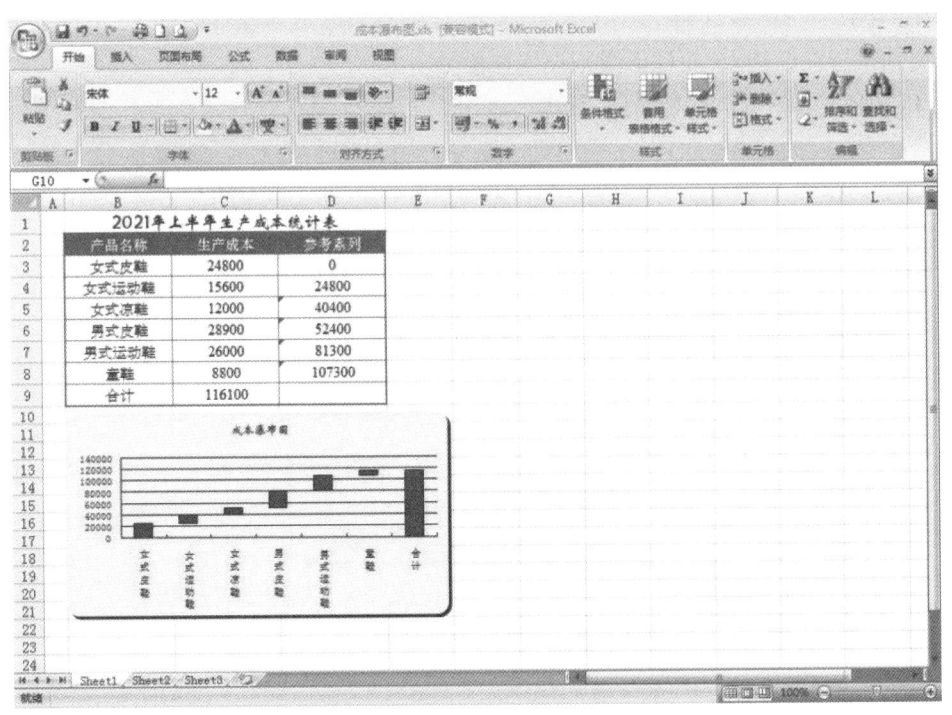

图 5-22　瀑布图

瀑布图是由麦肯锡顾问公司所独创的图表类型,因为形似瀑布流水而称之为瀑布图(waterfall plot)。瀑布图采用绝对值与相对值结合的方式,适合于表达数个特定数值之间的数量变化关系。瀑布图通过巧妙的设置,使图表中数据点的排列形状看似瀑布。这种效果的图形能够在反映数据多少的同时,更直观地反映出数据的增减变化过程。

(2)利用条形图创建代理商销量图表,如图 5-23 所示。

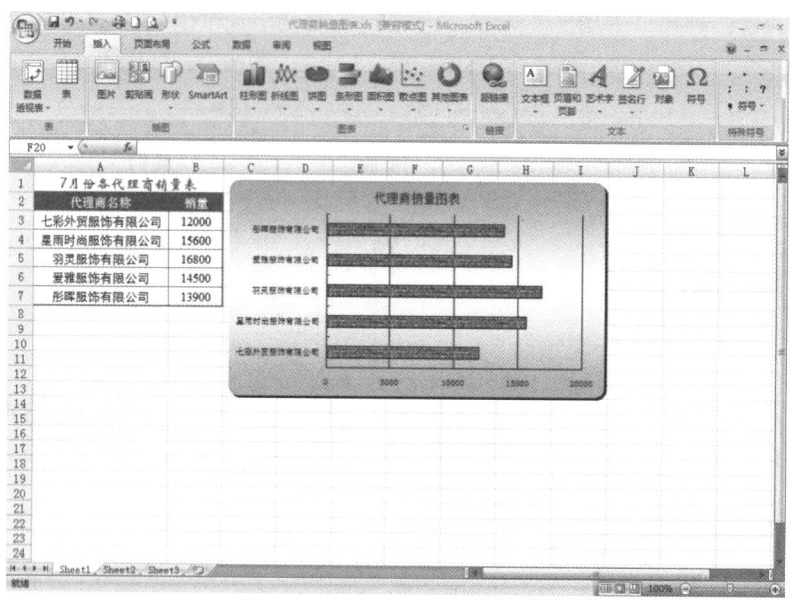

图 5-23　条形图

条形图侧重于数据之间在横向(水平)上的对比。条形图与柱形图类似,不同的是,条形图的分类轴设置在纵轴上,而柱形图则设置在横轴上。

(3)利用散点图绘制广告效益图,如图 5-24 所示。

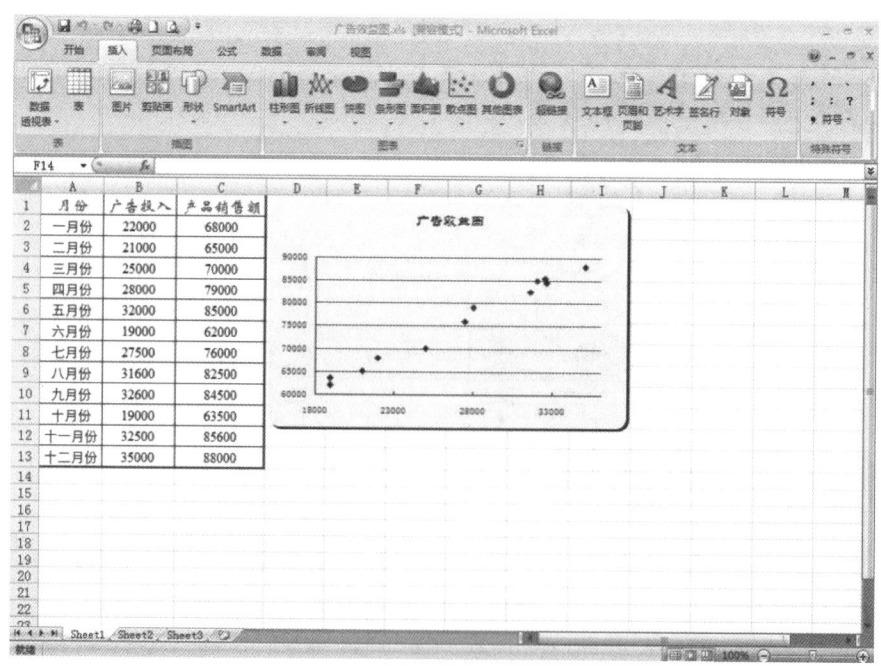

图 5-24　散点图

散点图侧重于表现在两列数字之间存在的某种关系,通过在横轴上的数据得到对应的纵轴上的数据。散点图接近数学中的平面直角坐标,散点图是关系型图表。

(4)利用雷达图绘制客户地区分布图,如图 5-25 所示。

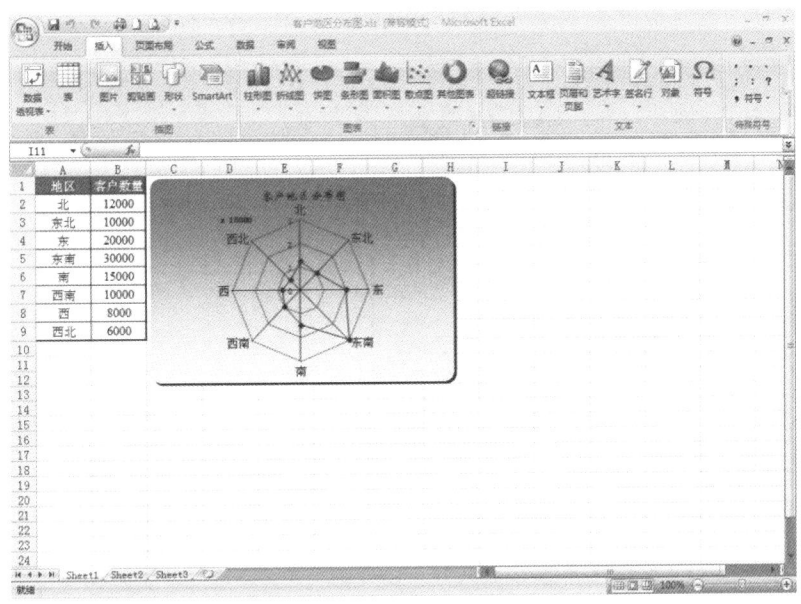

图 5-25　雷达图

雷达图是专门用来进行多指标体系比较分析的专业图表。从雷达图中可以看出指标的实际值与参照值的偏离程度,从而为分析者提供有益的信息。雷达图一般用于成绩展示、效果对比量化、多维数据对比等。

(5)利用折线图创建全年销售趋势图,如图 5-26 所示。

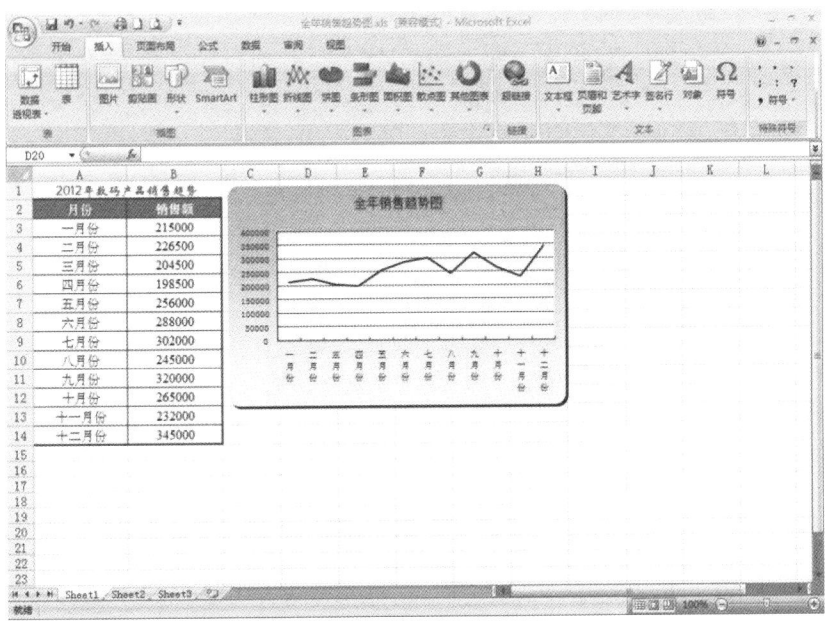

图 5-26　折线图

折线图侧重于在某一个连续的时期或时间内数据的变化情况,它通过数据之间的连接线将不同的数据连接起来,通过折线图可以总体上得到数据的宏观变化趋势或者是两点之间的变化幅度等。

(6) 利用圆环图绘制速度表式图表反映工作状态,如图 5-27 所示。

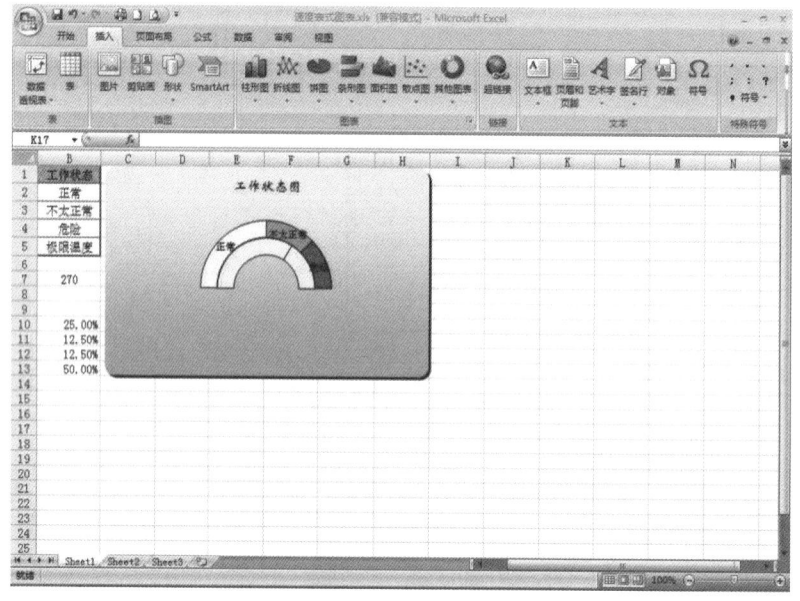

图 5-27　圆环图

像饼图一样,圆环图显示各个部分与整体之间的关系,但是它可以包含多个数据系列,饼图只有一个数据系列。

(7) 利用饼图绘制办公用品支出比例图,如图 5-28 所示。

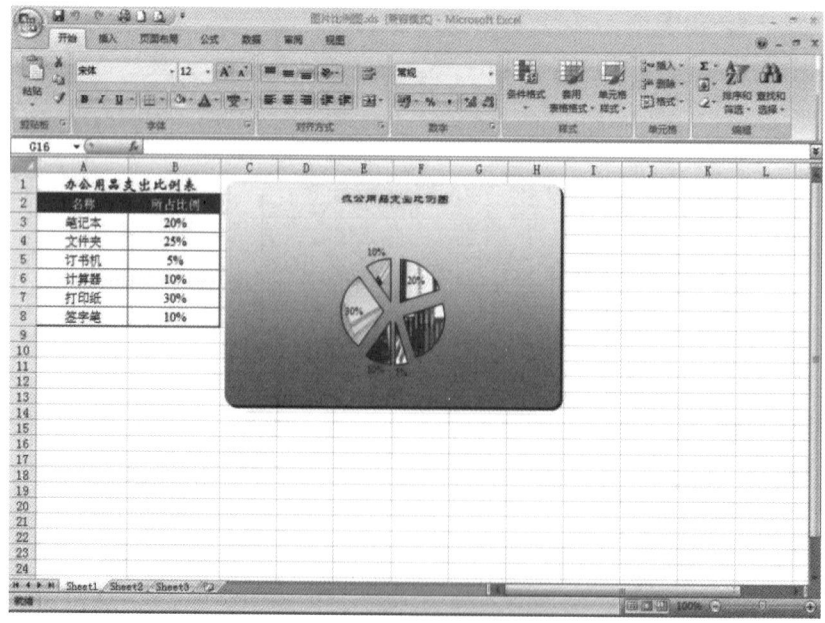

图 5-28　饼图

饼图适合表现某列或某行内不同单元格内的数据占该行或该列的总和的百分比,饼图是一个侧重比例型的图表。

(8)利用气泡图绘制销量比例图,如图5-29所示。

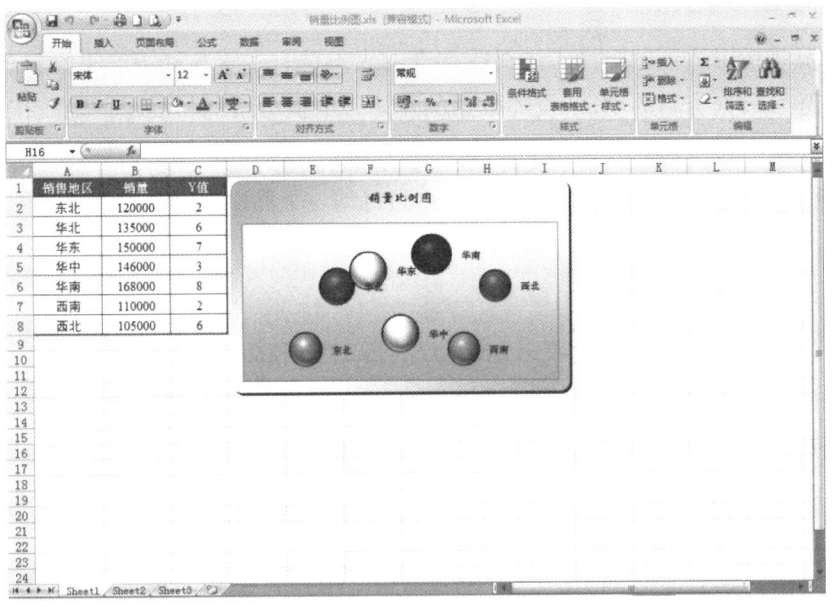

图5-29　气泡图

气泡图与散点图相似,不同之处在于,气泡图允许在图表中额外加入一个表示大小的变量。实际上,这就像以二维方式绘制包含三个变量的图表一样。气泡由大小不同的标记(指示相对重要程度)表示。

(9)利用面积图绘制员工销售业绩图,如图5-30所示。

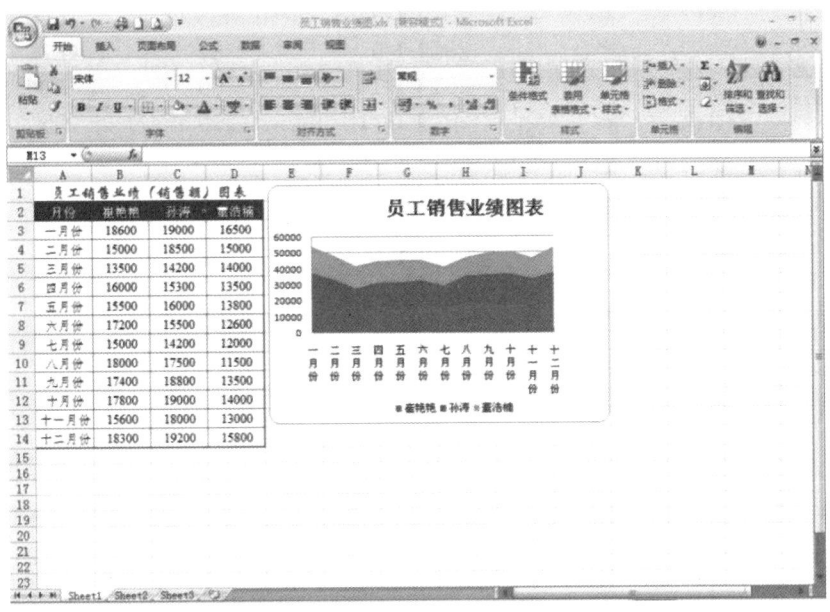

图5-30　面积图

面积图强调数量随时间而变化的程度,也可用于引起人们对总值趋势的注意。例如,表示随时间而变化的利润的数据可以绘制在面积图中以强调总利润。

5.3.4　数据分析

数据分析是指用适当的统计方法对收集来的大量第一手资料和第二手资料进行分析,以求最大化地开发数据资料的功能,发挥数据的作用。数据分析的目的是把隐没在一大批看来杂乱无章的数据中的信息集中、萃取和提炼出来,以找出所研究对象的内在规律。在实际应用中,数据分析可帮助人们做出判断,以便采取适当行动。下面以两个小案例来说明数据分析的过程:

1. 计算同比、环比增长率

例 5.4　现有号码库共计 60349 条记录,分别是 2019 和 2020 年 1—9 月的号码登记情况,如图 5-31 所示。

(1)计算同比增长率。

步骤一,做透视表,将时间放在行标签,号码放在值区域三次,如图 5-32 所示。

	A	B	C
1	号码	注册时间	微信
2	166412894295	2019-1-1	否
3	166416795207	2019-1-1	否
4	166423353436	2019-1-1	是
5	166424978309	2019-1-1	是
6	166450811715	2019-1-1	否
7	166450811771	2019-1-1	否
8	166450811789	2019-1-1	是
9	166450811792	2019-1-1	是
10	166450811840	2019-1-1	是
11	166450812346	2019-1-1	是
12	166450812375	2019-1-1	是
13	166450812551	2019-1-1	是
14	166450812587	2019-1-1	否
15	166450812593	2019-1-1	是
16	166450812846	2019-1-1	是
17	166450813011	2019-1-1	否
18	166450813129	2019-1-1	否

图 5-31　号码注册时间表（截取）

	值		
行标签	计数项:号码	计数项:号码2	计数项:号码3
2019-1-1	73	73	73
2019-1-2	88	88	88
2019-1-3	80	80	80
2019-1-4	82	82	82
2019-1-5	121	121	121
2019-1-6	98	98	98
2019-1-7	112	112	112
2019-1-8	65	65	65
2019-1-9	87	87	87
2019-1-10	69	69	69
2019-1-11	95	95	95
2019-1-12	86	86	86
2019-1-13	85	85	85
2019-1-14	114	114	114
2019-1-15	97	97	97

图 5-32　做透视表

步骤二,在时间列右击任意一个单元格,单击组合,在弹出的"分组"对话框中,选择"年"和"月",如图 5-33 所示。

步骤三,右击第二列号码的任意一个单元格,选择"值字段设置",在弹出的"值字段设置"对话框中,在"自定义名称"处输入"同比增长 %",在"值显示方式"的下拉菜单中选择"差异百分比",在"基本字段"里选择"年",在"基本项"里选择"(上一个)",如图 5-34 所示,单击"确定"。

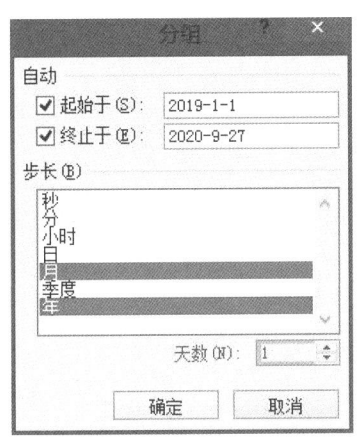

图 5-33　分组　　　　　　　　　图 5-34　"值字段设置"对话框

（2）计算环比增长率。

右击计算同比增长率时添加的第三列号码的任意一个单元格,选择"值字段设置",在弹出的"值字段设置"对话框中,在"自定义名称"处输入"环比增长 %",在"值显示方式"的下拉菜单中选择"差异百分比",在"基本字段"里选择"注册时间",在"基本项"里选择"（上一个）",单击"确定",最终结果如图 5-35 所示。

2.RFM 模型

在众多的客户关系管理 (CRM) 的分析模式中,RFM 模型是被广泛提及的。RFM 模型是衡量客户价值和客户创利能力的重要工具和手段。该模型通过一个客户的近期购买行为、购买的总体频率以及花了多少钱三项指标来描述该客户的价值状况。

RFM 模型较为动态地展示了一个客户的全部轮廓,这为个性化的沟通和服务提供了依据,同时,如果与该客户打交道的时间足够长,也能够较为精确地判断该客户的长期价值（甚至是终身价值),通过改善这三项指标的状况,从而为更多的营销决策提供支持。

在 RFM 模式中, R(recency) 表示客户购买的时间有多远, F(frequency) 表示客户在时间内购买的次数, M (monetary) 表示客户在时间内购买的金额。一般的分析型 CRM 着重于对客户贡献度的分析,RFM 则强调以客户的行为来区分客户。

例 5.5　现有某超市 2019 年 5 月 14 日至 2020 年 9 月 25 日顾客消费明细表,有 15867 条顾客消费明细记录,包括每一个订单的 ID、客户的 ID、交易日期和交易金额,如图 5-36 所示。请根据这些消费记录,分析客户类型。

行标签	计数项:号码	同比增长%	环比增长%
2019年			
1月	3012		
2月	3172		5.31%
3月	3557		12.14%
4月	3660		2.90%
5月	4006		9.45%
6月	4298		7.29%
7月	4952		15.22%
8月	4348		-12.20%
9月	3366		-22.59%
2020年			
1月	3135	4.08%	
2月	2967	-6.46%	-5.36%
3月	2519	-29.18%	-15.10%
4月	2695	-26.37%	6.99%
5月	3029	-24.39%	12.39%
6月	3036	-29.36%	0.23%
7月	3039	-38.63%	0.10%
8月	3102	-28.66%	2.07%
9月	2456	-27.04%	-20.83%
总计	60349		

图 5-35　同比、环比增长率计算结果

	A	B	C	D
1	订单ID	客户ID	交易日期	交易金额(元)
2	4529	34858	2019-05-14 17:20	807
3	4532	14597	2019-05-14 17:23	160
4	4533	24598	2019-05-14 17:23	418
5	4534	14600	2019-05-14 17:26	401
6	4535	24798	2019-05-14 17:26	234
7	4536	44856	2019-05-14 17:26	102
8	4558	34695	2019-05-14 20:42	130
9	4559	24764	2019-05-14 20:42	377
10	4566	34765	2019-05-15 9:07	466
11	4567	34581	2019-05-15 9:07	821
12	4568	44637	2019-05-15 9:09	84
13	4569	24784	2019-05-15 9:09	710
14	4570	24593	2019-05-15 9:09	236
15	4571	34577	2019-05-15 9:09	494
16	4572	24669	2019-05-15 9:12	467
17	4573	24586	2019-05-15 9:13	750
18	4574	34761	2019-05-15 9:13	455
19	4575	24655	2019-05-15 9:15	798
20	4576	44801	2019-05-15 9:15	797

图 5-36   顾客消费明细表（截取）

（1）根据该超市实际情况，对近度、频度、额度分别给定评价标准如下：

近度：距离判定日期 12 天之内有过消费记录的标识为"高"，否则为"低"。

频度：在考核期内交易次数大于 10 次的标识为"高"，否则为"低"。

额度：在考核期内平均消费金额大于 500 元的标识为"高"，否则为"低"。

在"Sheet2"表单构建辅助表，如图 5-37 所示。

	A	B	C	D	E	F	G	H
1	天数阈值	评分		交易次数阈值	评分		平均金额阈值	评分
2	0	高		0	低		0	低
3	13	低		10	高		500	高
4		近度			频度			额度

图 5-37   RFM 辅助表

（2）根据 RFM 的值给定客户的类型，在"Sheet2"表单中添加客户类型表，如图 5-38 所示。

K	L	M	N
R	F	M	客户类型
高	高	高	重要价值客户
低	高	高	重要保持客户
高	低	高	重要发展客户
低	低	高	重要挽留客户
高	高	低	一般价值客户
低	高	低	一般保持客户
高	低	低	一般发展客户
低	低	低	一般挽留客户

图 5-38   RFM 客户类型表

(3)操作步骤。

步骤一,做数据透视表,将数据透视表放置在新的工作表"Sheet4"中。客户 ID 放在"行标签",交易日期、订单 ID、交易金额逐步放到"数值",再通过"值字段设置"将交易日期取最大值,订单 ID 取计数值,交易金额取平均值。交易日期的格式需要通过"设置单元格格式"改成"日期"格式,交易金额需要通过"设置单元格格式"将数值的小数位数调为"0",结果有1200 名客户。

步骤二,用 DATEDIF (start_date,end_date,unit) 函数计算天数。

DATEDIF 函数是 Excel 隐藏函数,其在帮助和插入、公式里面没有。它返回两个日期之间的年 \ 月 \ 日间隔数。常使用 DATEDIF 函数计算两日期之差。start_date 为一个日期,它代表时间段内的第一个日期或起始日期 (起始日期必须在 1900 年之后)。end_date 为一个日期,它代表时间段内的最后一个日期或结束日期。unit 为所需信息的返回类型。

首先需要设置一个特定日期,根据实际情况设置为 2020 年 9 月 26 日 12:00,可以直接用特定日期减去交易日期,便可知客户最近一次消费距离特定日期的天数, 也可以用 DATEDIF 函数,公式为 =DATEDIF(B5,$E$3,"d"),结果如图 5–39 所示。

	E5	▼	f_x =DATEDIF(B5,$E$3,"d")		
	A	B	C	D	E
1					
2					
3		值			2020-9-26
4	行标签 ▼	最大值项:交易日期	计数项:订单ID	平均值项:交易金额(元)	天数
5	14568	2020-9-17	15	417	9
6	14569	2020-6-19	12	452	99
7	14570	2020-8-28	15	551	29
8	14571	2020-7-19	15	542	69
9	14572	2020-6-25	8	417	93
10	14573	2020-7-9	10	436	79
11	14574	2020-9-22	15	567	4
12	14575	2020-9-22	17	437	4
13	14576	2020-8-3	13	499	54
14	14577	2020-9-11	8	342	15
15	14578	2020-7-31	16	446	57
16	14579	2020-9-11	17	464	15
17	14580	2020-8-19	15	535	38
18	14581	2020-8-26	19	578	31
19	14582	2020-7-30	15	553	58
20	14583	2020-9-7	15	404	19

图 5–39 天数(截取)

步骤三,根据评价标准使用 VLOOKUP 函数对数据进行分组。

查找天数的分组公式为:=VLOOKUP(E5,Sheet2!A:B,2,1)

查找订单数的分组公式为:=VLOOKUP(C5,Sheet2!D:E,2,1)

查找交易金额的分组公式为:=VLOOKUP(D5,Sheet2!G:H,2,1)

结果如图 5–40 所示:

	A	B	C	D	E	F	G	H
1								
2								
3		值			2020-9-26			
4	行标签 ▾	最大值项:交易日期	计数项:订单ID	平均值项:交易金额(元)	天数	R	F	M
5	14568	2020-9-17	15	417	9	高	高	低
6	14569	2020-6-19	12	452	99	低	高	低
7	14570	2020-8-28	15	551	29	低	高	高
8	14571	2020-7-19	15	542	69	低	高	高
9	14572	2020-6-25	8	417	93	低	低	低
10	14573	2020-7-9	10	436	79	低	高	低
11	14574	2020-9-22	15	567	4	高	高	高
12	14575	2020-9-22	17	437	4	高	高	低
13	14576	2020-8-3	13	499	54	低	高	低
14	14577	2020-9-11	8	342	15	低	低	低
15	14578	2020-7-31	16	446	57	低	高	低
16	14579	2020-9-11	17	464	15	低	高	低
17	14580	2020-8-19	15	535	38	低	高	高
18	14581	2020-8-26	19	578	31	低	高	高
19	14582	2020-7-30	15	553	58	低	高	高
20	14583	2020-9-7	15	404	19	低	高	低

图 5-40　RFM 分组（截取）

步骤四，对分组情况进一步做数据透视表。

数据透视表的数据区域为 F4:H1204，将数据透视表放置在新的工作表"Sheet5"中。将 R、F、M 拖到行标签，将 R 拖到数值区域。

步骤五，选中透视表，选择新弹出的菜单栏"设计"，选择"布局"下拉菜单里面的"报表布局"，在下拉菜单中选择"以表格形式显示"，如图 5-41 所示。

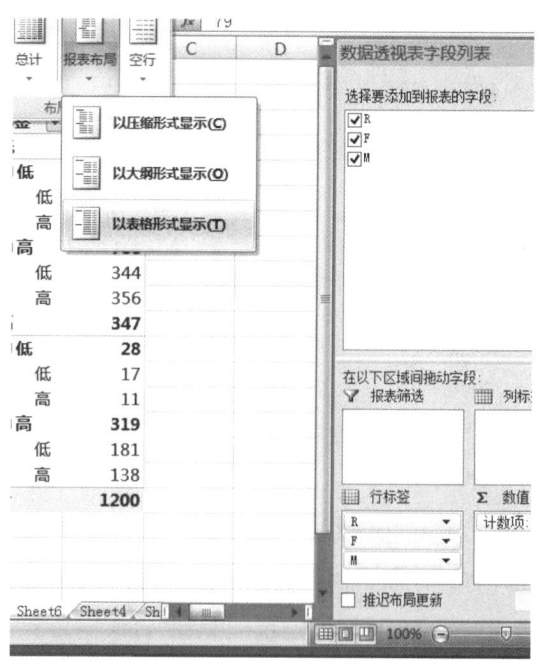

图 5-41　以表格形式显示数据透视表

再选择"布局"下拉菜单里面的"分类汇总"，选择"不显示分类汇总"。

步骤六，在"Sheet3"表单中，将设计后的数据透视表完善为统计表格，如图 5-42 所示。

	A	B	C	D
1	R	F	M	客户数
2	低	低	低	81
3	低	低	高	75
4	低	高	低	356
5	低	高	高	357
6	高	低	低	15
7	高	低	高	10
8	高	高	低	169
9	高	高	高	137
10	总计			1200

图 5-42　RFM 分组表

步骤七，RFM 分析。

在"Sheet2"表单中找到客户类型表，在其前一列添加辅助列，辅助列的公式为 =K2&L2&M2。

对步骤六得出的 RFM 分组表也需要添加辅助列，再进行客户类型分析，公式为 =VLOOKUP(F2,Sheet2!J:N,5,0)，结果如图 5-43 所示。

E2			▼	f_x	=VLOOKUP(F2,Sheet2!J:N,5,0)	
	A	B	C	D	E	F
1	R	F	M	客户数	客户类型	辅助列
2	低	低	低	81	一般挽留客户	低低低
3	低	低	高	75	重要挽留客户	低低高
4	低	高	低	356	一般保持客户	低高低
5	低	高	高	357	重要保持客户	低高高
6	高	低	低	15	一般发展客户	高低低
7	高	低	高	10	重要发展客户	高低高
8	高	高	低	169	一般价值客户	高高低
9	高	高	高	137	重要价值客户	高高高
10	总计			1200		

图 5-43　RFM 分析结果

5.4　企业信息化组织机构建设

随着企业中各种信息系统的普遍应用，企业必须成立企业信息化建设领导小组，建立企业信息中心，专门负责信息化建设的日常工作，并设置专门的信息主管职位。

5.4.1　企业信息化建设领导小组及其职责

为了稳步推进企业信息化建设工作，并保障建设完成的企业信息系统得到良好的应用，现代企业应该成立企业信息化建设领导小组。

在企业信息化建设领导小组中,应由企业的"一把手"担任领导小组组长,以便体现"一把手工程"原则,并体现出企业领导对信息化工作的高度重视;各小组成员应该包括企业决策层相关领导、企业信息化领域知名专家、与企业信息化有关的二级部门领导以及各主要职能部门的业务骨干。

企业信息化建设领导小组的主要职责包括:

(1)组织企业信息化建设中、长期规划的审定。

(2)进行企业信息化建设重大工程项目实施方案的决策。

(3)进行企业信息化建设机构相关人员的考核、任免与奖惩。

5.4.2　企业信息中心及其主要职责

为了加强信息化工作的规划、建设,目前许多企业都纷纷设置了信息中心(信息部)这一机构,其主要管理职能也在不断发展,日趋完善。

1. 信息中心的主要职责

企业信息中心的主要职责体现在以下几个方面:

(1)技术维护。技术维护包括系统软件、硬件的维护,协助使用部门进行计算机管理,处理应用系统的各种突发、疑难情况,对使用人员进行应用系统培训。

(2)信息提供。信息中心提供应用系统不能直接提供的各种信息。随着经营部门对应用系统的熟悉和对计算机的了解,它们会对更多的数据内容提出要求。这些数据很多情况下是随机的、大量的和有针对性的,且对经营管理具有很大的实际意义,通过应用系统来提供难度很大,不太现实并且没有必要,所以,需要通过信息中心提供。

信息中心在这种情况下,一般提供的是基本数据,不对这些数据进行进一步的处理。应用部门自己应储备一些能够对基本数据进行简单分析的兼职人员,他们应当具有一定的计算机技术基础。较小的企业可以考虑将这类问题全部交给信息中心处理。

(3)信息处理。企业的数据是一种财富,应当对这些数据加以利用。而能够对这些数据进行综合利用的唯一部门就是信息中心。信息的处理主要借助于一些专业数据分析工具,针对某些全局性问题或某个发展战略或某些重要问题进行数据的深度处理。

通过这种方式,企业可以获得大量的重要经营数据,如费用结构、库存结构、利润结构、资金结构、成本结构、商品结构、布局结构等内容,此外还可获得相关管理数据,如对商品流转过程的分析、手续流程的量化统计,这些数据可以帮助企业优化业务流程,从而提高管理效率。从管理的角度看,对积累的管理数据的处理,可以使管理的调整有客观依据,使企业的经济效益得到极大的提升。

2. 信息中心在企业中的地位

信息中心是一个综合性的管理部门,它的特点是控制点多、数据量大、准确率高、处理速度快,同时,由于信息中心自身的技术特点,这个部门的人员相对可靠一些。所有这些特点,都使企业的最高决策层可以充分依靠这个部门对整个企业的各个管理角落进行科学、有效的管理,并从人工不能达到的层次对整个企业进行多方位的调整和控制。

信息中心的独特优势体现在全局性、准确性、客观性、及时性四个方面。

信息中心作为一个新生的部门,与传统部门的特点不同,它通过数据对所有的部门进行了解,也可以通过应用程序和计算机系统对企业内部的各个部门进行权限管理和控制。所有的经营部门和管理部门,在信息中心都是一个数据管理对象,它们各自的经营管理数据,就是对它们进行管理的依据。信息中心不能直接对业务和管理部门进行管理,但是它可以为高层管理人员提供准确、及时、系统、客观的决策数据。在企业整个经营管理链条中,信息中心是游离在其他部门之外的,它以一个工具的形式出现,所以经营部门和管理部门的种种部门利益在信息中心几乎不存在,比如业务部门的进货权和财务部门的财务权,所以,当信息中心提交一份完整的企业当前运行情况的报告时,客观上受到自身利益的影响很小。

5.4.3　现代企业信息主管的设置

1. 信息主管的含义

信息主管也被称为首席信息主管、首席信息官(chief information officer, CIO),是一个组织中负责信息技术系统战略策划、规划、协调和实施的高级管理人员,他通过谋划和指导信息技术资源的最佳利用,来支持组织的战略规划。

2. 信息主管的职责

CIO 在组织的最高领导层占有一席之地,在“一把手”的领导下,参与组织的战略决策。企业 CIO 的主要职责包括:

(1)负责企业信息化建设中、长期规划的编制。

(2)负责企业信息化建设重大工程项目实施方案的论证。

(3)负责企业信息化建设硬软件系统的配置及资金的投入。

(4)负责各类信息、渠道的梳理及信息化人员的管理与奖惩等。

(5)负责建立和实施企业内信息系统使用的指南和制度。

(6)负责管理协调各种关系,包括信息中心与上级部门、信息中心与其他部门、信息中心内部等各方面的关系。

3. 信息主管的素质要求

作为企业的 CIO,一般应具有以下知识和能力:

(1)有较好的管理素质,包括基本的管理能力、协调能力和人际沟通能力。

(2)有丰富的 IT 知识, CIO 必须是信息技术和信息管理系统方面的行家,应具备最新信息技术的跟踪能力和有效应用能力。

(3)有一定的知识和头脑。CIO 必须围绕企业的战略目标来确定技术方案,利用一切可利用的信息重构企业的行为,支撑企业的决策,以使管理信息系统为企业发挥最大的效益。

5.4.4 现代企业数据主管的设置

1. 首席数据官的含义

首席数据官(chief data officer, CDO)是随着企业不断发展而诞生的一个新型的管理者。

根据百度百科给出的定义,首席数据官主要是负责根据企业的业务需求,选择数据库以及数据抽取、转换和分析等的工具,进行相关的数据挖掘、数据处理和分析,并且根据数据分析的结果战略性地对企业未来的业务发展和运营提供相应的建议和意见。CDO 已经进入企业最高决策层,一般是直接向 CEO 进行汇报。

2. 首席数据官的职责

有学者将 CDO 的职责归纳为三个层面:

首先是关注数据的产生,就像将原油炼成汽油,要有对数据的处理能力,可以产生有意义的数据。

其次是关注数据的二、三次开发,"数据的第一次开发是有目的性的,然后通过不同的组合,会产生新的洞察和业务价值,这就是二、三次开发的意义"。

最后是数据的业务应用,也是最难的问题。

知识梳理与总结

信息在一定程度上会成为企业发展的瓶颈。在当今时代,由于信息的快速传播,企业已经告别了"大鱼吃小鱼"的时代,随之而来的是"快鱼吃慢鱼"的时代。企业要想在这个时代下能更好地生存、发展下去就必须掌握最前沿的信息资源,同时要把掌握的信息资源充分利用起来。那么如何才能更好地利用呢? 这就需要领导者对信息资源进行管理。

没有信息,企业领导者是无法决策的,而企业决策所需要的信息主要来自内外两个方面——内部信息和外部信息,缺一不可。

通过本章的学习,同学要熟练掌握企业信息资源的相关概念及管理信息系统的数据采集与管理,了解企业信息中心及其主要职责、企业信息主管的职责和素质要求。

关键词汇

首席信息官(chief information officer, CIO)
首席数据官(chief data officer, CDO)
信息资源管理(information resource management, IRM)

技能训练1

案例: CIO 基本工作思路

CIO 的工作要遵循四条基本思路:信息规划建设是前提,信息制度建设是保障,信息综合管理和建设是关键,CIO 管理方法和艺术是手段。

一、信息规划建设是前提

信息化不仅是技术变革,也是管理变革,与企业的整体发展战略息息相关。信息化建设的前提是编制科学、合理的信息化规划,因为没有信息规划的信息化建设是盲目的,不仅会为信息化后续建设带来混乱,甚至无法发挥信息化应有的作用。

企业信息化规划又称企业 IT 规划,是在企业发展战略目标的指导下,在理解企业战略目标与业务规划的基础上,诊断分析企业管理现状,优化企业业务流程,结合行业信息化实践经验和对信息技术发展趋势的掌握,提出企业信息化的目标和战略,制定企业信息化的系统架构,确定信息系统各部分的逻辑关系,全面系统地指导企业信息化的进程,以促进企业战略目标的实现。

企业信息化规划包括信息战略规划、信息资源规划、信息系统规划、企业资源规划,做好这四个规划是做好企业信息化建设工作的前提,它使整个企业信息化目标和任务明确,投资合理、资源有效使用,能够使信息化在企业的发展中起到重要的作用。

二、信息管理制度是保障

信息化不能一蹴而就,必须要靠制度去保障、去规范使用者的操作行为,才能使信息技术带来的变革固化下来,发挥长效作用。CIO 在信息化管理和建设中,往往忽略信息制度的建设,长此以往,会使硬件和软件系统运行得不到应有的保障,人们在操作中随心所欲、无章可循,从而导致信息化系统在运行过程中常常出现很多意想不到的问题。

计算机主机和网络系统的使用、计算机设备的使用、计算机信息机房的运行、计算机信息安全、计算机信息应用系统的推广和应用,等等,这些都必须通过公司规章化和内部法律化的形式加以规范,从而建立信息系统稳定、有效的运行机制。信息管理制度就是使信息系统正常运行和推广应用公司正规化文件发布的规章制度,换一句话说,就是要用严格的制度去约束人的行为、杜绝随意性,实现成果共享、数据共享、信息共享。加强制度建设和科学规范的管理,是信息系统能够正常运转以及有效应用和推广的保证。

三、信息综合资源管理和建设是关键

对企业进行调研,发现企业绝大部分的 IT 综合资源都采用分散式的、非流程化的、随意式的人工管理,综合资源管理效率低,对所属的 IT 综合资源缺乏有效的管控手段,最直接后果就是,IT 资产混乱,人浮于事,设备的维护及系统和数据的安全性都存在问题。在企业中,经常会听到其他业务部门的人员讽刺 IT 部门:"你们连自己的东西都管不好,还搞什么信息化建设。"

因此,做好信息综合资源管理和建设非常重要。信息综合资源管理和基础建设是对涉及公司业务的所有相关信息资源,包括基础数据、信息设施(硬件、服务器、网络设备、软件系统等)、流程、技术文档、数据安全、人等的管理措施和手段。对企业在信息化建设的过程中,涉及并积累的大量的信息资源的管理是保障信息系统得以正常运行的关键。

四、加强项目管理,注重管理艺术

企业信息化项目建设是一项相当艰巨复杂的系统工程,大的信息化建设项目一般都是由 CIO 来牵头实施的,在信息化建设项目的启动、计划、实现、控制和收尾各个阶段 CIO 都会碰到很多困难,合理地对项目的范围、进度、成本、质量、沟通等各个方面进行有效的管理,才能保证信息化建设项目的成功。大的企业信息化建设项目一般投资多,对企业的发展和战略都有重大的意义,它的成功与否不但关系到企业投资的有效性、关系到企业战略和发展,同时也关系到 CIO 的命运。一些企业的 CIO 由于投资较大的信息化建设项目没能成功实施和完成,而从此威信扫地,一蹶不振。

因此,在信息化建设中,CIO 在管理工作中必须掌握管理艺术,能够运用创造性的方式、方法、手段、策略和技能技巧开展信息工作。所谓管理艺术,是指管理者依靠自己的管理学知识、经验、智慧和创造力,在自身素质、才能等基础上形成的非规范化的、经验性和创造性相互渗透的管理技能,这需要长期的工作磨炼和个人刻苦钻研。任何一个有一定规模的 IT 项目会涉及各个部门、各类人物和角色,甚至是公司外部的供应商,在对整个企业信息化建设推进过程中 CIO 要运用自己的经验和智慧,富有创造性地管理好自己的团队,管理好信息化的项目,富有技巧性地和形形色色的人物打交道。

思考题

思考在企业中 CIO 的基本工作思路。

技能训练 2

实训:强化 Excel 操作技能

操作内容:

1. 常用数据表格的处理方法:图表制作和优化、数据排序和筛选、文件的安全和保护、在工作表中导入 Word、Access、HTML、业务系统中的 XML 数据。

2. 数据分类汇总:单列自动分类汇总、多列自动分类汇总、创建多级分类汇总、分级显示数据。

3. 数据分析:趋势分析、数据透视表(图)、数据敏感性分析、单变量求解、模拟运算表、规划求解。

4. 函数的使用:建立数据分析模型的 56 个常用函数的使用。

5. 用 Excel 制作图表和报告,用 Excel 进行销售的预测和统计分析。

复习思考题

1. CIO 在企业中的主要职责是什么?

2. 什么是企业信息资源? 阐述信息资源对企业的重要作用。

第六章 数据库和信息管理

▪ 教学目标 ▪

1. 掌握数据库系统的组成部分；
2. 了解常用的数据库管理系统特点；
3. 了解常用的 SQL 语句；
4. 掌握 Access 中数据库的创建和查询方法；
5. 了解数据仓库、数据挖掘技术和大数据技术。

▪ 案例导入 ▪

 ### 上海 41 个政府部门分四批实施信息化职能整合优化

2021 年 7 月 30 日，上海市政府举行信息化职能整合优化工作备忘录集中签署仪式。市大数据中心与市委军民融合办、市发展改革委、市退役军人事务局、市审计局、市体育局、市绿化市容局、市机管局等首批 7 个部门集中签署交接备忘录，强化部门信息化行政管理职能，将信息化技术实施职能划转到大数据中心，实现系统统筹建设、服务统一购买、数据充分共享。

信息化职能整合优化是"两张网"建设和城市数字化转型的重要基础性工作，将从体制机制上破解"系统小而散、互联互通难、数据共享难"等信息化瓶颈问题。按计划，41 个政府部门分四批有序平稳推动该项工作，预计 2021 年年底基本完成。目前前三批 29 个部门方案审核工作已经完成，首批 7 个部门已进入实施阶段。

（来源：解放日报，2021-07-31）

思考题

1. 为什么说政府部门信息化存在"系统小而散、互联互通难、数据共享难"等瓶颈问题？

2. 企业如何破解"系统小而散、互联互通难、数据共享难"等信息化瓶颈问题？

■ 课程思政 ■　激发同学的民族使命感

分布式数据库 OceanBase

近四十年来一直到今天,中国国内的数据库大部分的市场份额仍旧被甲骨文、IBM、微软、Sybase 这几家公司占据。

新成立的 OceanBase 公司——北京奥星贝斯科技的 OceanBase 数据库是由蚂蚁金服、阿里巴巴完全自主研发的金融级分布式关系数据库,始创于 2010 年。目前是全世界唯一基于普通云服务器获得 TPC-C 第一名的分布式数据库,是目前全世界唯一经过大规模金融场景长时间考验的分布式数据库,是中国领先的 100% 拥有自主知识产权的数据库,拥有超过 200 家客户及合作伙伴。2020 年 5 月,OceanBase 以 7.07 亿 tpmC 的在线事务处理性能,打破了自己在 2019 年创造的 TPC-C 世界纪录。截止到目前,OceanBase 是第一个也是唯一一个上榜的中国数据库。

数据库自研的四十年历史倏忽而过,发令枪再次打响,后浪接过前浪的接力棒。而这一次,绝不会少了中国公司的身影。

数据库技术研究的对象是数据,通过对数据的统一组织和管理,按照指定的结构建立相应的数据库和数据仓库。数据库技术能够存储繁杂的信息、实现数据共享以及保障数据安全,并且能够高效地检索数据和处理数据。管理信息系统面临大量复杂而又毫无规律的数据,数据库技术能将大量的数据进行合理的组织,并且能够在分析的基础上建立模型,对于结构化和半结构化的决策问题给出结果。

数据库系统是保障管理信息系统强大信息管理、应用能力的基础。数据库技术是管理信息系统分析的基础,为系统提供不同分类数据的同时,提供多种分析模型,大大提高了管理信息系统的分析效率和功能。伴随着科技的持续发展,数据库技术的应用功能必然不断完善和优化,数据库技术必然能够为管理信息系统提供更为强大的信息管理能力。

6.1　数据库技术基础

数据库技术产生于 20 世纪 60 年代末期。由于数据库技术的出现,数据处理能力得以极大地提高,可靠性不断增加,成本也不断降低,从而推动了计算机应用的普及。

6.1.1　数据库、数据库管理系统和数据库系统的概念

数据库、数据库管理系统和数据库系统经常被作为同义词使用。严格地讲,数据库、数据库管理系统和数据库系统是三个不同的概念。

1. 数据库

数据库是相互关联的数据集合。数据是描述现实世界中各种具体事物或抽象概念的可存储并具有明确意义的信息。数据能够为特定组织(如企事业单位)的多种应用服务。例如,你所熟悉的人的"姓名"、"性别"、"身份证号码"、"电话号码"是一个具有明确意义、相互关联且可存储的数据集合,这个数据集合可以定义为一个数据库。

数据库具有如下特性:

(1)数据库是具有逻辑关系和确定意义的数据集合。逻辑上无关的数据集合不能称为数据库。

(2)数据库是针对明确的应用目标而设计、建立和加载的。每个数据库都具有一组用户,并为这些用户的应用服务。

(3)一个数据库表示现实世界的某些方面(也称小世界)。一个数据库所表示的小世界的改变必须及时地反映到该数据库中来。

数据库可以人工建立、维护和使用,也可以通过计算机建立、维护和使用。当然,本书中数据库都指计算机管理的数据库,都可通过应用程序或数据库管理系统来建立、维护和使用。

2. 数据库管理系统

数据库管理系统是一个通用的软件系统,由一组计算机程序构成。数据库管理系统能够对数据库进行有效的管理,包括存储管理、安全管理、完整性管理等。数据库管理系统提供了一个软件环境,使用户能方便快速地建立、维护、检索、存取和处理数据库的信息。

3. 数据库系统

数据库系统 (data base system,简称 DBS) 通常由软件、数据库和数据库管理员组成。其软件主要包括操作系统、各种宿主语言、实用程序以及数据库管理系统。数据库由数据库管理系统统一管理,数据的插入、修改和检索均要通过数据库管理系统进行。数据库管理员负责创建、监控和维护整个数据库,使数据能被任何有权使用的人有效使用。数据库管理员一般由业务水平较高、资历较深的人员担任。

6.1.2　数据库系统的组成

数据库系统由数据库和数据库管理系统组成。有时把数据库系统广义地定义为"数据库+数据库管理系统+数据库管理员+应用程序+用户"。图6-1给出了简化的数据库系统环境。

1. 数据库

数据库(database)是为了满足一定范围内用户的需要而建立的一组长期存储的有组织、可共享、可统一管理和互相关联的数据集合。数据库可独立于应用,由数据库管理系统单独创建、管理和维护,数据库存储在磁盘等物理存储介质上,向应用系统提供数据支持。

2. 数据字典

数据库系统不仅存储数据库本身,同时也存储数据库的说明信息,这些说明信息称为元数据。数据字典(data dictionary)就是存储元数据的特殊文件。元数据包括数据库中每个文件的结构、每个数据项的存储格式和数据类型、数据的完整性约束等。

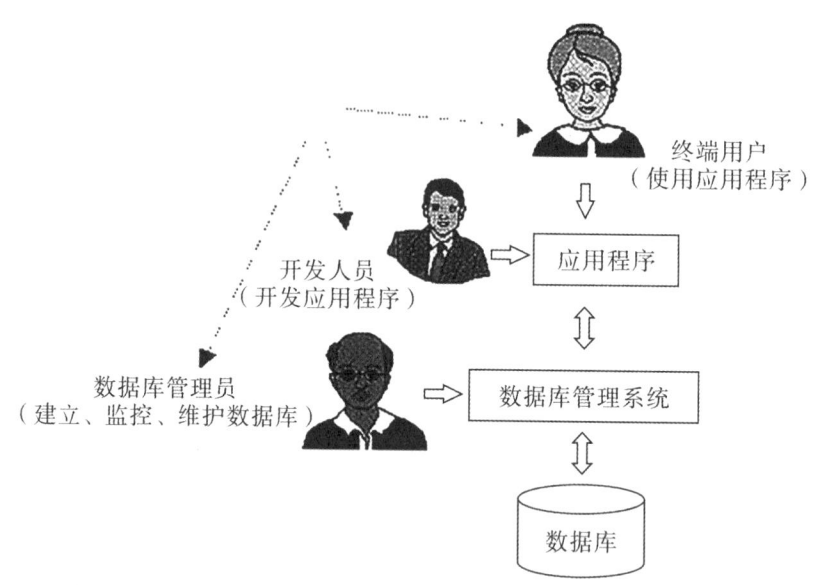

图 6-1　数据库系统

数据字典主要由数据库管理系统软件使用,当然用户也可以使用。数据库管理系统软件不是仅为少数特定应用设计的,而是为所有应用设计的。数据库管理系统可以通过数据字典了解数据库中每个文件的结构、每个数据项的存储格式和数据类型等信息,平等地为各种各样的应用服务。不管是银行数据库应用,还是教学管理数据库应用,只要描述这些数据库的元数据存储在数据字典中,数据库管理系统就可以为这些应用提供数据管理服务。

在文件系统中,描述文件的元数据分散在不同的应用程序中。因此,每个应用程序只能存取特定的文件,无法用它来了解其元数据的文件。反之,每个文件只能由一个应用程序使用,不能被其他应用程序共享。数据库系统的通用性恰恰是由于抽象出了所有文件的元数据,统一存储,统一管理。

3. 数据库管理系统

在数据库系统阶段,为了科学地组织和存储数据,以便高效地获取和维护数据,出现了统一管理数据的专门软件系统——数据库管理系统 (database management system)。

数据库管理系统是帮助用户建立、使用和管理数据库的计算机软件系统,是位于用户和操作系统之间的数据库管理软件,是数据库系统的核心组成部分。其主要功能有:定义数据库的结构及其中数据的格式,负责各种与数据有关的控制和管理任务,规定数据在外存储器的存储方式,以及建立和维护数据库。用户通过数据库管理系统的支持,访问数据库中的数据。

根据应用领域的不同,数据库管理系统可分为两大类:

一类是大型网络数据库管理系统,常用的有 SQL Server、Oracle、DB2、Sybase、Informix 等。

另一类是小型桌面数据库管理系统,常用的有 Visual FoxPro、Access、dBASE 等。

4. 用户

大型数据库的设计、加载、维护可能涉及很多人员,可以将这些人员分为四类。每类人员都从不同的角度使用数据库系统,我们将他们统称为数据库系统的用户。

(1)数据库管理员。

在任何一个组织机构中,如果很多人共享相同的资源,则需要有一个特殊的人员来监督和管理这个共同资源。在数据库系统环境下,共享资源有两类:第一类是数据库;第二类是数据库管理系统软件和相关软件。这些资源的监督管理由数据库管理员完成。数据库管理员可以由一个人担任,也可以由一组人担任。数据库管理员负责为存取数据库的用户授权,并协调和监督他们对数据库和数据库管理系统软件的使用。数据库管理员也负责系统安全性保护以及系统性能的监督和改善。

(2)数据库设计者。

数据库设计者负责数据库中数据的确定、数据文件结构的设计、存取方法的选择和数据库的最后定义。这些工作完成之后,所设计的数据库才能在数据库系统中实现。首先,数据库设计者需要与所有用户接触,讨论研究用户的需求,为每个用户建立起一个适应于其应用的数据库视图。其次,数据库设计者合并这些视图,形成完整的数据库的定义。此时形成的数据库必须能够支持所有用户的应用要求。最后,数据库设计者与数据库管理员合作,在数据库系统中建立数据库并加载数据。在很多情况下,数据库设计者由数据库管理员担任。

(3)最终用户。

最终用户是数据库的主要用户,经常对数据库提出查询和更新等操作要求,数据库主要是为这类用户设计和存储的。

数据库最终用户的主要工作是查询和更新数据库。他们一般都不直接使用数据库管理系统,而是通过运行由应用程序员精心设计并具有友好界面的应用程序来存取数据库。银行职员、航空公司的机票预订工作人员、旅馆总台服务员等属于这类用户。

(4)系统分析员和应用程序员。

系统分析员负责分析最终用户需求,给出适应这些用户需求的数据库事务的准确定义。

应用程序员负责把系统分析员提供的数据库事务的定义编制成计算机软件,并进行编码、调试、维护。

系统分析员和应用程序员必须十分熟悉整个数据库管理系统,以完成他们的任务。

6.1.3 数据库技术的发展阶段

数据库技术是计算机科学技术中发展最快、应用最广泛的技术之一,它是计算机信息系统与应用程序的核心技术和重要基础。自 20 世纪 50 年代中期,计算机的应用由科学计算机逐步扩展到数据处理,数据库技术的重要性也日渐突出。目前,数据库技术逐步成熟,已经形成了自身比较完善的理论体系和技术体系,成为计算机科学的一个重要分支。接下来我们来看一下数据库的发展历程。

数据库技术经历了人工管理、文件系统、数据库系统三个阶段。

1. 人工管理阶段

20世纪50年代中期以前,计算机主要用于科学计算。当时的外部存储器只有纸带、卡片、磁带,没有磁盘等直接存取的存储设备。软件也处于初级阶段,只有汇编语言,无操作系统和数据管理方面的软件,数据处理方式基本是批处理。数据的组织和管理只有靠手工方式,此阶段数据的管理效率非常低。程序员在程序中不仅要规定数据的逻辑结构,还要设计其物理结构,包括存储结构、存取方法、输入输出方式等。当数据的物理组织或存储设备改变时,程序就必须重新编写。由于数据的组织面向应用,不同的计算程序之间不能共享数据,使得不同的应用之间存在大量的重复数据,很难维护应用程序之间数据的一致性,人工管理数据与程序的关系如图6-2所示。

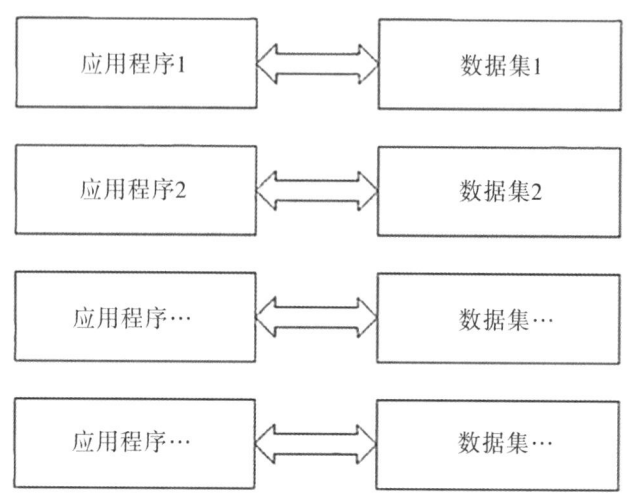

图6-2　人工管理数据与程序的关系

这一阶段数据管理的特点如下:

（1）数据不具有独立性,一组数据对应一组程序。

（2）数据发生变化则必须对程序做出修改。

（3）数据不保存、不共享。

（4）数据采用批处理方式处理。

2. 文件系统阶段

20世纪50年代后期到60年代中期,这时计算机开始大量用于管理中的数据处理工作。硬件方面有了磁盘、磁鼓等直接存取存储设备;软件方面,出现了操作系统和专门的数据管理软件,这时的数据管理软件叫文件系统。程序和数据之间由软件提供存取方法进行转换,有共同的数据查询、修改的管理模块,程序和数据相互分离。文件的逻辑结构与存储结构相对独立,文件系统数据与程序的关系如图6-3所示。

文件系统阶段,数据的管理取得了长足进步,数据可以进行长期保存,程序维护也变得很

方便。但是文件系统还是从应用程序的角度来组织和处理数据,这种方式有以下缺点:

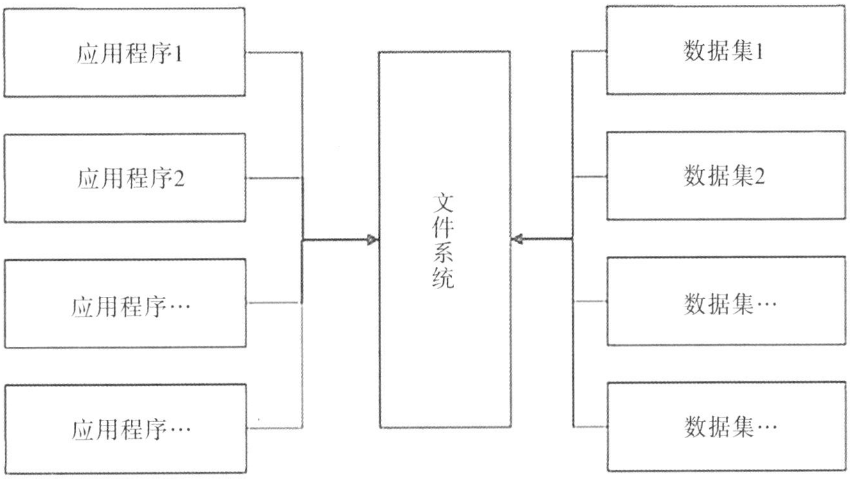

图 6-3　文件系统数据与程序的关系

(1)数据共享性差、冗余度大。

(2)数据和程序独立性差。

(3)无结构性,数据的安全控制难以实现。

3. 数据库系统阶段

20 世纪 60 年代后期以来,需要计算机管理的数据量急剧增长,并且对数据共享的需求日益增加。文件系统管理的方式已不能适应信息系统发展的需要,为了实现计算机对数据的统一管理,达到数据共享目的,发展了数据库技术。这个阶段的程序和数据的联系通过数据库管理系统(DBMS)来实现,提供了对数据更高级、更有效的管理方式。数据库系统阶段应用程序与数据之间的对应关系如图 6-4 所示。

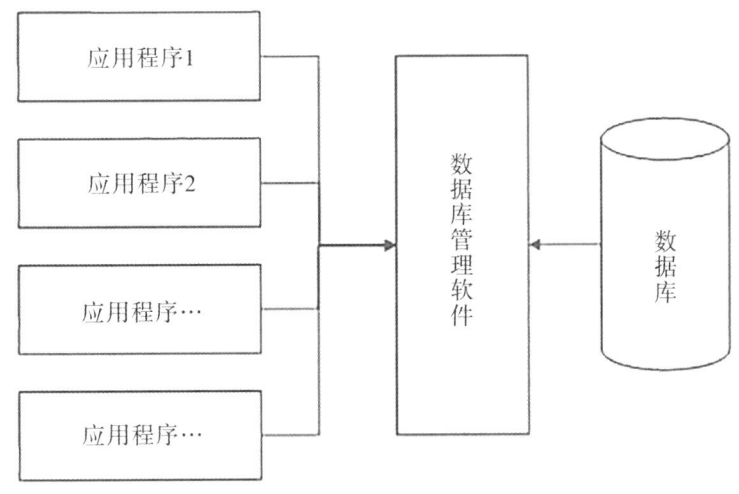

图 6-4　数据库系统阶段程序与数据的关系

目前,数据库已成为各类信息系统的核心,这一阶段的特点是:

(1)数据的统一与结构化管理。

(2)数据独立于程序进行管理。

(3)数据的一致性和可维护性。

(4)实现数据共享,减少数据冗余。

6.1.4 常用数据库管理系统

不同的操作系统需要选择不同的数据库管理系统软件来进行数据管理,因此,需要了解几种常用的数据库管理系统的特点。

1.SQL Server

SQL Server 是 Microsoft 的产品,是微软公司从 Sybase 获得基本部件的使用许可后开发出的一种关系型数据库管理系统,仅能用于 Windows 环境下,是企业级数据库管理系统。

SQL Server 是创建大型商业应用系统的最佳核心引擎数据库管理系统之一,具备完全 Web 支持的数据库产品,提供了对可扩展标记语言(XML)的核心支持,结合了分析、报表、集成和通知功能,以及具备在 Internet 上和防火墙外进行查询的能力。作为 Microsoft 的产品,采用了一致的开发策略,包括界面技术、面向对象技术、组件技术等,并与 Windows 操作系统兼容性好。

概括地说,SQL Server 具有如下特点:

(1)客户/服务器体系结构,图形化的用户界面,使系统的管理更加直观和简单。

(2)丰富的编程接口,为用户进行应用程序设计提供了更大的选择余地。

(3)多线程体系结构设计,提高了系统对用户并发访问的响应速度。

(4)对 Web 技术的支持,使用户能够很容易地将数据库中的数据发布到网上。

(5)价格上相对便宜。

作为微软在 Windows 系列平台上开发的数据库管理系统,SQL Server 推出就以其易用性和兼容性得到了很多用户的青睐,是 Windows 环境商业应用的首选数据库管理系统。

2.Oracle

Oracle 是甲骨文公司(Oracle)的产品,可以运行于很多操作系统之上,是大型企业级数据库管理系统。Oracle 是以高级结构化查询语言为基础的大型关系型数据库管理系统,是目前最流行的客户/服务器体系结构的数据库管理系统之一。提供对 Internet 全面支持的管理平台和系统集成工具,完全支持所有的工业标准,占有相当大的市场份额。因其专业性较强,操作复杂,不易上手,价格较高,一般作为 UNIX 下的应用较多,适于大型网站选用。

3.DB2

DB2 是 IBM 公司的产品,可以运行于很多操作系统上,是大型企业级数据库管理系统。DB2 具有很好的并行性,把数据库管理扩充到了并行的、多节点的环境。其操作简单、兼容性好,广泛应用于大型企业。

DB2 是内嵌于 IBM 的 AS/400 系统上的数据库管理系统,直接由硬件支持。它支持标准的 SQL,具有与异种数据库相连的 Gateway。因此它具有速度快、可靠性好的优点。但是,只有硬件平台选择了 IBM 的 AS/400 系统,才能选择使用 DB2 数据库管理系统。

4.MySQL

MySQL 于 1996 年诞生于瑞典的 TcX 公司,目前属于 Oracle 公司。MySQL 的设计思想为快捷、高效、实用。虽然它对 ANSI SQL 标准的支持并不完善,但支持所有常用的内容,完全可以胜任一般 Web 数据库的工作。由于它不支持事务处理,MySQL 的速度比一些数据库管理系统快 2~3 倍,并且 MySQL 还针对很多操作系统平台做了优化,完全支持多 CPU 系统的多线程方式。

MySQL 是当今 UNIX 或 Linux 服务器上广泛使用的数据库管理系统,也可以运行于Windows 平台。它是一个多用户、多线程、跨平台的 SQL 数据库管理系统,同时是具有客户 /服务器体系结构的分布式数据库管理系统。

在编程方面,MySQL 也提供了 C、C++、Java、Perl、Python 和 TCL 等 API 接口,而且有MyODBC 接口,任何可以使用 ODBC 接口的语言都可以使用它。

5.Access

Access 是一个文件型数据库管理系统,所有表都放在一个文件中,具有传统的表单结构。与 Windows 有很好的兼容性,由单个或多个文件组成。Access 具有界面友好、操作简单、易学易用、功能强大等特点,适用于日常管理工作需要,是 Office 办公套件中一个较为重要的组成部分。

因为 Access 以文件形式保存数据库内容,在安全方面有所欠缺。适用于比较小的应用系统,不能支持大型的商业应用。

6.2　SQL 和 Access 2010 简介

6.2.1　SQL 简介

1.SQL 的发展及特点

SQL 由 Boyce 和 Chamberlin 于 1974 年提出。它功能丰富、语言简洁,备受用户及计算机工业欢迎,被众多计算机公司和软件公司使用。经各公司的不断修改、扩充和完善,SQL 最终发展成为关系型数据库的标准语言。其主要特点包括:

(1)综合统一。

SQL 标准出现后,各厂家都遵循这统一语言规范,为程序开发、数据跨平台移植提供了极大的便利,而且同时实现下面四个方面的操作,如表 6-1 所示。

表 6-1   四种操作语言

操作语言	功能
create、drop、alter	数据定义 data definition（DDL）
select	数据查询 data query
insert、update、delete	数据操作 data manipulation（DML）
grant、 revoke	数据控制 data control（DCL）

（2）高度非过程化。

不需要关心语句执行的过程，不需要精细的控制，只需要知道"做什么"，不需要关心"怎么做"，这个主要是依赖于数据库管理系统，中间的过程编译和存储运行都交给 DBMS 去做，这样就大大简化了 SQL，让它更接近自然语言。

（3）面向集合的操作方式。

非关系数据模型是面向记录而 SQL 则是面向集合，SQL 的对象往往是一个关系表（元组的集合），这和程序所操作的一个元组是有区别的，这样就能简化 SQL 的操作。

2. SQL 基本概念

（1）表。

表是数据库的基本构件。一个数据库是由若干个表组成的，每个表用于一个特定主题，每个主题使用单独的表可以消除重复数据，并使数据存储更有效，同时减少了数据的输入错误。表是一种按行和列排列的数据集合。例如学生信息表，每列包含某种类型的信息，如学生的姓名，每行包含特定学生的所有信息（系别、班级、学号、姓名、性别、出生日期等）。

（2）字段。

表中每一列中的数据就是一个字段，字段具有自己的属性，如字段名称、类型等。字段类型是字段最重要的属性，它决定了字段能够存储哪种数据。不同的数据库系统对字段属性的定义也不同，如字段的类型在某些数据库管理系统中是固定值，但在另一些系统中则是可变的。

（3）索引。

在数据库管理系统中，索引提供了一种无须扫描整张表就能实现对数据进行快速查询的途径，使用索引可以优化查询。用户可以根据应用环境的需要，在基本表上建立一个或者多个索引，以提供多种存取路径，加快查找速度。索引一般由数据库管理员或者表的拥有者创建。系统在存储数据时会自动选择合适的索引作为存取路径，用户无法手工选择索引。

（4）视图。

视图是关系数据库提供给用户以多种角度观察数据库中数据的重要机制。视图是从一个或者多个基本表中导出的表，它存储的不是真正的数据，只是一个与基本表不同的虚表。数据库中只存放视图的定义，而不存放视图对应的数据，这些数据仍放在原来的基本表中。所以基本表中的数据发生变化，视图中查询出来的数据也随之而变化。

3.SQL 语句简介

现在简单介绍 SQL 中常用的语句：

(1)SELECT 语句(查询)。

基本格式：SELECT [ALL|DISTINCT] 目标列表达式 [, 目标列表达式…]

[INTO 新表名]

FROM 表名 [, 表名…]

[WHERE 条件表达式]

[GROUP BY 列名]

[HAVING 条件表达式]

[ORDER BY 列名 1] [ASC|DESC] [, 列名 2 [ASC|DESC]…]

功能：在指定表中查询有关记录。

语句中参数解释：

SELECT：指定要选择的列及其限制,如果使用 "*" 则表示选择表的所有列, ALL 返回满足条件的所有记录,缺省时默认为 ALL, DISTINCT 表示如果有多个记录的选择字段的数据相同,只返回一个。

INTO：将查询结果输出到指定新表。

FROM：指定查询语句的表,可以根据多个表查询数据记录。

WHERE：指定查询条件,只有符合条件的数据记录才会被显示、统计和分组。查询条件可以和另外的表进行链接,从而进行链接查询和子查询等操作。

GROUP BY：根据分组表达式中出现的列指定分组的依据,在查询生成的数据记录集中,根据作为分组依据的列对数据记录集进行有序显示。

HAVING：首先根据 GROUP BY 子句指定分组数据,再使用 HAVING 子句对分组后的数据记录集进行过滤。HAVING 子句的存在是以 GROUP BY 子句的存在为前提的,反之不然。

ORDER BY：根据排序表达式中出现的列的顺序指定排序的先后依据, ASC 是指定列按升序排列, DESC 则是指定列按降序排列。

SELECT 语句应用举例：

例如在 xsda 表(dept, class, s_no, name, birth, c_hour)进行相关查询,则对应的 SELECT 语句如下：

查询指定列：查询全体学生的学号与姓名。

SELECT s_no, name FROM xsda

查询计算列：查询全体学生的姓名及年龄。

SELECT name, year(getdata( ))-year(birth) FROM xsda

去掉查询结果中的重复项：查询全体学生的系别,并去掉重复项。

SELECT DISTINCT dept FROM xsda

带条件的查询：

查询条件有多种形式：

比较大小：使用比较运算符(>, <, =, <=, >=, <>, ！>, ！<)。

确定范围：使用范围运算([not] between…and…)。

确定集合：使用列表运算符(in, not in)。

字符匹配：使用模式匹配符(like, not like, "_"通配任意一个单一字符，"%"通配任意多个字符)。

空值判断：使用空值判断符(is null, is not null)。

多重条件：使用逻辑运算符(and, or, not)。

查询子句示例：

比较大小：查询所有在"1990-01-01"前出生的学生信息。

SELECT ＊ FROM xsda WHERE birth<"1990-01-01"

确定范围：查询学时在 30 至 60 之间的学生信息。

SELECT ＊ FROM xsda WHERE c_hour between 30 and 60

确定集合：查询会计系和管理系的学生姓名和班级。

SELECT name, class FROM xsda WHERE dept in (" 会计系 "," 管理系 ")

字符匹配：查询所有姓"王"的学生信息。

SELECT ＊ FROM xsda WHERE name like " 王 %"

空值判断：查询学时为空值的学生记录。

SELECT ＊ FROM xsda WHERE c_hour is null

多重条件：查询管理系的出生日期在"1990-01-01"之前的学生姓名。

SELECT name FROM xsda WHERE dept=" 管理系 " and birth<"1990-01-01"

分组查询：查询每位学生的平均学时。

SELECT s_no, avg(c_hour) FROM xsda GROUP BY s_no

查询结果排序：查询所有学生信息，并按学号降序排列。

SELECT ＊ FROM xsda ORDER BY s_no DESC

(2)UPDATE 语句(字段内容更新)。

基本格式：UPDATE 表名 SET 字段 = 表达式 [WHERE 条件表达式]

功能：对指定表中满足条件的记录，用指定表达式的内容更新指定字段。

示例：将班级编号为"201001"的记录的班级编号修改为"201010"。

UPDATE xsda SET 班级编号 ="201010" WHERE 班级编号 ="201001"

(3)INSERT 语句(插入记录)。

基本格式：INSERT INTO 表名(字段名)VALUES(内容列表)

功能：在指定表中插入记录，以指定内容列表中的内容为字段内容。

示例：在 xsda 表插入一条记录。

INSERT INTO xsda(学号,姓名,性别,出生日期,班级编号)VALUES("201001011", " 张山

"，"女"，#1/1/1990#，"201001")

(4)DELETE 语句(删除记录)。

基本格式：DELETE FROM 表名 [WHERE 条件]

功能：删除指定表中符合条件的记录。

示例：删除 xsda 表中班级编号为"201001"的所有记录。

DELETE FROM xsda WHERE 班级编号 ="201001"

6.2.2 Access 2010 简介

Access 2010 是 Office 2010 办公系列软件的一个重要组成部分，主要用于数据库管理。使用 Access 2010 可以高效地完成各种中小型数据库管理工作，它广泛应用于金融、行政、经济、教育、统计等行业的管理工作，可以大大提高数据处理效率。用户可以根据自身管理工作需求开发特定的数据库应用系统。

Access 2010 功能强大、界面友好、易学易用。Access 2010 在以前版本的基础上改进和增强了更多的功能，如用户界面、智能特性、新的数据类型、创建 Web 网络数据功能等，这些改进更加突出了数据共享、网络交流、安全可靠的特性，同时也使数据库的开发、管理和应用工作变得更加简单和方便。

1. 数据库的创建

Access 提供了两种创建数据库的方式：一种是创建空数据库；另一种是使用模板创建数据库。下面介绍创建空数据库的过程：

(1)启动 Access 2010，打开 Access 2010 工作首界面。单击"空数据库"图标按钮，在右侧"文件名"文本框中默认的文件名为 Database1.accdb，这里将其更改为"学生数据库"，如图 6-5 所示。

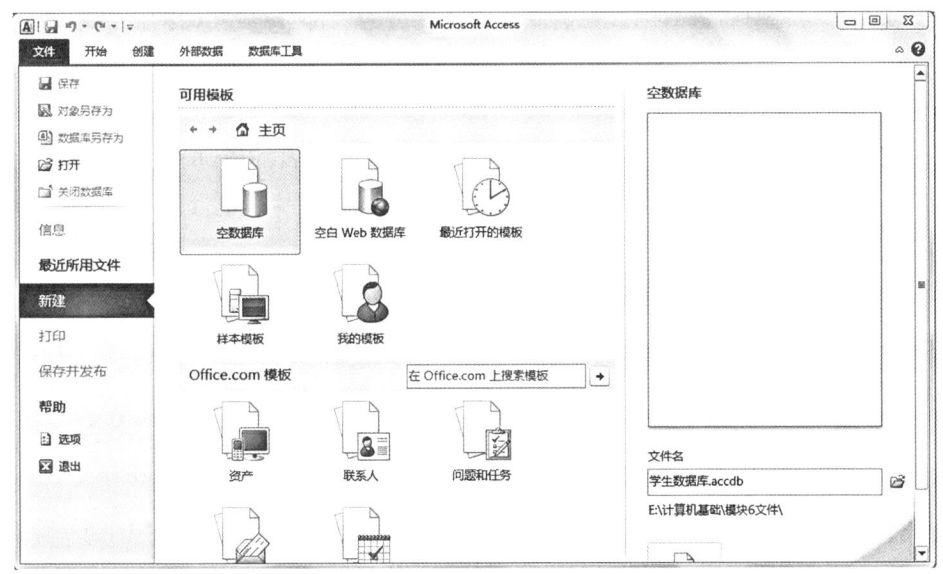

图 6-5　建立空数据库并命名

（2）默认情况下，库文件将保存在文档文件夹中，若要更改文件的默认位置，单击文本框旁边的"浏览"按钮，通过浏览找到新位置来存放数据库，再单击"创建"按钮即可。

（3）单击"创建"按钮后，在数据库视图中打开默认名为"表1"的空数据表，且光标聚焦在"单击以添加"列的第一个空单元格中（见图6-6），在此处开始添加数据表字段名称，添加主键和记录等数据内容。

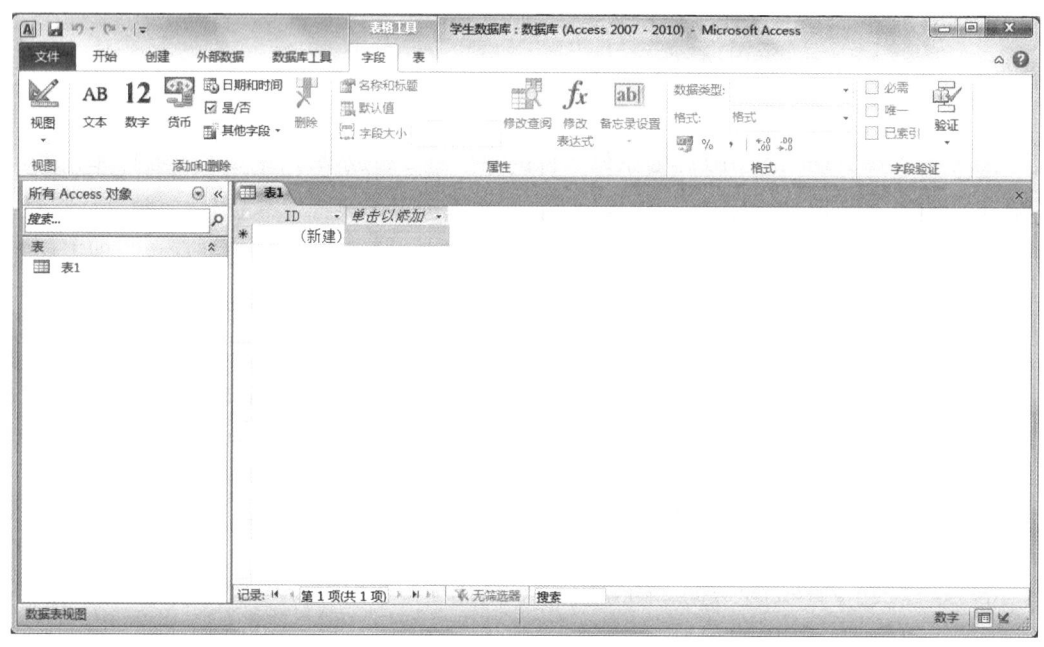

图6-6　新建数据库

2. 表的创建

表是存储和管理数据的基本对象，所有的数据都存在表中。数据库中，其他对象对数据库中数据的操作都是针对表进行的。在建立表时主要分为两部分：表结构的设计和表数据的录入。

1）表结构的设计

表是存储相关数据的集合，根据不同的主题创建不同的表，以实现根据需要对数据进行分类管理。例如，学生表中，记录的是关于学生信息的数据；成绩表中，记录的是关于成绩信息的数据，因此可以有以下两张表：

学生表（系别，班级，学号，姓名，性别，出生日期，……）

成绩表（学号，课程号，成绩，……）

为创建上述表，需要具体设计以下内容：

（1）字段：表中的列称为字段，它描述实体的某一属性。例如学生表中有学号字段、姓名字段，成绩表中有课程号字段、成绩字段等。

（2）记录：表中的一行称为记录，用于描述某一具体实体。例如学生表中的每一条记录，都描述了一位学生的具体信息，成绩表中的每一条记录都描述了一位学生的某门课程的成绩。

（3）值：单元格中的具体数值。例如"张三"，"1998−07−05"。

（4）主键：能够起到唯一标识作用的列或列组合。例如：学生表中主键是"学号"字段，学号没有重复值，能起到唯一标识作用。成绩表中的主键是"学号 + 课程号"组合字段，一位学生的某门课程成绩记录只能出现一次，没有重复，所以能起到唯一标识作用。

（5）外键：引用其他表中的主键的字段，主要用于建立表之间的关系。

（6）数据类型：表中的每列数据都有统一的数据类型，数据类型一般根据数据的现实意义进行定义，以方便计算机实现对数据的管理和运算。Access 中有文本、数字、日期 / 时间、查阅向导、附件、计算和自定义等 13 种数据类型。不同的数据类型，存储方式、占用空间大小等都可能不同。数据类型的设计可参见表 6−2。

表 6−2　Access 数据类型

数据类型	说明	举例	存储空间
文本	用来存储文字数据，如字母、字符、汉字等	姓名、性别、电话号码等字符串	最长为 255 个字符
数字	用来存储需计算的数值数据，含字节、整型、长整型、单精度型、双精度型、同步复制 ID 与小数等 7 种	成绩、年龄、工资等需要计算的数据	
日期 / 时间	用来存储日期和时间数据	出生日期、入学时间等	8 B
货币	用来存储货币数字	工资总额、汇款金额等，如 ¥1000	8 B
自动编号	在添加记录时自动插入唯一序号（每次递增 1）或随机编号	自动添加，不需人工输入	4 B
是 / 否	代表两种值，是或否，真或假，开或关，1 或 0	为复选框，是则选取，否则不选取	4 B
OLE 对象	用来存放图片、声音、电子表格及二进制等各类型的数据文件（对象）	图片、声音、动画或 Excel 电子表格等	最大可为 1 GB
超链接	保存超链接的字段，超链接可以是某个 UNC 路径或 URL	如 http://www.163.com	最大可达 64000 个字符
附件	用于窗体的标签，若未输入标题，则该字段可用作标签		
计算	用于函数、数值计算等	如工资总和、平均年龄	
查阅向导	可以在此字段中选择输入的数据	如在性别字段中可以选择事先设置好的男、女	4 B
备注	用来存储长度不固定的数据	简历、说明等	最大可达 64000 个字符

2) 表的创建和修改

完成表设计后，就可以创建表了，即完成表字段的定义，包括字段名、数据类型设置等。使用表设计器创建表的过程如下：

(1) 单击"创建"选项卡，再单击"表设计"，或单击工具栏中的"表设计"按钮。

(2) 对于表中的每个字段，在"字段名称"列表中输入名称，然后从"数据类型"列表中选择数据类型、字段大小、格式、输入掩码、索引等，如图 6-7 所示。

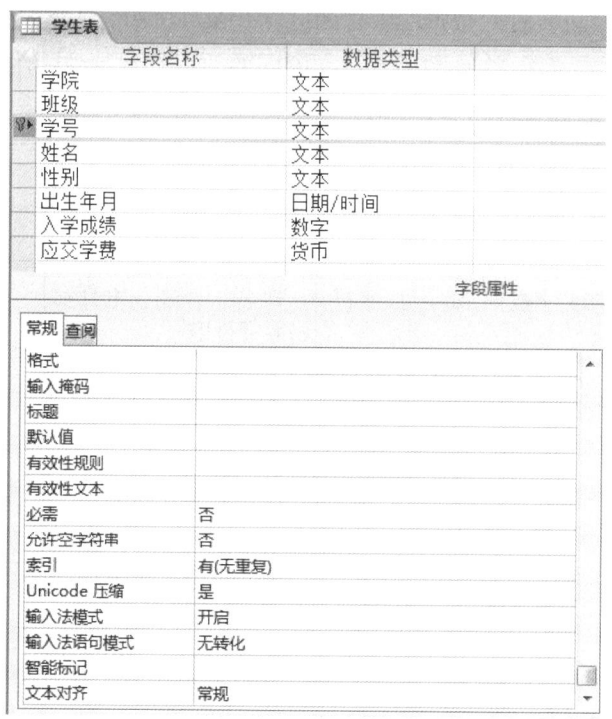

图 6-7　使用设计视图创建表

(3) 添加主键：主键是数据库表中用来标识唯一实体的元素，一个表只能有一个主键，主键可以是一个字段，也可以由若干个字段组合而成，主键不能为空。该表中，选中"学号"字段，单击"设计"选项卡下的"主键"按钮即可将其设置为主键。

(4) 添加完所有字段后，单击"文件"菜单中的"保存"按钮，保存该表。

(5) 若要添加、删除、修改字段，可在导航窗格中右击该表，在弹出的快捷菜单中选择"设计视图"命令切换到设计视图，进行操作。

(6) 右击该表名，在弹出的快捷菜单中选择"数据表视图"命令，在数据表视图中输入数据即可，结果如图 6-8 所示。

3) 创建表之间的关系

在 Access 中要想管理和使用好表的数据，就应该建立表与表之间的关系，只有这样，才能将不同表中的相关数据联系起来，也才能为建立查询、创建窗体和报表打下基础。值得注意的是，为数据库中的多个表建立关系，必须关闭所有打开的表。

(1) 创建学生表、成绩表，如图 6-8、图 6-9 所示。

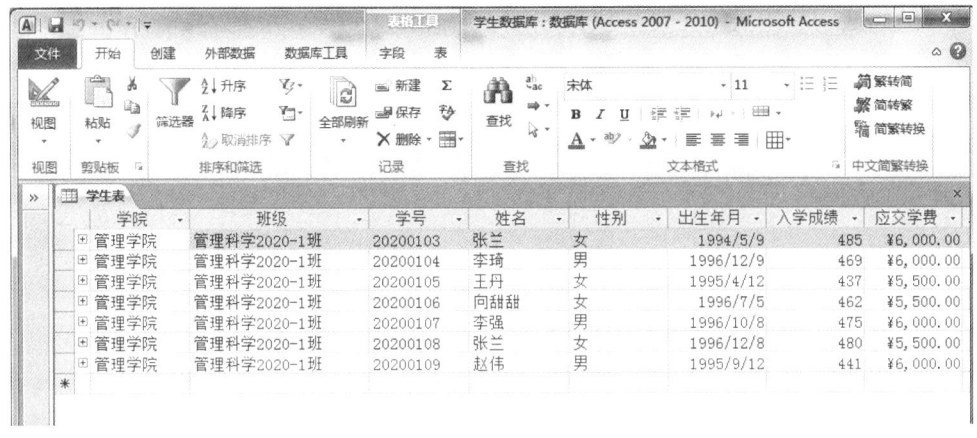

	学院	班级	学号	姓名	性别	出生年月	入学成绩	应交学费
⊞	管理学院	管理科学2020-1班	20200103	张兰	女	1994/5/9	485	¥6,000.00
⊞	管理学院	管理科学2020-1班	20200104	李琦	男	1996/12/9	469	¥6,000.00
⊞	管理学院	管理科学2020-1班	20200105	王丹	女	1995/4/12	437	¥5,500.00
⊞	管理学院	管理科学2020-1班	20200106	向甜甜	女	1996/7/5	462	¥5,500.00
⊞	管理学院	管理科学2020-1班	20200107	李强	男	1996/10/8	475	¥6,000.00
⊞	管理学院	管理科学2020-1班	20200108	张兰	女	1996/12/8	480	¥5,500.00
⊞	管理学院	管理科学2020-1班	20200109	赵伟	男	1995/9/12	441	¥6,000.00

图 6-8 创建学生表样式

ID	学号	课程编号	平均成绩	考试成绩	单击以添加
1	20200103	C01	98	80	
2	20200103	S02	38	70	
3	20200104	C01	78	75	
4	20200104	C02	38	78	
5	20200105	S02	67	85	
6	20200105	C01	45	86	
7	20200106	C01	55	92	
8	20200107	S02	85	75	
9	20200108	C02	69	85	
10	20200109	S02	75	76	

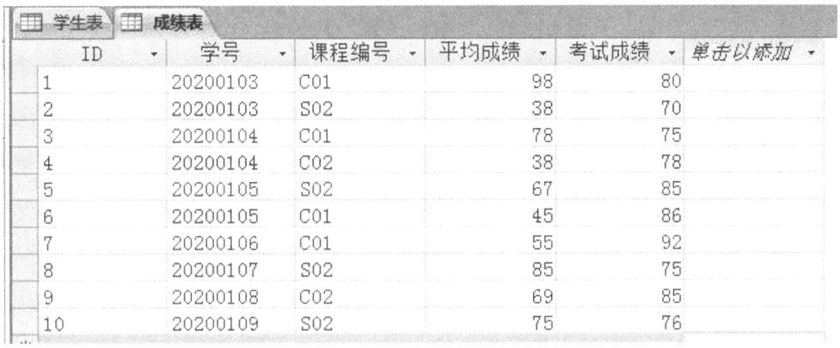

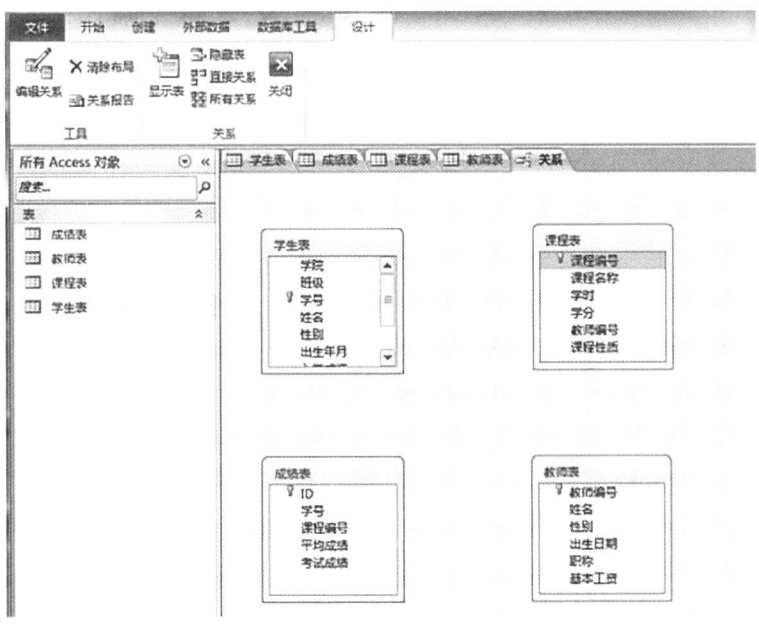

图 6-9 成绩表

(2) 单击“数据库工具”菜单，选择“关系”按钮，将需要建立关系的表添加到对话框的空白处，如图 6-10 所示。

图 6-10 添加表

(3)用鼠标拖动学生表中主键字段到成绩表中外键关键字,系统会自动弹出"编辑关系"对话框,如图 6-11 所示。将三个复选框全部选中,单击"创建"按钮,即可完成关系的创建。

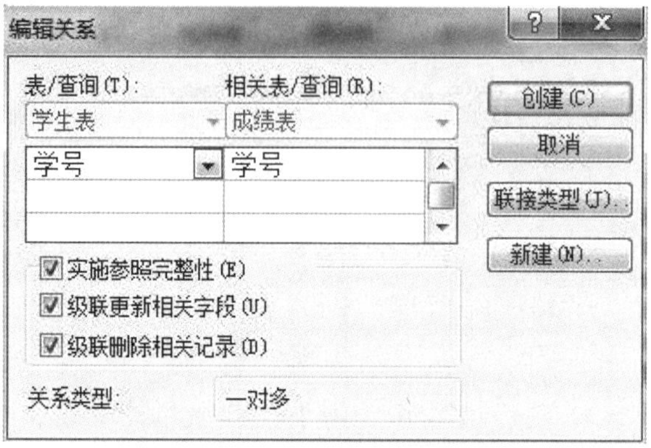

图 6-11　"编辑关系"对话框

第一个复选框内容是实施参照完整性。参照的完整性要求关系中不允许引用不存在的实体,目的是保证数据的一致性。参照完整性又称引用完整性,即参照的关系中的属性值必须能够在被参照关系中找到或者取空值,否则不符合数据库的语义。

例如,如果在学生表和选修课之间用学号建立关联,学生表是主表,选修课是从表,那么,在向从表中输入一条新记录时,系统要检查新记录的学号是否在主表中已存在,如果存在,则允许执行输入操作,否则拒绝输入。

第二个复选框是级联更新相关字段。主表中的关键字段更新之后,从表所引用的主表的关键字段会自动更新。从表关联字段欲更改的新值若在主表中不存在,则拒绝从表的修改。

第三个复选框是级联删除相关记录。如果删除主表中的一条记录,则从表中凡是外键的值与主表的主键值相同的记录也会被同时删除。从表删除记录时,不会影响到主表记录。

4)关系类型

Access 是关系数据库管理系统。在关系数据库中,表和表之间的关系有三种:

(1)一对一联系(1:1)。

如果一个表 A 中的每一条记录,表 B 中至多有一条记录(也可以没有)与之联系,则称表 A 与表 B 具有一对一联系。

例如,在一个班里,一个班级只有一个班长,而一个班长只在一个班中任班长职务,所以班长表和班级表是一对一联系。

(2)一对多联系(1:n)。

如果一个表 A 中的每一条记录,表 B 中有 n 条记录与之联系,反之表 B 中的每一条记录,表 A 中至多有一条记录与之联系,则称表 A 与表 B 具有一对多联系。

例如,在一个寝室里,一个寝室有多名学生,而一个学生只属于某一个寝室,所以寝室表和学生表是一对多联系。

(3)多对多联系(m:n)。

如果一个表 A 中的每一条记录,表 B 中有 n 条记录与之联系,反之表 B 中的每一条记录,表 A 中也有 m 条记录与之联系,则称表 A 与表 B 具有多对多联系。

例如,在一个班级里,每一门课程有多名学生选,而每一个学生也选了多门课程,所以学生表和选课表是多对多联系。

3. 表数据查询

查询是数据库处理和分析数据的工具。查询是在指定的(一个或多个)表中,根据给定的条件从中筛选所需要的信息,供使用者查看、更改和分析使用。可以使用查询回答简单问题、执行计算、合并不同表中的数据,甚至添加、更改或删除表中的数据。

查询是 Access 数据库的一个重要操作,通过查询筛选出符合条件的记录,构成一个新的数据集合。尽管从查询的运行视图上看到的数据集合形式与从表视图上看到的数据集合形式完全相同,但是这个数据集合与表不同,它并不是数据的物理集合,而是动态数据的集合。实际上,查询中存放的是如何取得数据的方法和定义,因此说查询是操作的集合,相当于程序。查询的功能有:查看、搜索和分析数据,追加、更改和删除数据,实现记录的筛选、排序、汇总和计算,作为报表和窗体的数据源,对一个和多个表中获取的数据实现连接。

1) 查询的功能

利用查询可以选择字段、选择记录、编辑记录、实现计算、建立新表及作为其他查询和窗体、报表的数据源。

2) 查询的种类

Access 支持5种不同的查询类型,即选择查询、参数查询、交叉查询、操作查询、SQL查询。

(1)选择查询:这是最常用的查询,它可以从数据库的一个或多个表中检索出数据,也可以在查询中对记录进行分组,并对记录做总计、计数、平均值以及其他类型的统计计算。

(2)参数查询:参数查询在执行时会出现对话框,提示用户输入参数的值,系统根据所输入的参数找出符合条件的记录。

(3)交叉查询:使用交叉查询可以计算并重新组织数据的结构,这样可以方便地进行数据分析。

(4)操作查询:操作查询可以对数据库中的表进行数据操作,包括生成表、追加、更新、删除等四种查询类型。

(5)SQL 查询:SQL 查询是用户使用 SQL 语句创建的查询,它是查询、更新、管理关系数据库的高级方式。

3) 创建查询

Access 提供了两种创建查询的方法,一是使用查询向导,二是使用设计视图。

(1)使用向导创建查询。

这是最常用、最简单的查询,可以在向导的指示下一步步地完成。

(2)使用设计视图创建查询。

使用查询向导只能创建一些简单的查询,而对于有条件的查询,是无法直接利用查询向导建立的,这时需要在设计视图中自行创建查询。利用查询的设计视图,可以自己定义查询的条件和查询的表达式,从而创建灵活的满足自己需要的查询,也可以利用设计视图来修改已经创建的查询。下面以选择查询为例,介绍使用查询设计视图创建查询的过程。

查询设计视图是创建、编辑和修改查询的基本工具,可通过单击"创建"选项卡"查询"组中的"查询设计"调用查询设计视图。查询设计视图主要由两部分构成,上半部分为"对象"窗格,下半部分为查询设计网格。其中,"对象"窗格中放置查询所需要的数据源表和查询,查询设计网格由若干行组成,其中有"字段""表""排序""显示""条件""或"以及若干空行。

例如创建一个查询,从学生表中查询所有男同学的学号及入学成绩,查询命名为"查询1"。

操作步骤如下:

步骤一,单击"创建",选择"查询设计",弹出查询窗口以及"显示表"对话框,在"显示表"对话框中选择学生表,单击"添加",再单击"关闭",即可关闭"显示表"对话框。

步骤二,在查询设计网格的"字段"行,选择要显示的字段"学号""性别""入学成绩",在"显示"行取消"性别"的显示,在"条件"行将性别改为男,输入"男"即可。

步骤三,单击"设计",选择"运行",最后右键单击表名,选择"保存",命名为"查询1",如图 6-12 所示。

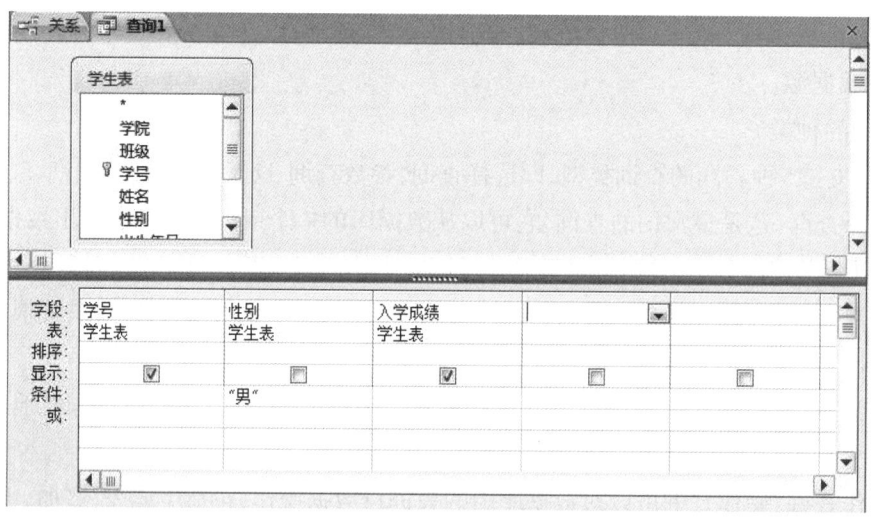

图 6-12　查询视图

4)SQL 查询

当在查询设计视图中创建查询时,Access 将自动在后台生成等效的 SQL 语句。当查询设计完成后,单击建立的查询,选设计视图,单击工具按钮并选"SQL 视图",即可查看该查询对应的 SQL 语句。

在数据库窗口中单击"查询",选"在设计视图中创建查询",在不添加表的情况下将在工具栏显示按钮,单击它或其下的"SQL 视图"即可进入"SQL 视图"窗口,在该窗口中,可以通过直接编写 SQL 语句来实现查询功能。

例如,创建一个查询,从成绩表中查询选修课程成绩不及格的学生的学号、姓名、课程编号及成绩,查询结果按学号升序排序。

SQL 语句为：

SELECT 成绩表 . 学号 , 学生表 . 姓名 , 成绩表 . 课程编号 , 成绩表 . 成绩

FROM 学生表 INNER JOIN 成绩表 ON 学生表 . 学号 = 成绩表 . 学号

WHERE (((成绩表 . 成绩)<60))

ORDER BY 成绩表 . 学号 ASC;

4. 窗体的操作

窗体又称为表单，是 Access 数据库的重要对象之一。窗体既是管理数据库的窗口，又是用户和数据库之间的桥梁。通过窗体可以方便地输入数据，编辑数据，查询、排序、筛选和显示数据。Access 利用窗体将整个数据库组织起来，从而构成完整的应用系统。

1）窗体类型和窗体视图

（1）窗体类型。

Access 窗体有多种分类方法，通常是按功能、按数据的显示方式和显示关系分类。按功能分，窗体有数据操作窗体、控制窗体、信息显示窗体和交互信息窗体四种类型，不同类型的窗体完成不同的任务。

（2）窗体视图。

为了能够从不同的角度与层面来查看窗体的数据源，Access 为窗体提供了多种视图，在不同的视图中，窗体以不同的布局形式来显示数据源。一般来说，在 Access 2010 环境下，窗体具有六种视图类型，即窗体视图、数据表视图、设计视图、数据透视表视图、数据透视图视图和布局视图。

2）创建窗体

（1）使用窗体向导创建窗体。

①单击"创建"选项卡，再单击"窗体向导"按钮，在弹出的"窗体向导"对话框中选择已经存在的学生表，选择该表的部分字段，如图 6-13 所示。

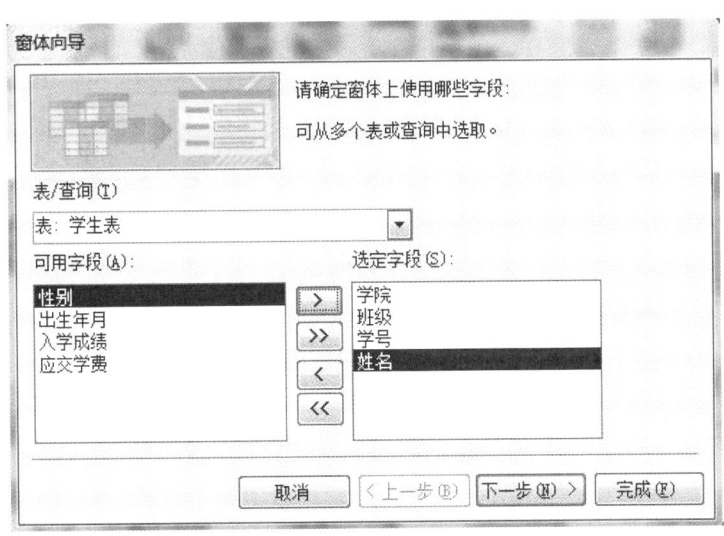

图 6-13　选择数据源中的字段

②单击"下一步"按钮,选择窗体布局为"表格",如图 6-14 所示。

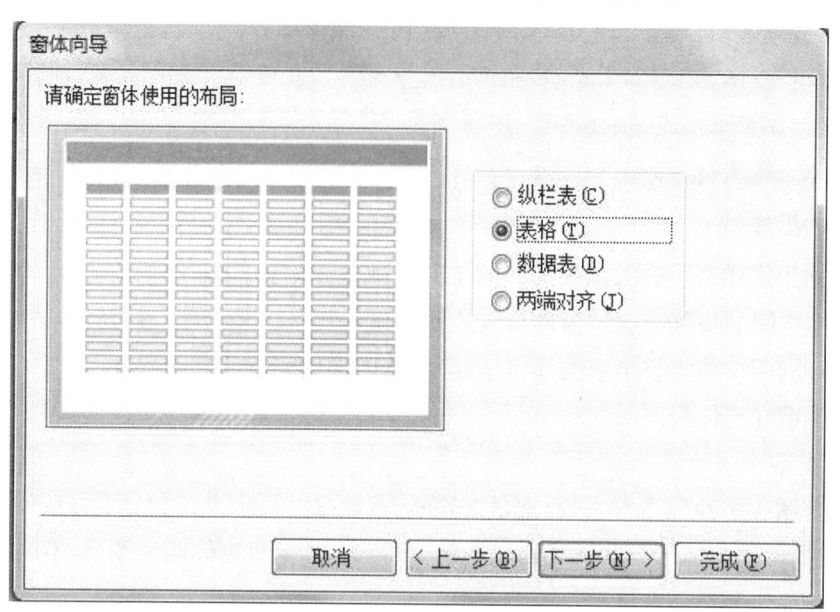

图 6-14 选择窗体布局

③单击"完成"按钮,出现如图 6-15 所示的表格窗体。

学生表

学院	班级	学号	姓名
管理学院	管理科学2020-1班	20200103	张兰
管理学院	管理科学2020-1班	20200104	李琦
管理学院	管理科学2020-1班	20200105	王丹
管理学院	管理科学2020-1班	20200106	向甜甜
管理学院	管理科学2020-1班	20200107	李强
管理学院	管理科学2020-1班	20200108	张兰
管理学院	管理科学2020-1班	20200109	赵伟

图 6-15 表格窗体

根据图 6-15 所示的表格窗体,通过窗体设计视图修改格式,即可得到最终结果。

(2)在设计视图中创建窗体。

在设计视图中,不但能创建窗体,而且能修改窗体。同时支持可视化程序设计,用户可利用工具栏、工具箱、下拉菜单与快捷菜单在窗体中创建与修改对象。

5. 报表

使用数据库时,一般使用报表来查看数据、设置数据格式和汇总数据。报表是一种数据库对象,可用来显示和汇总数据。报表可提供有关各个记录的详细信息和许多记录的汇总信息。报表也提供了一种分发或存档数据快照的方法,可以将它打印出来、转换为 PDF 或 XPS 文件或导出为其他文件格式。用户还可使用 Access 报表来创建标签以用于邮寄或其他目的。

1)报表和报表窗口的类型

在 Access 中,报表是按节来设计的,我们可在设计视图中打开报表以查看各个节。在布局视图中看不到这些节,但它们仍然存在,并可使用"格式"选项卡"所选内容"组中的下拉列表来进行选择。若要创建有用的报表,则需要了解每个节的工作方式,下面介绍节类型及其用途。

报表页眉:此节只在报表开头显示一次。报表页眉用于显示一般出现在封面上的信息,如徽标、标题或日期。当在报表页眉中放置使用"总和"聚合函数的计算控件时,将计算整个报表的总和。报表页眉位于页面页眉之前。

页面页眉:此节显示在每页顶部。例如,使用页面页眉可在每页上重复报表标题。

组页眉:此节显示在每个新记录组的开头。使用组页眉可显示组名。例如,在按产品分组的报表中,使用组页眉可以显示产品名称。当在组页眉中放置使用"总和"聚合函数的计算控件时,将计算当前组的总和。一个报表上可具有多个组页眉节,具体取决于已添加的分组级别数。

主体:对于记录源中的每一行,都会显示一次此节内容。此位置用于放置组成报表主体的控件。

组页脚:此节位于每个记录组的末尾。使用组页脚可显示组的汇总信息。一个报表上可具有多个组页脚,具体取决于已添加的分组级别数。

页面页脚:此节位于每页结尾。使用页面页脚可显示页码或每页信息。

报表页脚:此节只在报表结尾显示一次。使用报表页脚可显示整个报表的报表总和或其他汇总信息。

2)创建报表

(1)选择记录源。

报表的记录源可以是表、命名查询或嵌入式查询。记录源必须包含要在报表上显示的数据的所有行和列。

如果所需的数据包含在现有表或查询中,则在导航窗格中选择该表或查询,然后继续执行下一步骤。

如果记录源尚不存在,可先创建包含要使用的数据的表或查询,并在导航窗格中选择它,然后继续执行下一步骤;或者直接执行下一步骤,在报表工具中选择"空报表"工具。

(2)选择创建报表的方法:

使用"报表"工具创建报表;

使用"报表向导"创建报表;

使用"空报表"创建报表;

创建图表报表;

创建标签报表;

利用设计视图创建报表。

(3)创建报表。

单击要使用的工具所对应的按钮,如果出现向导,则按照向导中的步骤操作,然后单击最后一页上的"完成"。

Access 在布局视图中显示所创建的报表,调整报表格式直到符合要求(见图 6-16)。调整字段和标签的大小,方法是选择字段和标签,然后拖动边缘直到达到需要的大小。选择一个字段及其标签(如果有),然后拖到新位置来移动字段。右键单击一个字段,使用快捷菜单上的命令合并或拆分单元格、删除或选择字段以及执行其他格式化任务。

学生表

学院	班级	学号	姓名	性别
管理学院	管理科学2020-1班	20200103	张兰	女
管理学院	管理科学2020-1班	20200104	李琦	男
管理学院	管理科学2020-1班	20200105	王丹	女
管理学院	管理科学2020-1班	20200109	赵伟	男
管理学院	管理科学2020-1班	20200107	李强	男
管理学院	管理科学2020-1班	20200106	向甜甜	女
管理学院	管理科学2020-1班	20200108	张兰	女

图 6-16 创建报表

6.3 数据库新技术

随着计算机系统硬件技术、Internet 和 Web 技术的发展,以及数据库所管理的数据和应用环境的不断变化,数据库研究领域的新研究成果层出不穷,涌现了大量的新技术。

6.3.1 数据仓库技术

近年来,随着数据库应用的广泛普及,人们对数据处理的要求逐步体现了多层次的特点。总结起来,当前的数据处理可以分为两层:操作型处理和分析型处理。操作型处理也叫事务处理,是指对数据库联机的日常操作,通常是对一个或一组记录的查询和修改,主要是为企业的特定应用服务的,人们关心的是响应时间、数据的安全性和完整性。分析型处理则用于管理人员的决策分析,需要访问大量的历史数据。为了有效支持企业的分析和决策,分析型处理及其数据必须与操作型处理及其数据相分离,把分析数据从事务处理环境中提取出来,进行重新组织,建立单独的分析处理环境。数据仓库正是为了构建这种新的分析处理环境而出现的一种数据存储、组织和分析技术。

1. 什么是数据仓库

W.H.Inmon 在其所著书中给出了数据仓库的定义:数据仓库是面向主题的、整合的、稳定的,并且时变地收集数据,以支持管理决策的一种数据结构形式。通俗地讲,数据仓库是一个专门用于支持管理决策的数据库,它的数据是按照决策分析需要的主题组织的。这样做是为了让用户更快捷地对数据进行分析,提供决策支持。从 Inmon 的定义,我们理解数据仓库具有如下特征:

(1)数据仓库是面向主题的。数据仓库的数据是以分析主题为中心来组织的。主题是一个抽象的概念,是企业决策分析所涉及的分析对象。面向主题的数据是对分析对象所对应的数据的完整、一致、统一描述,是对各个分析对象所涉及的操作数据库中的数据的集成,是更高级别的数据抽象。按照面向主题的方式进行数据组织时,首先确定主题,然后根据主题确定相应的数据内容。例如,若企业决策人员以"产品"为主题,则需要把关于产品的各种信息综合在"产品"这一个主题中。

(2)数据仓库是集成的。数据仓库的数据来自多个不同的数据源,但不是对这些数据源中某些数据的复制,而是对这些数据源中数据的进一步抽象。数据仓库的多个数据源经常是异种或异构的,存在数据重复和语义不一致的问题。因此,构造数据仓库的过程是一个十分复杂的过程,它需要按照统一的结构、一致的格式、一致的度量单位、一致的语义,从不同的数据源提取数据并进行清洗、转换、综合、抽象,最后集成为面向主题的数据集合,确保数据的综合性、宏观性和一致性。

(3)数据仓库是不常更新的。数据仓库的数据是要供企业决策分析使用,所涉及的数据操作主要是数据查询和联机分析,很少进行修改操作。数据仓库的数据一般都是历史数据,是对多个不同数据源进行统计、综合和重组后导出的数据。只要数据源中与数据仓库相关的数据不发生改变,数据仓库中的数据就不应该被改变。从这个意义上讲,数据仓库是不常更新的。但是,当数据源中与数据仓库相关的数据发生改变时,数据仓库必须进行相应的更新。

(4)数据仓库是随时间不断变化的。虽然数据仓库中的数据是不经常更新的,但是它们是随时间的变化而不断变化的。其原因有三个方面:第一,数据仓库中的历史数据应该随时间的延长不断增加新的数据内容;第二,随时间的不断延长,数据仓库中一些数据的历史将越来越悠久(一般情况下,历史久远的数据将不再被决策者关心),所以数据仓库的数据超过由用户定义的期限就要被删除;第三,数据仓库中大量数据都是综合数据,这些综合数据一般都与时间有关,如按照时间段进行综合的数据,这些综合数据要随着时间的延长而不断地变化。

2. 数据仓库系统的结构

数据仓库管理系统是一个通用软件系统。它能够对数据仓库进行有效的管理,包括面向主题数据集合的存储、维护、联机分析查询的优化和处理等。数据仓库管理系统提供了一个软件环境,使用户能方便快速地建立、维护、查询、存取、分析和挖掘数据仓库中的数据。数据仓库和数据仓库管理系统加在一起构成了数据仓库系统。

数据仓库系统具有三层结构,如图 6-17 所示。

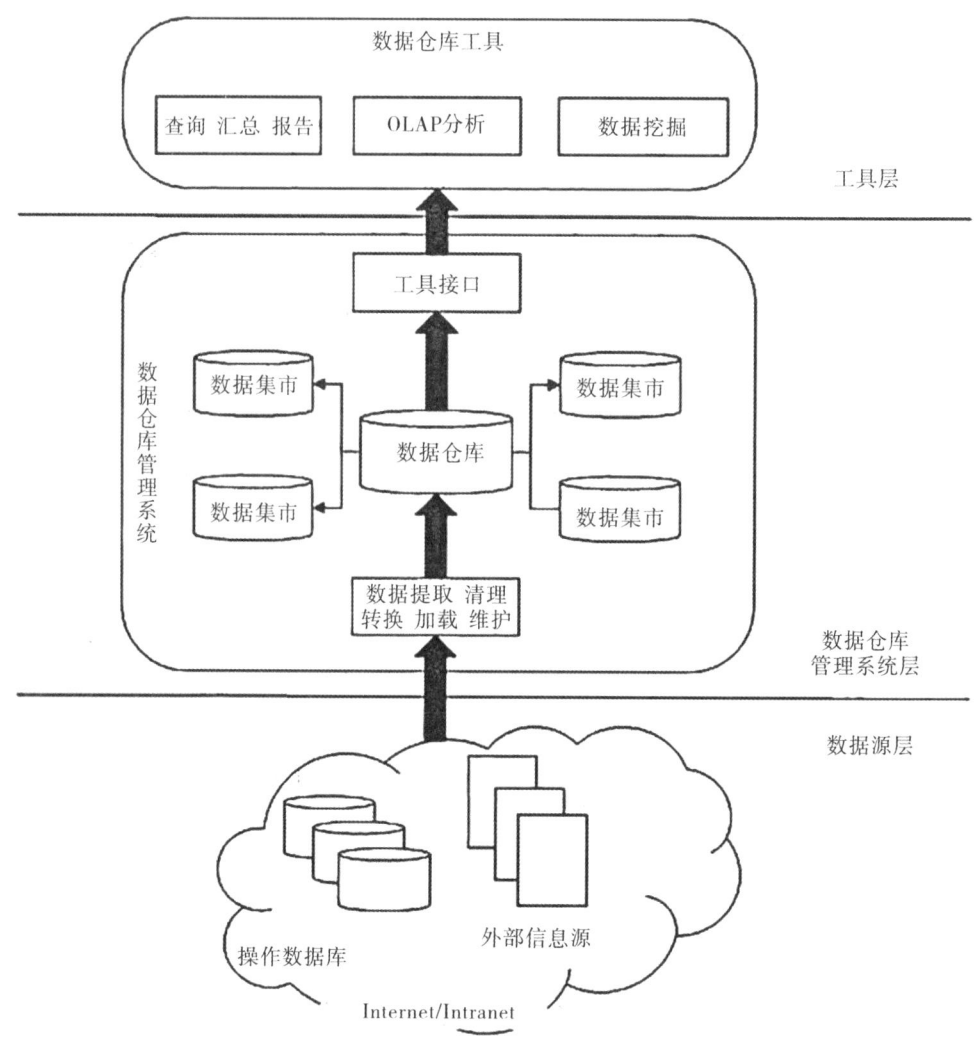

图 6-17　数据仓库系统结构

底层是数据源层,包括构成数据仓库的企业操作数据库和其他外部信息源,是数据仓库的基础。

中间层是数据仓库管理系统层,包括数据仓库、数据集市和数据仓库管理系统。数据仓库和数据集市可以建立在关系数据库之上,也可以建立在多维数据库之上。数据仓库管理系统可以是建立在关系数据库管理系统之上的中间件系统,也可以是独立的多维数据仓库管理系统软件。

顶层是工具层,为用户提供建立和使用数据仓库的工具,包括查询／汇总工具、联机分析处理(on line analysis processing ,OLAP)工具、数据挖掘工具、信息可视工具、统计分析工具、报表生成器。

数据仓库管理系统中还有一个非常重要的组成部分,即元数据管理。元数据种类很多,包括描述数据仓库中各个数据集合的信息、描述数据源的信息、数据语义描述信息等。元数据不但数据量大、结构复杂,而且对于数据仓库的管理、联机分析处理、数据加载、数据维护、查询优化与处理等具有重要作用。所以,元数据管理是数据仓库管理系统非常重要的组成部分。

从图6-17可以看到,数据仓库架构在操作数据库与信息源之上。决策分析者使用数据仓库系统进行决策分析的过程如下:

(1)决策分析者根据需求分析任务,确定分析主题。

(2)数据仓库管理员使用数据仓库管理系统的数据集合创建工具,为决策分析者建立面向分析主题的多维数据集合模式。

(3)数据仓库管理员使用数据仓库管理系统的数据加载工具,通过Internet或Intranet把与主题相关的数据从各个操作数据库或外部信息源提取出来,并进行清理、转换、加载和维护,减少数据错误并填补缺失数据,解决语义冲突问题,最后装入数据仓库中。

(4)数据仓库管理员根据决策分析者将要进行的决策分析,对相关数据集合进行预处理,如建立索引、Cube预计算等,以提高决策分析的效率。

(5)决策分析者使用数据仓库工具进行决策分析。

(6)当数据源中与数据仓库有关的数据发生改变时,数据仓库管理系统的数据维护工具自动地修改数据仓库中的相关数据。

3. 数据仓库的数据组织形式

数据仓库的组织方式可分为虚拟存储方式、基于关系表的存储方式和多维数据库存储方式三种。

虚拟存储方式是虚拟数据仓库的数据组织形式。它没有专业的数据仓库来存储数据,数据仓库中的数据仍然在源数据库中,只是根据用户的多维需求形成多维视图,临时在源数据库中找出所需要的数据,完成多维分析。这种组织方式较简单、花费省、使用灵活,但同时它也存在一个致命的缺点,即只有当源数据库的数据组织比较规范,没有数据不完备及冗余,同时又比较接近多维数据模型时,虚拟数据仓库的多维语义层才容易定义。而一般数据库的组织关系比较复杂,数据库中的数据又存在许多冗余和冲突的地方,在实际中这种方式很难建立起有效的决策服务数据支持。

基于关系表的存储方式是将数据仓库的数据存储在关系型数据库的表结构中,在元数据的管理下完成数据仓库的功能。这种组织方式在建库时有两个主要过程用以完成数据的抽取。首先要提供一种图形化的点击操作界面,使分析员能对源数据库的内容进行选择,定义多维数据模型。然后再编制程序把数据库中的数据抽取到数据仓库的数据库中。这种方式的主要问题是在多维数据模型定义好后,从数据库中抽取数据往往需要编制独立、复杂的程序,因此通用性差、很难维护。

多维数据库的组织是直接面向OLAP分析操作的组织形式。这种数据库产品也比较多,其实现方法不尽相同。其数据组织采用多维数组结构文件进行数据存储,并有多维索引及相应的元数据管理文件与数据相对应。

6.3.2 数据挖掘技术

数据挖掘技术是发展较快的数据库新技术之一,其主要目的是发现数据中隐藏的知识,辅助人们进行科学分析和决策。数据挖掘技术主要分为关联规则挖掘技术、分类与预测技术、聚类分析技术、相似性搜索技术和 Web 挖掘技术等。

1. 数据挖掘的概念

数据挖掘(data mining)或知识发现(knowledge discovery from dataset,KDD),被定义为从数据中发现隐含的、具有潜在用途的、人类可理解的知识。数据挖掘通过发现有用的新规律和新概念,提高人们对大量原始数据的深层次理解、认识和应用。数据挖掘技术是数据库、数据仓库、人工智能、统计学、机器学习和数据可视化等多学科交叉的产物。数据挖掘技术汇集了众多学科的技术和方法。

数据挖掘的任务是从大量数据中发现未知的知识。知识是人类认识的成果或结晶,包括经验知识和理论知识。从工程角度定义,知识是有助于解决问题的有格式、可复用的信息。在传统的决策支持系统中,知识库的知识和规则是由专家或程序人员建立的,由外部输入,而数据挖掘的任务是发现大量数据中尚未被发现的知识,从系统内部自动获得知识。对于决策者明确了解的信息,可以用查询、联机分析处理或其他工具直接获取,而隐藏在大量数据中的关系、趋势等,即使管理这些数据的专家也没有能力发现这些信息,而这对于决策可能又是至关重要的,所以需要利用数据挖掘进行知识获取。

2. 数据挖掘方法的分类

目前,人们已经提出大量的数据挖掘方法。我们可以按照各种数据挖掘方法试图发现的知识类型,把数据挖掘方法分为 7 类:概括方法、关联规则挖掘方法、分类方法、聚类方法、时间序列分析方法、预测方法、相似性搜索方法。下面分别介绍这 7 类数据挖掘方法的基本概念。

(1)概括方法:概括是对数据集合进行分析、概括和总结,提取特征,给出类别描述,并且把它与其他的类加以区分。

(2)关联规则挖掘方法:关联规则挖掘是指在数据集合中发现子集合之间的关联关系或相关性(即关联规则)。关联规则表示为 $A \Rightarrow B$,其语义是:子集合在原始数据集合中经常出现,而且当 A 出现时,子集合 B 也经常随之出现。关联规则挖掘具有广泛的应用。它的最早应用背景是超级商场的售货交易数据分析。商场经营者希望发现顾客的购买习惯,如顾客经常同时购买哪些商品。这些关联规则可以辅助管理者制定商品在货架上的摆放顺序,制定促销方案和货物的采购方案等。

(3)分类方法:分类是从训练数据中发现同类数据对象的共性,建立一个类的差别模型,并用该模型为新出现的数据进行类别识别的过程。在数据分类中,一个样本数据集合被当作一个训练集,训练集中的每个样本都拥有一些特征描述数据,并且每个样本都有一个类标识符,标记它所属的类别。分类的目标是,首先对训练数据集合进行分析,使用数据的特征描述,给出每个类的准确刻画,然后使用这些描述,对目标数据集合中的其他数据进行分类。分类的结果是产生一个易于机器处理的描述,即分类规则,它可以表示为分类树或规则集的形式。通常用这些规则集或分类树为将来的数据分类。分类技术被广泛应用于顾客分类、交易建模、信用分析及医疗诊断等领域。

(4)聚类方法:聚类是通过对数据集合中的数据对象间相似性的整体分析,对集合中的数据对象进行分类,使得相似程度高的数据对象分在同一类,相似程度低的数据对象分在不同的类。相似性可由用户或专家指定的某种距离函数表示。一个好的聚类方法可以得到高质量的聚类,即类之间相似性很小,每类内的数据相似性极高。聚类与分类的差别在于聚类属于无监督学习,分类属于有监督学习。分类的训练样本数据事先被指定所属类,与此相反,聚类问题的初始数据不仅不指定所属类,甚至可能存在多少个类也是未知的。

(5)时间序列分析方法:时间序列分析是指通过分析比较大的时间序列数据集合,发现某些规律和感兴趣的特征。时间序列分析包括查找相似的序列或子序列,挖掘序列模式和周期性,进行趋势及偏差分析等。例如,可以根据一个公司股票的历史数据、运行状况、竞争者的能力和当前的市场情况,分析这个公司股票的发展趋势。

(6)预测方法:预测是指对未来或未知的变化趋势的预言和猜测,也包括对一些丢失数据可能值的预测。例如,一个职员的工资可以根据公司中与他相似的职员的工资分布情况进行预测。又例如,对汇率未来变化趋势的预测。一般地,回归分析、一般线性模型、相关性分析、遗传算法和神经网络模型都是预测的有用工具。

(7)相似性搜索方法。相似性搜索问题可以定义为:给定一组数据对象,找出数据集合中所有与它们相似的数据对象的集合。给定的一组数据对象也称为模板数据,特殊情况下可以只有一个模板数据。模板数据可以有一定的变化,如时间序列数据可以伸缩、平移和上移,图像可以伸缩、平移和旋转等。

数据挖掘方法主要是利用挖掘出的关联规则、分类规则、聚类规则或时间序列模式进行预测。

3. 数据挖掘系统

典型的数据挖掘系统具有以下主要成分,如图6-18所示。

(1)数据库、数据仓库、万维网或其他信息库:这是一个或一组数据库、数据仓库、电子数据表或其他类型的信息库。可以对这些数据进行清理和集成。

(2)数据库或数据仓库服务器:根据用户的数据挖掘请求,数据库或数据仓库服务器负责提取相关数据。

(3)知识库:这是领域知识,用于指导搜索或评估结果模式的兴趣度。这种知识可能包括概念分层,用于将属性和属性值组织成不同的抽象层,用户信念知识也可以包含在内。可以使用这种知识,根据非期望性评估模式的兴趣度。领域知识的其他例子包括附加的兴趣度约束或阈值,以及元数据(例如,描述来自多个异构数据源的数据)。

(4)数据挖掘引擎:这是数据挖掘系统的基本部分,理想情况下由一组功能模块组成,用于特征、关联、分类、预测、聚类分析等任务。

（5）模式评估模块：通常，该成分使用兴趣度度量，并与数据挖掘模块交互，以便将搜索聚焦在有趣的模式上。它可能使用兴趣度阈值过滤已发现的模式。模式评估模块也可以与挖掘模块集成在一起，这依赖于所用的数据挖掘方法的实现。对于有效的数据挖掘，建议尽可能深入地将模式评估兴趣度推进到挖掘过程中，以便将搜索限制在有趣的模式上。

（6）用户界面：该模块在用户和数据挖掘系统之间通信，允许用户与系统交互，说明数据挖掘查询或任务，提供信息以帮助搜索聚焦，根据数据挖掘的中间结果进行探索式数据挖掘。此外，该成分还允许用户浏览数据库和数据仓库模式或数据结构，评估挖掘的模式，以不同的形式对模式可视化。

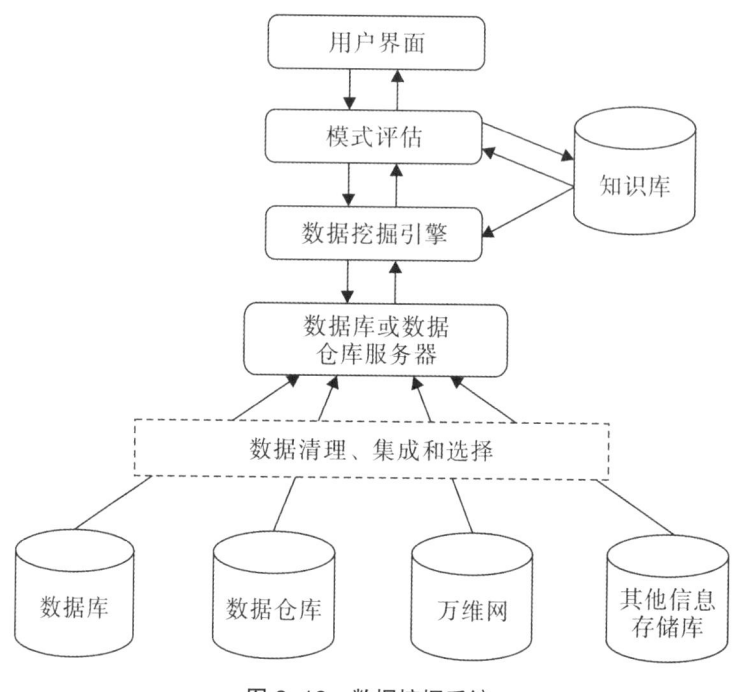

图 6-18　数据挖掘系统

尽管市场上已有许多"数据挖掘系统"，但是并非所有的系统都能进行真正的数据挖掘。不能处理大量数据的数据分析系统，最多称作机器学习系统、统计数据分析工具或实验系统原型。一个系统只能够进行数据或信息检索，包括在大型数据库找出聚集值或回答演绎查询，更应归类为数据库系统，或信息检索系统，或演绎查询数据库系统。

4. 数据挖掘的步骤

从数据本身来考虑，数据挖掘通常有信息收集、数据集成、数据规约、数据清理、数据变换、数据挖掘实施过程、模式评估和知识表示 8 个步骤。

（1）信息收集：根据确定的数据分析对象，抽象出在数据分析中所需要的特征信息，然后选择合适的信息收集方法，将收集到的信息存入数据库。对于海量数据，选择一个合适的数据存储和管理的数据仓库是至关重要的。

（2）数据集成：把不同来源、格式、特点、性质的数据在逻辑上或物理上有机地集中，从而为企业提供全面的数据共享。

(3) 数据规约:如果执行多数的数据挖掘算法,即使是在少量数据上也需要很长的时间,而做商业运营数据挖掘时数据量往往非常大。数据规约技术可以用来得到数据集的规约表示,它小得多,但仍然接近于保持原数据的完整性,并且规约后执行数据挖掘结果与规约前执行结果相同或几乎相同。

(4) 数据清理:在数据库中的数据有一些是不完整的(有些感兴趣的属性缺少属性值)、含噪声的(包含错误的属性值),并且是不一致的(同样的信息不同的表示方式),因此需要进行数据清理,将完整、正确、一致的数据信息存入数据仓库中。

(5) 数据变换:通过平滑聚集、数据概化、规范化等方式将数据转换成适用于数据挖掘的形式。对于有些实数型数据,通过概念分层和数据的离散化来转换数据也是重要的一步。

(6) 数据挖掘实施过程:根据数据仓库中的数据信息,选择合适的分析工具,应用统计方法、事例推理、决策树、规则推理、模糊集甚至神经网络、遗传算法等方法处理信息,得出有用的分析信息。

(7) 模式评估:从商业角度,由行业专家来验证数据挖掘结果的正确性。

(8) 知识表示:将数据挖掘所得到的分析信息以可视化的方式呈现给用户,或作为新的知识存放在知识库中,以供其他应用程序使用。

数据挖掘过程是一个反复循环的过程,每一个步骤如果没有达到预期目标,都需要回到前面的步骤,重新调整并执行。不是每项数据挖掘工作都需要这里列出的每一步。例如在某个工作中不存在多个数据源的时候,步骤(2)可以省略。步骤(3)数据规约、步骤(4)数据清理、步骤(5)数据变换又合称数据预处理。在数据挖掘中,至少 60% 的精力和时间花在数据预处理过程中。

6.3.3　大数据处理技术

1. 大数据背景和概念

近年来,随着计算机和信息技术的迅猛发展和普及应用,行业应用系统的规模迅速扩大,行业应用所产生的数据呈爆炸性增长。动辄达到数百太字节(1 TB=1024 GB)、数十至数百拍字节(1 PB=1024 TB)规模的行业 / 企业大数据已远远超出了现有传统的计算技术和信息系统的处理能力。因此,寻求有效的大数据处理技术、方法和手段已经成为现实世界的迫切需求。

随着大数据概念的普及,人们常常会问,多大的数据才叫大数据? 其实,关于大数据,难以有一个定量的定义。维基百科给出了一个定性的描述:大数据是指无法使用传统和常用的软件技术和工具在一定时间内完成获取、管理和处理的数据集。进一步,当今“大数据”一词的重点其实已经不仅在于数据规模的定义,它更代表着信息技术发展进入了一个新的时代,代表着爆炸性的数据信息给传统的计算技术和信息技术带来的技术挑战和困难,代表着大数据处理所需的新技术和方法,也代表着大数据分析和应用所带来的新发明、新服务和新的发展机遇。

大数据在带来巨大技术挑战的同时,也带来巨大的技术创新与商业机遇。不断积累的大数据包含着很多在小数据量时不具备的深度知识和价值,大数据分析挖掘将能为行业/企业带来巨大的商业价值,实现各种高附加值的增值服务,进一步提升行业/企业的经济效益和社会效益。由于大数据隐含着巨大的深度价值,美国政府认为大数据是"未来的新石油",对未来的科技与经济发展将带来深远影响。因此,在未来,一个国家拥有数据的规模和运用数据的能力将成为综合国力的重要组成部分,对数据的占有、控制和运用也将成为国家间和企业间新的争夺焦点。

2. 大数据的技术特点

大数据具有五个主要的技术特点,人们将其总结为"5V"特征:

(1)volume(大体量),即可从数百太字节到数十数百拍字节甚至艾字节的规模。

(2)variety(多样性),即大数据包括各种格式和形态的数据。

(3)velocity(时效性),即很多大数据需要在一定的时间限度下得到及时处理。

(4)veracity(准确性),即处理的结果要保证一定的准确性。

(5)value(大价值),即大数据包含很多深度的价值,大数据分析挖掘和利用将带来巨大的商业价值。

传统的数据库系统主要面向结构化数据的存储和处理,但现实世界中的大数据具有各种不同的格式和形态,据统计现实世界中有80%以上的数据都是文本和媒体等非结构化数据。同时,大数据还具有很多不同的计算特征。

3. 大数据研究的主要目标、基本原则和基本途径

(1)大数据研究的主要目标。

大数据研究的主要目标是,以有效的信息技术手段和计算方法,获取、处理和分析各种应用行业的大数据,发现和提取数据的深度价值,为行业提供高附加值的应用和服务。因此,大数据研究的核心目标是价值发现,而其技术手段是信息技术和计算方法,其效益目标是为行业提供高附加值的应用和服务。

(2)大数据研究的基本特点。

大数据研究具有以下几方面的主要特点:

①大数据处理具有很强的行业需求特性,因此大数据技术研究必须紧扣行业应用需求。

②大数据规模极大,超过任何传统数据库的处理能力。

③大数据处理技术综合性强,任何单一层面的计算技术都难以提供理想的解决方案,需要采用综合性的软硬件技术才能有效处理。

④大数据处理时,大多数传统算法都面临失效,需要重写。

(3)大数据研究的基本原则。

大数据研究的基本原则是:

①应用需求为导向:由于大数据问题来自行业,因此大数据的研究需要以行业应用问题

和需求为导向,从行业实际的应用需求和存在的技术难题入手,研究有效的处理技术和解决方案。

②领域交叉为桥梁:由于大数据技术有典型的行业应用特征,因此大数据技术研究和应用开发需要由计算技术人员、数据分析师、具备专业知识的领域专家相互配合和协商,促进应用行业、IT产业与计算技术研究机构的交叉融合,来提供良好的大数据解决方法。

③技术综合为支撑:与传统的单一层面的计算技术研究和应用不同,大数据处理是几乎整个计算技术和信息技术的融合,只有采用技术交叉融合的方法才能提供较为完善的大数据处理方法。

(4) 大数据研究的基本途径。

大数据处理有以下三个基本的解决途径:

①寻找新算法,降低计算复杂度。大数据给很多传统的机器学习及数据挖掘计算方法和算法带来挑战。在数据集较小时,很多在 $O(n)$、$O(n\log n)$、$O(n^2)$、$O(n^3)$ 等线性或多项式复杂度的机器学习和数据挖掘算法都可以有效工作,但当数据规模增长到 PB 级尺度时,这些现有的串行化算法将花费难以接受的时间开销,使得算法失效。因此,需要寻找新的复杂度更低的算法。

②寻找和采用降低数据尺度的算法。在保证结果精度的前提下,用数据抽样或者与数据尺度无关的近似算法来完成大数据处理。

③分而治之的并行化处理。除上述两种方法外,目前为止,大数据处理最为有效和最重要的方法还是采用大数据并行化算法,在一个大规模的分布式数据存储和并行计算平台上完成大数据并行化处理。

4. 大数据主要技术层面和技术内容

大数据是诸多计算技术的融合。从大的方面来分,大数据技术与研究主要分为大数据基础理论、大数据关键技术和系统、大数据应用以及大数据信息资源库等几个重要方面。

从信息系统的角度来看,大数据处理是一个涉及整个软硬件系统各个层面的综合性信息处理技术。从信息系统角度可将大数据处理分为基础设施层、系统软件层、并行化算法层以及应用层。表6-3所示是从信息处理系统角度所看到的大数据技术的主要技术层面和技术内容。

(1) 基础设施层。

基础设施层主要提供大数据分布存储和并行计算的硬件基础设施和平台。目前大数据处理通用化的硬件设施是基于普通商用服务器的集群,在有特殊的数据处理需要时,这种通用化的集群也可以结合其他类型的并行计算设施一起工作,如基于众核的并行处理系统(如 GPU 或者 Intel 新近推出的 MIC),形成一种混合式的大数据并行处理架构和硬件平台。此外,随着云计算技术的发展,也可以与云计算资源管理平台结合,在云计算平台上部署大数据基础设施,运用云计算平台中的虚拟化和弹性资源调度技术,为大数据处理提供可伸缩的计算资源和基础设施。

表 6-3　大数据的主要技术层面与技术内容

主要技术层面		技术内容
应用层	大数据行业应用 / 服务层	电信 / 公安 / 商业 / 金融 / 遥感遥测 / 勘探 / 生物医药……
		领域应用 / 服务需求和计算模型
	应用开发层	分析工具 / 开发环境和工具 / 行业应用系统开发
并行化算法层	应用算法层	社会网络，排名与推荐，商业智能，自然语言处理，生物信息，媒体分析检索，Web 挖掘与检索，大数据分析与可视化计算……
	基础算法层	并行化机器学习与数据挖掘算法
系统软件层	并行编程模型与计算框架层	并行计算模型与系统批处理计算，流式计算，图计算，迭代计算，内存计算，混合计算，定制式计算……
	大数据管理层	大数据查询（SQL，NoSQL，NewSQL），大数据存储（DFS，HBase RDFDB，MemD，RDB），大数据采集与预处理
基础设施层	并行构架和资源平台层	集群，众核，GPU，混合式构架（如集群 + 众核、集群 +GPU），云计算资源与支撑平台

（2）系统软件层。

在系统软件层，需要考虑大数据的存储管理和并行化计算系统软件。

①分布式文件系统与数据查询管理系统。

大数据处理首先面临的是如何解决大数据的存储管理问题。为了提供巨大的数据存储能力，人们的普遍共识是，利用分布式存储技术和系统提供可扩展的大数据存储能力。

首先需要有一个底层的分布式文件系统，以可扩展的方式支持对大规模数据文件的有效存储管理。但文件系统主要是以文件方式提供一个基础性的大数据存储方式，其缺少结构化 / 半结构化数据的存储管理和访问能力，而且其编程接口对于很多应用来说还是太底层了。因此，系统软件层还需要研究解决大数据的存储管理和查询问题。由于 SQL 不太适用于非结构化或半结构化数据的管理查询，人们提出了 NewSQL 的概念和技术。

②大数据并行计算模型和系统。

解决了大数据的存储问题后，进一步面临的问题是，如何能快速地、有效地完成大规模数据的计算。为了提高大数据处理的效率，需要使用大数据并行计算模型和框架来支撑大数据的计算处理。目前最主流的大数据并行计算模型和框架是 Hadoop MapReduce 技术。与此同时，近年来人们开始研究并提供不同的大数据计算模型和方法，包括高实时低延迟要求的流式计算、具有复杂数据关系的图计算、面向基本数据管理的查询分析类计算，以及面向复杂数据分析挖掘的迭代和交互计算等。在大多数场景下，由于数据量巨大，大数据处理通常很难达到实时或低延迟响应。为了解决这个问题，近年来，人们提出了内存计算的概念和方法，尽可能利用大内存完成大数据计算处理，以实现尽可能高的实时或低延迟响应。目前 Spark 已成为一个具有很大发展前景的新的大数据计算系统和平台，正受到工业界和学术界的广泛关注，有望成为与 Hadoop 并存的一种新的计算系统和平台。

(3)并行化算法层。

基于以上的基础设施层和系统软件层,为了完成大数据的并行化处理,进一步需要考虑的问题是,如何能对各种大数据处理所需要的分析挖掘算法进行并行化设计。

大数据分析挖掘算法大多最终会归结到基础性的机器学习和数据挖掘算法上来。然而,面向大数据处理时,绝大多数现有的串行化机器学习和数据挖掘算法都难以在可接受的时间内有效完成大数据处理,因此,这些已有的机器学习和数据挖掘算法都需要进行并行化的设计和改造。

除此之外,还需要考虑很多更贴近上层具体应用和领域问题的应用层算法,例如,社会网络分析、分析推荐、商业智能分析、Web 搜索与挖掘、媒体分析检索、自然语言理解与分析、语义分析与检索、可视化分析等。虽然这些算法最终大都会归结到底层的机器学习和数据挖掘算法上,但它们本身会涉及很多高层的特写算法问题,所有这些高层算法本身在面向大数据处理时也需要考虑如何进行并行化算法设计。

(4)应用层。

基于上述三个层面,可以构建各种行业或领域的大数据应用系统。大数据应用系统首先需要提供和使用各种大数据应用开发运行环境与工具;进一步,大数据应用开发的一个特别问题是,需要有应用领域的专家归纳行业应用问题和需求、构建行业应用和业务模型。这些模型往往需要专门的领域知识,没有应用行业领域专家的配合,单纯的计算机专业技术往往会无能为力,难以下手。只有在领域专家清晰构建了应用问题和业务模型后,计算机专业人员才能顺利完成应用系统的设计与开发。行业大数据分析和价值发现会涉及很多复杂的行业和领域专业知识,这一特征在今天的大数据时代比以往任何时候都更为突出。大数据的研究应用需要以应用需求为导向、领域交叉为桥梁,从实际行业问题和需求出发,由行业和领域专家与计算机技术人员相互配合和协同,以完成大数据行业应用的开发。

知识梳理与总结

数据库技术广泛地应用于各个行业,与人们的生活工作息息相关。随着现代社会的逐步信息化,信息产业也不断发展壮大。而数据作为信息产业的原料,只有经过有效的组织和管理才能发挥它的实用性。而数据库和与它相关的数据库管理系统便是管理这些数据的最有效工具。

通过本章的学习,应掌握数据库、数据库管理系统和数据库系统等基本概念,了解 SQL 的基本结构和工作方式,掌握使用 Access 建立数据库和查询数据的基本方法,了解数据库的几个新技术——数据仓库、数据挖掘和大数据技术。

关键词汇

数据库 数据库管理系统 数据库系统 数据仓库技术

数据挖掘技术 大数据技术

实训：Access 数据库和数据表的创建

1. 实训目的。

(1) 掌握 Access 创建数据库的方法；

(2) 掌握创建表的方法；

(3) 掌握数据表结构的编辑、数据的录入和修改的方法。

2. 实训要求。

(1) 建立数据库。

创建数据库"成绩管理 .accdb"，保存于"D:\ 学号姓名"文件夹中。

(2) 创建数据表。

使用视图创建"学生情况"表，表结构如表 6-4 所示。

表 6-4　"学生情况"表结构

字段名	字段类型	宽度	是否为主键
学号	文本	10	是
班级	文本	15	
姓名	文本	4	
性别	文本	1	
出生日期	日期/时间		

向"学生情况"表中录入数据，如表 6-5 所示。

表 6-5　"学生情况"表数据

学号	班级	姓名	性别	出生日期
20210601111005	数据科学与大数据技术 2021-1 班	卢望	男	2002-8-26
20210601111006	数据科学与大数据技术 2021-1 班	龙轩婷	女	2002-10-8
20210601111007	数据科学与大数据技术 2021-1 班	陈天	男	2003-3-15
20210601112001	管理科学 2021-1 班	李文	男	2003-5-18
20210601112002	管理科学 2021-1 班	陈果果	女	2003-4-12
20210601112003	管理科学 2021-1 班	张皓天	女	2003-8-19
20210601112004	管理科学 2021-1 班	沈殷	男	2003-3-18
20210601112005	管理科学 2021-1 班	任奇	男	2003-1-22
20210601113011	会计学 2021-1 班	李笑笑	女	2001-12-2
20210601113012	会计学 2021-1 班	张恬	女	2003-7-16

使用视图创建"成绩"表，表结构如表6-6所示。

表6-6 "成绩"表结构

字段名	字段类型	是否为主键
ID	文本	是
学号	文本	
课程编号	文本	
课程名称	文本	
成绩	数字	

向"成绩"表中录入数据，如表6-7所示。

表6-7 "成绩"表数据

ID	学号	课程编号	课程名称	成绩
1	20210601111005	061110004	大数据概论	86
2	20210601111005	061110013	数据库应用	79
3	20210601111005	061110047	大数据技术	65
4	20210601111006	061110004	大数据概论	60
5	20210601111006	061110013	数据库应用	85
6	20210601111006	061110047	大数据技术	78
7	20210601111007	061110004	大数据概论	76
8	20210601111007	061110013	数据库应用	60
9	20210601111007	061110047	大数据技术	65
10	20210601112001	011110015	管理系统工程	82
11	20210601112001	011110034	预测方法与技术	76
12	20210601112002	011110015	管理系统工程	76
13	20210601112002	011110034	预测方法与技术	68
14	20210601112003	011110015	管理系统工程	65
15	20210601112003	011110034	预测方法与技术	70
16	20210601112004	011110015	管理系统工程	62
17	20210601112004	011110034	预测方法与技术	68
18	20210601112005	011110015	管理系统工程	70
19	20210601112005	011110034	预测方法与技术	61
20	20210601113011	031110017	基础会计学	90
21	20210601113011	031110020	审计学	82

续表

ID	学号	课程编号	课程名称	成绩
22	20210601113012	031110017	基础会计学	88
23	20210601113012	031110020	审计学	75

 技能训练2

实训：Access 查询的创建

1. 实训目的。

掌握 Access 2010 用设计视图创建查询的方法。

2. 实训要求。

(1) 使用设计视图完成：在以上数据库中，查找并显示"管理科学 2021-1 班"的学生的学号、姓名字段，并以"管理科学 2021-1 花名册"为查询名称保存。

(2) 使用 SQL 视图完成：从"成绩"表中查询成绩达到 90 分以上的学生的学号、姓名、课程编号、课程名称及成绩，查询结果按成绩升序排序。查询命名为"成绩优异的学生"。

填写实训报告。

 复习思考题

1. 分析数据库、数据库管理系统和数据库系统的含义，正确理解三者之间的关系。

2. 简述常用的数据库管理系统特点。

3. 简述数据仓库、数据挖掘和大数据技术的含义。

第七章

管理信息系统安全防范技术

1. 掌握信息系统的安全概念；

2. 掌握信息系统面临的威胁；

3. 了解计算机病毒的基本知识和计算机病毒的防范技术；

4. 了解计算机操作系统的安全性保护方法；

5. 了解 Access 数据库系统安全方法；

6. 了解 Windows 个人防火墙的设置方法。

· 案例导入 ·

 ## 2020 年网络安全事件回顾(节选)

2020 年世界变局之大"百年未有"：新冠疫情肆虐全球，"逆全球化"思潮蔓延，全球治理遭遇挑战，世界格局深刻调整，网络空间加速变革，信息安全首当其冲，现实与虚拟相互交织，发展与安全相辅相成，世界"大势"、网空"形势"和中国"优势"共同塑造 2020 年国际网络空间态势。

在中国境内疫情期间，境外多个国家和地区对中国发动网络攻击。越南"海莲花"黑客组织利用疫情话题攻击我国政府机构，印度"白象"黑客组织借新型肺炎对我国发起攻击，台湾"绿斑"黑客团伙利用虚假"疫情统计表格"和"药方"窃取情报。

京东等多家网站由于中间人攻击无法正常访问，出现大面积网络劫持事件。此次攻击很有可能是基于 DNS 或运营商层面发起的，目前受影响的主要是部分地区用户，但涉及所有运营商。例如中国移动、中国联通、中国电信以及教育网均可复现劫持问题，而国外网络访问这些站点并未出现异常情况。

黑客组织"APT32"向中国官员发出网络钓鱼电子邮件。此邮件将引导用户进入工作设备网页。用户如果点击了这个邮件，黑客就会得到反馈，在用户的电脑上植入恶意软件，复制储存在政府网络系统中的疫情数据。

微博疑似数据泄露，5.38 亿账号信息在暗网出售。有用户发现 5.38 亿条微博用户信息在暗网出售，其中，1.72 亿条有账户基本信息，售价 1388 美元。2020 年 3 月 20 日，新京报记者在 Telegram

上向灰产人士购买了价值约 12 元人民币的积分,获得了 201 条微博用户信息,其中不少信息包括用户身份证号、手机号、密码、生日等私密信息。对于灰产人士提供的微博定向查询手机号服务,记者测试查询了 3 个已绑定手机的微博账号,结果有 2 个微博账号被查询正确的关联手机号码,其中1 个还给出了微博绑定的 QQ 等更详细的信息,而另一个微博账号的查询结果显示"无信息"。

厦门市出现多起针对外贸公司的"冒充电子邮件"诈骗。媒体披露了一起外贸电邮诈骗案,诈骗团伙仿冒英国公司电子邮件,将真邮箱地址中间的"m"偷偷换成了"n",对厦门某外贸公司实施诈骗,诈骗金额近百万元。如此精准的邮件诈骗案,让人怀疑其邮件系统已被入侵。

台湾发生重大个人数据泄露事件,84% 公民信息出现在暗网。威胁情报机构 Cyble 声称,经验证属于 2000 万台湾民众的敏感个人数据已出现在暗网市场上。目前台湾人口为 2380 万人,这差不多意味着全体台湾民众的个人数据都遭到了泄露。据 Cyble 称,这个 3.5 GB 的数据库包含个人的全名、邮政地址、电话号码、身份 ID、性别和出生日期。Cyble 声称它已经获得了数据库,并计划在其数据泄露搜索引擎 AmiBreached.com 中对数据进行索引。

郑州民办高校近两万名学生信息遭泄露。郑州西亚斯学院多名学生反映,学校近两万学生个人信息被泄露,以表格的形式在微信、QQ 等社交平台上流传。对此,该校官方微博在回应学生时称,已向公安机关报案,正在调查之中。2020 年 5 月 31 日,有人在班级微信群中发来两份"返校学生名单",该名单涉及近两万名学生,信息具体到名字、身份证号、年龄、专业及宿舍门牌号,等等。事件发生后,多名学生反映收到骚扰电话。

宝塔面板曝出严重安全漏洞,尽快升级到最新版本。宝塔面板被曝出存在严重安全漏洞,官方已经给宝塔面板用户发送短信提醒升级,影响范围包括宝塔 Linux 面板 7.4.2 以及宝塔 Windows面板 6.8。据了解,此次更新是为了修复 phpMyAdmin 未鉴权,可通过特定地址直接登录数据库的严重 Bug。目前,用户可登录面板后台,右上角点击更新,弹窗后,点击立即更新,进行更新。

福建福昕通知客户服务器遭到黑客入侵。福昕 PDF 阅读器和编辑器的开发商福建福昕通知客户,黑客入侵了它的服务器,访问了用户数据。在给受影响客户的邮件通知中,福昕称,未经授权的黑客访问了 My Account 区域。可能访问的用户数据包括了用户名、电邮地址、企业名称、电话号码、用户账号密码和 IP 地址。

蔓灵花 APT 组织,利用病毒邮件对我国关键领域发动钓鱼邮件攻击。邮件内容以"海事政策分析和对南亚的港口安全影响""2020 年自主研发项目立项论证报告"等主题,主要针对我国政府部门、科研机构相关人员发起定向邮件攻击。

(来源:https://nsinfo.xatu.edu.cn/info/1004/1324.htm)

思考题

1. 试分析安全事件出现的原因是什么。

2. 在日常活动中如何保护自己的信息安全?

课程思政　培养同学德法兼修的职业素养

《中华人民共和国网络安全法》

2016年11月,第十二届全国人大常委会第二十四次会议通过了《中华人民共和国网络安全法》(以下简称《网络安全法》)。作为我国的网络安全基本法,《网络安全法》是网络安全领域"依法治国"的重要体现,对保障我国网络安全有着重大意义。党的十八大以来,以习近平同志为核心的党中央从总体国家安全观出发,对加强国家网络安全工作作出了重要的部署,对加强网络安全法制建设提出了明确的要求,制定《网络安全法》是适应我们国家网络安全工作新形势、新任务,落实中央决策部署,保障网络安全和发展利益的重大举措,是落实国家总体安全观的重要举措。中国是网络大国,也是面临网络安全威胁最严重的国家之一,迫切需要建立和完善网络安全的法律制度,提高全社会的网络安全意识和网络安全保障水平,使我们的网络更加安全、更加开放、更加便利,也更加充满活力。

7.1　信息系统安全概述

近年来,信息技术得到前所未有的应用和发展,人们对信息系统和网络应用系统的依赖性不断增强,同时,信息安全问题也变得日益复杂,网络和信息系统的漏洞增加了威胁和攻击的可能性,保护信息系统安全,保障企业、个人的利益,成为信息时代的重要课题。

7.1.1　信息安全的基本概念

到目前为止,信息安全还没有统一的定义。下面给出几个具有代表性的定义:

(1)国际标准化组织ISO对信息安全的定义:

信息安全是指为数据处理系统建立和采取的技术和管理的安全保护,保护计算机硬件、软件、数据不因偶然的或恶意的原因而受到破坏、更改、泄露。

(2)美国对信息安全的定义:

从技术和管理措施角度出发,美国国家安全电信和信息系统安全委员会(NSTISSC)的信息安全定义是对信息、系统以及使用、存储和传输信息的硬件的保护,是所采取的相关政策、认识、培训和教育以及技术等必要的手段。

(3)我国对信息安全的定义:

我国学者黄梯云教授指出,信息安全是指信息在存取、处理、存储、集散和传输过程中受到安全保护,不会遭到破坏、更改和泄露,保持机密性、真实性、完整性、可追溯性和抗抵赖性。

7.1.2 信息系统安全的基本概念

信息安全的实质是信息系统的安全,它要求信息系统的各个组成部分都受到安全保护。在网络环境下,信息系统安全是指组成信息系统的计算机软硬件、网络和通信设备、数据资源、信息用户等受到安全保护,不因偶然的操作或者恶意的攻击遭受到破坏、更改或泄露,系统连续可靠正常地运行,信息服务不中断,保证组织中各项活动的管理、调节和控制等业务的连续性和稳定性。

信息系统安全是指通过制定安全策略,构建一个完整的综合安全保障体系来回避在信息系统管理流程活动中的信息传输、信用、管理和法律等各方面的风险,以保证管理任务的顺利进行,满足系统运行中所需的机密性、完整性、真实性、可用性、可控性和合法性等各方面的安全需求。

一切影响系统安全的因素和保障系统安全的措施都是信息系统安全研究的内容。信息系统安全包含两个方面的内容:一方面是物理系统安全,指计算机信息系统设备及相关设备受到保护,免于被破坏、丢失等;另一方面是逻辑系统安全,保障系统中所处理的信息的完整性、保密性和可用性。

信息系统安全问题具有以下特点:

(1)信息系统既是计算机网络系统,也是一个社会系统,安全问题不仅依赖于计算机网络安全等安全技术,还涉及在整个系统运行中的社会、管理和法律环境的保障,信息系统安全是一个涵盖技术、管理等因素在内的综合系统。

(2)信息系统安全体系是一个复杂的系统工程,完整的信息系统安全体系应由安全基础设施、网络安全服务、加密技术、安全认证、安全协议以及信息应用系统等组成,各部分相互关联,构成一个完整统一的整体。如图 7-1 所示为信息系统安全体系结构。

7.1.3 信息系统安全要素

一个安全的信息系统需要具备以下安全要素:

1. 机密性

在信息系统中,各项活动产生、传递的信息可能涉及商业机密或个人隐私,这些信息均有保密的要求,这种安全需求称为机密性需求。机密性要求做到只有发送方和接收方才能访问消息内容,而不允许非授权人员访问消息内容。机密性一般通过密码技术对传输的信息进行加密来实现。

2. 完整性

完整性是指保证只有被授权的各方能够修改计算机中存储的或网络上传输的信息,防止在系统中流转未授权的信息,防止信息被未授权的用户或偶然或恶意地生成、修改和删除,包括伪造、乱序、重放、插入等,防止信息丢失或重复,保证信息完整和统一。

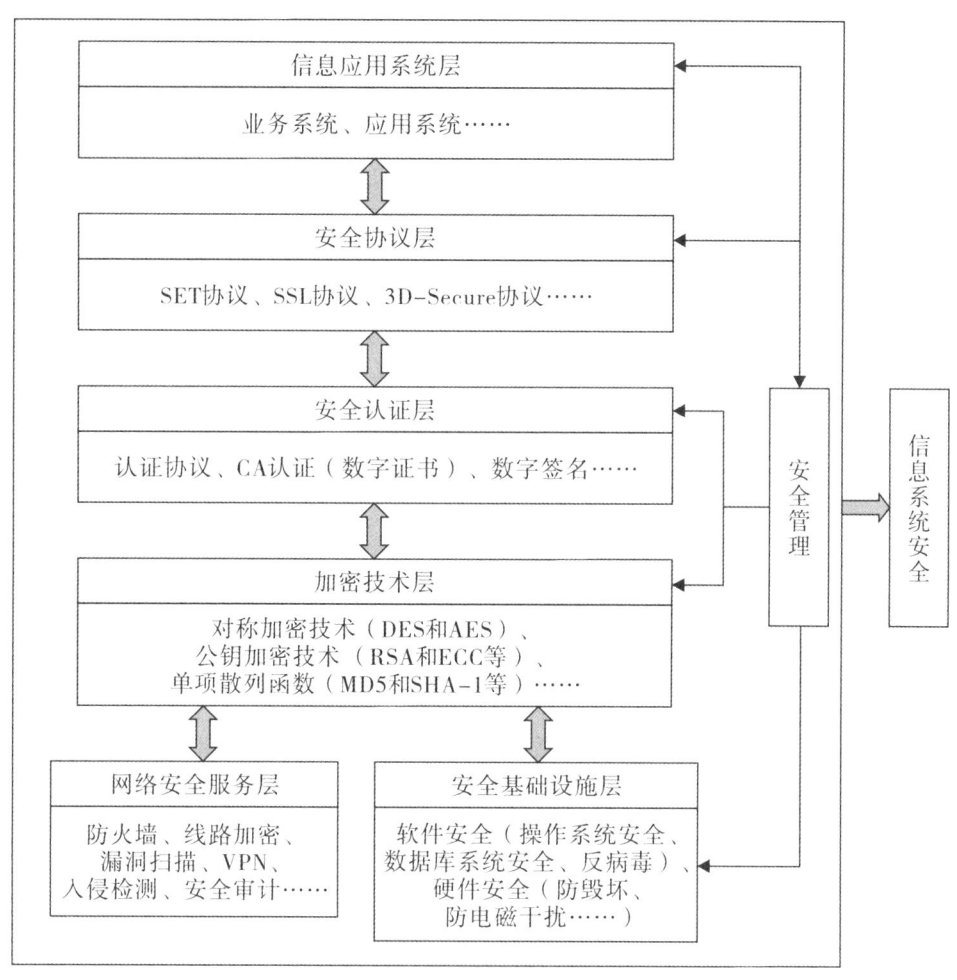

图 7-1 信息系统安全体系结构

3. 真实性

真实性是指确保对方的身份是真实的和信息的来源是真实的。伪造身份、网站、电子邮件地址等行为就是针对真实性的攻击,为防止这类攻击,必须认证对方身份的真实性并鉴别接收到的消息来源的真实性。真实性需要可靠的认证机制来保障,包括两个方面:对消息本身的认证和对实体的认证。对消息本身的认证用于确认消息是否来自他所声称的某个实体,而不是由其他人伪造的;对实体的认证可以确定通信双方的真实身份。

4. 可用性

可用性是指随时为授权者提供需要的信息资源和信息服务,而不会发生被非授权者干扰而拒绝服务的情况,即无论何时,只要授权用户需要,信息系统必须是可用的,不能拒绝服务。

5. 不可抵赖性

不可抵赖性也称作不可否认性,是通信双方(人、实体、进程等)信息真实同一的安全要求,它面向通信双方,发送方和接收方均不可抵赖。不可抵赖性包含两个方面:一是给信息接收者提供发送证据,使发送者谎称未发送或否认其内容的企图不能得逞;二是给信息发送者提供接收证据,使接收者谎称未接收或否认其内容的企图不能得逞。

除以上五项主要的安全要素外,信息系统的安全要素还有访问控制、匿名性、即时性等。访问控制又称权限控制,是保证信息系统机密性、完整性、真实性和可用性的一种手段;匿名性保证不把用户的信息泄露给不可知或不可信的通信对象,确保合法用户的隐私不受侵犯;即时性是指在规定的时间内完成合法用户需要的服务。

7.1.4　信息系统安全范畴

信息系统安全是一个系统而广泛的概念,凡是与信息系统相关的各个方面都涉及安全问题,不仅包含计算机系统、网络通信、应用环境、人员素质等方面,还与信息系统管理等密切相关。信息系统安全范畴涉及很多方面,但从整体上看,大致可分为实体安全、运行安全、信息安全、网络安全与系统软件安全等几个方面。

1. 实体安全

实体安全又称物理安全,是指保护计算机设备、网络设备以及其他设施和媒体免受自然灾害、人为破坏和环境威胁的措施或过程,保证信息系统各项硬件设备和相关设施安全正常运行。实体安全是整个信息系统安全的前提。具体内容有三个方面:

(1)环境安全:保护系统设备免受自然灾害等的破坏,考虑有可能对系统造成破坏的地理环境、气候条件、污染状况以及电磁干扰等因素对实体安全的影响。

(2)设备安全:对设备进行安全保护,主要包括设备防盗、防毁、抗电磁干扰、防电磁泄漏、防线路截获以及静电保护、电源保护等方面。

(3)媒体安全:是指对存储信息和数据的媒体进行安全保护。防止媒体损坏、被盗或丢失,避免造成信息系统重大损失;防止重要数据的非法复制;防止媒体数据删除或丢弃后被他人恢复;销毁不需要的媒体数据;对于需要长期保存的媒体数据,要定期拷贝,避免介质老化造成损失。

2. 运行安全

运行安全是指为了保障系统功能的安全实现,提供一系列安全措施来保护信息处理过程的安全。为发现运行风险,保障运行安全,首先在系统运行过程中测试潜在的安全隐患和安全漏洞,提供安全分析报告;对系统进行审计跟踪,保存审计记录和维护审计日志;定期对系统设备、应用系统及系统数据进行有效的备份,以在发生紧急事件或安全事故时及时恢复,制定应对紧急情况的安全策略,保证信息系统持续安全运行。

影响系统安全运行的因素主要有误操作、硬件故障、软件故障、计算机病毒"黑客"攻击、恶意破坏、自然灾害等。

3. 信息安全

信息安全是指防止信息资源被故意地或偶然地泄露、破坏、更改,保证信息使用完整、有效、合法。信息破坏主要表现在以下几个方面:

(1)信息可用性被破坏:改变计算机程序与信息数据文件之间的对应关系,使信息数据的可用性被破坏；或在数据文件中加入错误的或程序不能识别的代码，导致程序不能正常运行或得到错误的结果，使信息的可用性遭到破坏。

（2）信息完整性被破坏：信息数据的数量多少、信息正确与否以及数据的排列顺序等都是信息完整性的要素，如遭到来自人为、设备、自然因素的破坏或感染计算机病毒等，都会破坏信息的完整性。

（3）信息保密性被破坏：一般通过非法访问、信息泄露、非法拷贝、盗窃以及非法监视监听等方法对信息的保密性进行破坏。信息泄露通过人为泄露、电磁辐射泄露、搭线监听等途径实现。

4. 网络安全

信息系统网络的安全，主要包括两个部分：一是资源子网中的各计算机系统的安全性；二是通信子网中的通信设备和通信线路的安全性。网络安全的主要威胁有以下几种形式：

（1）计算机犯罪行为：包括故意破坏网络中软硬件设施、网络通信设施及通信线路；非法窃听或获取通信传输通道中的信息；假冒合法用户非法访问或占用网络中的各种资源；故意删改网络的数据等。

（2）自然因素的影响：包括自然环境和自然灾害的影响。自然环境包括地理环境、气候环境、污染状况及电磁干扰等各个方面；自然灾害有地震、水灾、大风、雷电等。自然因素可能给网络带来致命的危害。

（3）网络病毒的影响：网络病毒可以对用户的数据和信息进行窃取与破坏，造成系统运行速度下降甚至导致整个信息系统瘫痪。

（4）人为失误和事故的影响：虽然是非故意的，但仍会给信息系统带来巨大的威胁。

5. 系统软件安全

相比硬件安全，系统软件安全显得更为重要。系统软件安全主要包括操作系统安全和数据库安全。

操作系统安全：操作系统通过建立用户授权访问机制、审计等措施，控制系统资源的访问权限，使操作系统和其他信息资源得以保护。

数据库安全：数据库在信息系统中是非常重要又容易受攻击的部分。数据库管理系统对所管理的数据和资源提供安全保护，一般采用多种安全机制与操作系统安全相结合，来保护系统中数据库的安全。通常在系统中使用具有一整套系统安全策略的数据库系统和其所提供的系统安全部件来保证数据库的安全。

 # 7.2　信息系统的安全威胁

本节从信息系统自身的脆弱性、外来攻击与威胁以及计算机犯罪等几个方面介绍信息系统的主要安全威胁。

7.2.1　信息系统自身的脆弱性

1. 硬件系统的脆弱性

（1）系统硬件均需要提供满足要求的电源才能正常工作，一旦电源故障，就算是一瞬间也会造成系统正常工作的中断。

（2）环境中的电磁干扰可能引起数据运算和处理错误，也可能在传输过程中受到干扰，传输所产生的电磁辐射可能会造成信息泄露。

（3）硬件系统电路板可靠性不良，或接插部件多，造成硬件故障，使得系统运行不可靠。

（4）体积小、重量轻、强度不够，造成容易偷盗或损坏。

（5）电路设计复杂，难免存在设计缺陷，有些不怀好意的制造商可能故意留"后门"。

2. 操作系统的脆弱性

任何应用软件都是在操作系统支持下执行的，操作系统的不安全是信息系统不安全的重要原因。操作系统的脆弱性主要表现在以下几个方面：

（1）操作系统的程序可以动态链接，在为软件开发进行版本升级提供方便的同时，也使得"黑客"可以利用动态链接攻击系统或链接"病毒"。

（2）操作系统支持远程加载程序，为实施远程攻击提供了技术支持。

（3）操作系统提供的 Demo 程序，与其他系统核心软件具有同等权限，借此修改甚至摧毁操作系统十分便捷。

（4）系统提供的 Debug 和 Wizard 功能，可以将执行程序进行反编译，方便追踪执行程序过程，掌握好这两种技术方法，几乎可以做"黑客"的所有事情。

（5）操作系统本身的设计缺陷，正是"黑客"所利用的攻击点，对操作系统进行致命攻击。

3. 数据库管理系统的脆弱性

数据库管理系统中的核心是数据，数据都是以文件的形式存储在各种媒体中的，媒体的可修改性质，决定了数据易于被修改、删除或替代。开发数据库管理系统的基本目的是数据共享，这又带来了访问控制中的不安全因素，对数据访问时一般采用密码或身份认证的机制，容易被盗窃、破译或冒充，造成数据的不安全。

4. 网络系统本身的脆弱性

网络协议本身存在缺陷，基本没有考虑安全问题，在协议发展中才加进了安全服务和安全机制。在国际互联网中的 TCP/IP 协议存在安全问题，IP 协议不对来自物理层的数据包的发送顺序和内容正确与否进行校验，并且 TCP 协议总是默认数据包的源地址是有效的，易于被冒名顶替。与 TCP 位于同一层的 UDP 协议对数据的顺序错误不修改，对丢失包也不进行重传，极易受到欺骗。

5. 存储系统的脆弱性

存储系统中的各种存储介质的脆弱性表现在如下几个方面：

(1)RAM 中存放的信息掉电即丢失,并且易于驻留或嵌入病毒程序。

(2)硬盘结构复杂,既有机械动力装置,还有电路及磁介质,任何一部分出现故障均会导致硬盘不能使用,造成软件和数据的损失。

(3)光盘在进行数据读取和刻录过程中容易因摩擦而产生划痕,引起数据损失;盘片在物理上脆性大,易破碎或损坏,导致全盘的数据丢失。

(4)各种存储媒体存储密度高,体积小,重量轻,易被盗窃、损坏或丢失,造成巨大损失。

(5)存储在媒体中的数据均具有可访问性,数据信息很容易被复制而不留痕迹。远程终端用户通过网络连接到计算机上,利用技术手段,访问系统中的所有数据,进行复制、删除、修改等破坏活动。

6. 信息传输中的脆弱性

一方面,信息传输所用的通信线路易遭破坏。架空明线会遭受人为的损坏,埋地线缆在各种施工时,可能损坏埋设的通信线路,自然灾害也可能造成传输线路的损坏,造成信息传输中断。

另一方面,线路的电磁辐射引起信息泄露,架空明线易于被监听,信息被截获,无线传输的通信信道易受电磁干扰,造成通信传输不可靠。

7.2.2　信息系统外来的攻击与威胁

信息系统外来的攻击与威胁大致可分为两种:一种是对软件、硬件系统的攻击与威胁,另一种是对信息的攻击与威胁。计算机犯罪和病毒则是对两个方面进行的攻击和威胁。

1. 软硬件攻击与威胁

软硬件攻击与威胁主要是指对计算机及其外部设备和网络的攻击与威胁。这不仅会造成巨大的财产损失,还会使系统的机密信息被严重破坏和泄露。

2. 信息的攻击与威胁

偶然地或故意地采取侦收、截获、窃取或分析破译等手段获得信息系统中的各种信息,造成泄露事件,这些事件属于信息泄露。由于偶然的事故或人为破坏,信息的正确性、完整性和可用性受到破坏,如系统的信息被修改、删除、添加、伪造或非法复制,造成信息的破坏、修改或复制,这些事件属于信息破坏。

对信息的人为破坏或窃取属于攻击行为,根据攻击的方法不同,又可分为被动攻击和主动攻击两类。

被动攻击是指一切窃密的攻击。它是在不干扰系统正常工作的情况下侦收、截获、窃取系统信息,以便破译分析,利用观察信息、控制信息的内容来获得目标系统的位置、身份,利用研究机密信息的长度和传递频度获得信息的性质。被动攻击不容易被用户察觉,其攻击持续性和危害性都较大。被动攻击的主要方法有:直接侦收截获信息,合法窃取,破译分析,从遗弃的媒体中分析获取信息。

主动攻击是指篡改信息的攻击。它不仅能窃密,而且威胁到信息系统的完整性和可靠性,它以各种方法有选择性地修改、删除、添加、伪造和重排信息内容,造成信息破坏。主动攻击的方法有:窃取并干扰通信线路中的信息,返回渗透,线间插入,非法冒充,系统人员的窃密和毁坏系统信息活动等。

3. 计算机犯罪

计算机犯罪是利用暴力和非暴力形式,故意泄露或破坏系统中的机密信息,以及危害系统实体和信息安全的不法行为。暴力形式主要是对信息系统设备和设施进行物理破坏,摧毁计算机和网络设备,破坏硬件设备的运行环境条件,造成设备不能正常工作。非暴力形式是利用相关信息技术以及其他技术进行犯罪活动,通常采用线路窃取、信息捕获、数据欺骗、异步攻击和伪造证件等技术手段。

计算机犯罪具有以下明显特征:采用先进技术,作案时间短,技术突破后作案容易且不留痕迹,犯罪区域广,内部工作人员和青少年犯罪日趋严重等。

4. 计算机病毒

计算机病毒是利用计算机软件或硬件的缺陷,或者利用操作系统漏洞,专门编写的在计算机网络上传播的一组指令集或程序代码,目的是破坏或影响计算机信息系统,可以感染网络上的大量计算机或服务器。它的产生与蔓延给信息系统的可靠性和安全性带来严重威胁和巨大损失。

案例:2017 年 5 月 12 日,一个名为"WannaCry"的勒索软件病毒在全球大范围蔓延,国家计算机病毒应急处理中心通过对互联网的监测发现,该病毒已经席卷包括中国、美国、俄罗斯及欧洲国家在内的 100 多个国家,数万台电脑中招。我国部分高校内网、大型企业内网和政府机构专网遭受攻击。国内多所大学的校园网和同学的电脑都中了该病毒,许多同学的毕业论文、毕业设计等重要资料宣告"沦陷";多个地方的中石油旗下的加油站出现断网,不能使用网络支付的方式加油。

经紧急分析,判定该勒索软件是一个名为"WannaCry"的新家族,基于 445 端口的 SMB 漏洞(MS17–101)进行传播,攻击者利用该漏洞,针对关闭防火墙的目标机器,通过 445 端口发送预先设计好的网络数据包,实现远程代码执行。当系统被该勒索软件感染后,计算机采用 AES 和 RSA 加密算法加密系统中的照片、图片、文档、压缩包、音频、视频、可执行文件等类型的文件,一是会弹出勒索对话框,要求支付价值 300 美元的比特币以解密被加密的文件;二是会将自身复制到系统的每个文件夹下,并重命名为"@WanaDecryptOr@.exe";三是生成随机 IP 并发起新的网络攻击(见图 7–2)。

7.2.3 信息系统的安全内容

1. 实体安全

信息系统的实体安全是整个信息系统安全的前提,是指系统设备及相关设施运行正常,具体包括环境、建筑、设备、电磁辐射、数据介质、灾害报警等。

关于机房场地,国标 GB/T 2887—2011《计算机场地通用规范》规定了开机时机房内的环境温度、湿度标准。其中环境温度为：A 级(24±1)℃（夏季）、(20±1)℃（冬季），B 级(24±2)℃（夏季）、(20±2)℃（冬季），C 级 15~28 ℃。环境湿度为：A 级 40%~60%，B 级 35%~65%，C 级 30%~80%。一般通信机房的标准均应达到 A 级标准。

图 7-2　感染勒索病毒的电脑桌面

关于电磁辐射，范·埃克窃听技术是荷兰计算机学家维姆·范·埃克(Wim van Eck)在发表于 1985 年的 *Computers & Security* 上的一篇论文中提出的，它利用的是电子设备躲不掉的物理规律——任何电子设备工作时都会向外辐射电磁波，利用仪器接收这些电磁辐射，就可以反推出相应的内容。

2. 软件安全

软件安全是指操作系统、数据库管理系统、网络软件、应用软件等软件及相关资料的完整性，具体包括软件开发规程、软件安全测试、软件的修改与复制等。

软件是计算机应用的基础和核心，没有软件，也就没有信息系统！然而，不容忽视的是由于软件故障而对信息系统造成的破坏。病毒感染、黑客攻击、服务器停机、数据丢失等给用户和企业造成了巨大的损失。

3. 数据安全

数据安全是指系统拥有的和产生的数据或信息完整、有效、使用合法，不被破坏或泄露，包括输入、输出、用户识别、存取控制、加密、审计与追踪、备份与恢复等。

一是数据本身的安全，主要是指采用现代密码算法对数据进行主动保护，如数据保密、数据完整性、双向身份认证等。

二是数据防护的安全，主要是采用现代信息存储手段对数据进行主动防护，如通过磁盘阵列、数据备份、异地容灾等手段保证数据的安全。

数据安全是一种主动措施,数据本身的安全必须基于可靠的加密算法与安全体系。

4. 运行安全

运行安全是指系统资源和信息资源使用合法,包括电源、环境、人事、机房管理出入控制、数据与介质管理、运行管理和维护等。

7.3　信息系统安全防范技术

管理信息系统的安全服务包括身份鉴别、访问控制、系统可用性、数据完整性、数据保密性以及系统安全管理和维护。

身份鉴别是指用户进入管理信息系统时,系统必须对用户进行身份的合法性鉴别认证,防止非法用户进入系统。

访问控制是指并非所有的合法用户都可以使用管理信息系统的所有功能和资源,系统访问权限的规定控制用户能够使用的系统功能和资源。

系统可用性是指合法用户对系统资源在规定的权限下可及时使用,不会因系统故障或误操作而使资源丢失,甚至在某些非正常情况下,系统仍能运行。

数据完整性是指能保证数据安全、准确、有效,不会因为人为因素而改变数据原有的内容、形式和流向。

数据保密性是指系统中属于保密范围内的信息只能通过允许的方式向经过允许的人员透露。

系统安全管理和维护包括安全教育、安全制度的建立、实施和监督等。

要保证信息系统的安全服务,就需要用到如下技术:

7.3.1　数字证书技术及其应用

1. 数字证书的概念

数字证书是一种权威性的电子文档,它是由权威公正可信的第三方机构(CA 中心)签发的证书,是一个包含用户身份信息、用户公钥并且由 CA 中心进行数字签名的数据文件,也称为公钥证书。CA 的数字签名可以确保用户公钥的真实性。

2. 数字证书的作用及应用范围

数字证书是用于在互联网上进行身份验证的一种权威性电子文档,可以在互联网交往中证明自己的身份和识别对方的身份。使用了数字证书,即使发送的信息在网上被他人截获,甚至丢失了个人的账户、密码等信息,仍可以保证账户、资金的安全。颁发数字证书的第三方认证中心必须是权威的、公正的、可依赖的,CA 的作用是至关重要的。

数字证书可用于发送安全电子邮件、访问安全站点、网上证券交易、网上招标采购、网上办公、网上保险、网上税务、网上签约和网上银行等安全电子事务处理和安全电子交易活动。

3. 数字证书的原理

数字证书是由权威机构签署其数字签名的信息集合。用户将其身份信息和公钥以安全的方式提交给 CA 中心，CA 用自己的私钥对用户的公钥和身份信息等进行签名，将签名信息附在公钥和用户信息后，生成数字证书。由于用户的身份信息和公钥被 CA 用其私钥计算进行了数字签名，因此任何人无法修改用户的身份信息和公钥，否则验证者在验证用户信息和公钥、CA 对证书的签名时，会发现两者的散列值不一致，从而无法认证。数字证书绑定了公钥及用户的真实身份，并含有经 CA 审核签发的电子数据，可以更加方便灵活地运用在各种电子商务和电子政务活动中。

数字证书采用公钥体制，利用一对互相匹配的密钥进行加密、解密。每个用户保存一个特定的仅为本人掌握的私钥，用私钥进行解密和签名，同时设定一个公钥并由本人公开，用于加密和验证签名。当发送一份保密文件时，发送方使用接收方的公钥对数据加密，而接收方则使用自己的私钥解密，这样信息就可以安全无误地到达目的地。通过数字的手段保证加密过程是一个不可逆的过程，只能用私钥才能解密。

在公开密钥体制中，常用的是 RSA 体制，加密和解密是两个不同的密钥，即使已知明文、密文和加密的公钥，想要推导出解密私钥也是不可能的。按现在的计算机技术水平，要破解目前采用的 1024 位 RSA 密钥，需要上千年的计算时间。

用户也可以使用自己的私钥对信息加以处理，产生别人无法生成的文件，形成数字签名。采用数字签名，可以确认：信息是由签名者自己签名发送的，签名者不能否认或难以否认，同时也可以保证签发文件的真实性，即在签发后至收到为止，未曾做过任何修改。

数字证书绑定了公钥及用户的真实身份，类似于居民身份证，所不同的是数字证书不是纸质的证明，而是含有证书持有者身份信息并经过 CA 中心审核签发的电子数据。

4. 数字证书的生成过程

用户首先产生自己的密钥对，并将公共密钥及个人身份信息传送给 CA 中心，CA 中心在核实身份后，对用户的身份信息进行验证，以确信认证请求确实由该用户发送，然后 CA 中心用自己的私钥对证书进行签名并将数字证书发送给用户，同时公布证书及签名的公钥，用户就可以使用自己的数字证书了。

数字证书不仅可以保密信息，还可以确认交易双方的身份，在整个交易过程中的每个环节都不可否认，同时保证在交易中的文件也是不可修改的，保障了交易的严肃和公正。

5. 数字证书的应用——USB Key

将数字证书存储在自己的计算机中并不是绝对安全的。如果攻击者通过网络或直接访问用户的计算机并获取了私钥，就可以将数字证书连同私钥一起导出，从而窃取数字证书和私钥，进而侵害用户的利益。为此，人们不将数字证书和私钥存放在计算机上，而是单独存放在使用 USB 接口的存储介质中，就是 USB Key。目前 USB Key 被广泛应用于国内的网上银行领域，是公认的较为安全的身份认证技术。

USB Key 将预先制作好的数字证书直接存储在 USB Key 中,发放给用户,用户无法将 USB Key 中的数字证书和私钥拷贝出来,只有安装专用的管理软件才能读取数字证书。USB Key 还对私钥采用口令进行保护,只有将 USB Key 插入计算机中,并拥有 USB Key 口令的用户才能通过认证。

7.3.2　计算机病毒防治技术

1. 计算机病毒的知识

根据《中华人民共和国计算机信息系统安全保护条例》中的定义,计算机病毒是"编制或者在计算机程序中插入的破坏计算机功能或者毁坏数据,影响计算机使用,并能自我复制的一组计算机指令或者程序代码"。病毒是利用计算机软件与硬件的缺陷或操作系统的漏洞,由被感染的计算机发出的破坏计算机数据并影响计算机正常工作的一组指令集或程序代码。

(1)计算机病毒的特点。

随着互联网的发展和计算机技术的进步,计算机病毒形式及传播途径日趋多样化,近年来计算机病毒除具有主动攻击性、寄生性、潜伏性、隐蔽性、破坏性、传染性等特点外,又呈现以下一些新特点:

①病毒技术日趋复杂化。

病毒制造者充分利用计算机软件的脆弱性和互联网的开放性,使得病毒技术向对抗反病毒手段方向发展,病毒的花样不断翻新,编程手段越来越高。例如,利用生物工程学的"遗传基因"原理编写的"病毒生产机"软件,无须病毒编写者绞尽脑汁地编写病毒程序,就会轻易地自动生产出大量的基本相同的"同族"病毒,分裂出多种类型的病毒来分别攻击并感染计算机内不同类型的文件。

②互联网成为计算机病毒的主要传播途径。

计算机病毒最早只通过文件复制传播,当时最常见的传播媒介是软盘和光碟等存储介质,随着计算机网络的发展,计算机病毒可通过网络,利用多种方式,如电子邮件、网页、即时通信软件等,进行传播。计算机网络的发展使得计算机病毒的传播速度大大提高,感染范围越来越广,网络化带来了计算机病毒传染的高效率。

③病毒变形的速度极快。

"震荡波"病毒大规模爆发不久,其变形病毒就出现了,从 A 变种到 F 变种时间不到一个月。在人们忙于扑杀"震荡波"的同时,新病毒又产生了,即"震荡波杀手",它会关闭"震荡波"病毒的进程,但它的危害与"震荡波"病毒相似:堵塞网络,耗尽计算机资源,随机倒计时关机,定时对某些服务器进行攻击。

④隐蔽性越来越强。

2007 年 9 月 14 日,微软安全中心发布了漏洞安全公告,其中 MS04-028 所提及的 GDI 漏洞,危害等级被定为"严重"。该漏洞在用户浏览特定的 jpg 图片时,会导致缓冲区溢出,执行病毒攻击代码。该漏洞可能发生在所有的 Windows 操作系统上,针对所有基于 IE 浏览器内核的软件、Office 系列软件、.NET 开发工具以及微软其他的图形相关软件等,是有史以来威胁用户数量最多的高危漏洞。基于该漏洞的这类"图片病毒"有多种传播方式:群发邮件,附带有病毒的 .jpg 图片;采用恶意网页形式,浏览网页中的 jpg 文件,甚至网页上自带的图片即可被病毒感染;通过即时通信软件 QQ 等自带头像等图片或者发送图片文件进行传播。在被感染的计算机中,可能只看到一些常见的进程,如 svchost、taskmon 等,其实它们是计算机病毒进程。

2020 年 3 月,Win10 爆出了一个史诗级漏洞,危险程度堪比前几年肆虐全球的"永恒之蓝"。这个漏洞编号 CVE-2020-0796,与微软 Server Message Block 3.1.1 (SMBv3) 协议有关,在处理压缩消息时,如果其中的数据没有经过安全检查,直接使用会引发内存破坏漏洞,可能被攻击者利用,远程执行任意代码。这个漏洞被评为"Critical"高危级别,攻击者利用该漏洞无须权限即可实现远程代码执行,受黑客攻击的目标系统只需开机在线即可能被入侵。不过 Win7 系统不受影响,这点跟以往的 WannaCry 病毒反过来了,后者只影响 Win7 系统,不影响 Win10 系统。好消息是,微软已经解决了这个问题,2020 年 3 月 12 日的更新里发布了新补丁。

⑤利用操作系统漏洞传播。

一些著名的病毒如"蠕虫王""冲击波""震荡波"都是利用 Windows 操作系统的漏洞,在短短的几天就对整个互联网造成巨大的危害。

(2)计算机病毒的分类。

①按照计算机病毒的破坏情况划分。

按照计算机病毒的破坏情况,病毒可分为良性病毒和恶性病毒。

良性病毒。良性病毒指那些只表现自己而不破坏系统数据、不会使系统瘫痪的病毒。但在某些特定条件下,比如交叉感染时,良性病毒也会带来意想不到的后果。例如,原来只有 10 KB 的文件变成约 90 KB,原因就是被几种病毒反复感染了数十次。这不仅会消耗大量硬盘存储空间,而且整个计算机系统也会由于多种病毒寄生于其中而无法正常工作。因此,不能轻视所谓良性病毒对计算机系统造成的损害。

恶性病毒。这类病毒存在的目的是人为地破坏计算机系统的数据或硬件,其破坏力和危害之大是难以预料的,如损坏硬盘、主板,删除文件,格式化硬盘,或者对系统数据进行修改等。

②按照病毒的入侵方式划分。

按照计算机病毒的入侵方式,病毒可分为以下两种:

操作系统型病毒。此种病毒能将自身的病毒程序写到引导扇区,从而取代引导记录。用这样的带病毒盘启动计算机,病毒就会随之进入内存。

文件型病毒。它们主要依附于系统的可执行文件或覆盖文件之中。病毒在被感染的文件执行时获得控制权,且驻留内存并监视系统的运行,寻找可以传染的对象进行传染。

③按照病毒的算法划分。

按照算法,病毒可分为伴随型、蠕虫型、寄生型。

伴随型病毒并不改变文件本身,它们根据算法产生 exe 文件的伴随体。

蠕虫型病毒不改变文件和信息,利用网络从一台计算机的内存传播到其他计算机的内存。

寄生型病毒是除了以上两种病毒之外的其他病毒,它们依附在系统的引导扇区或文件中,通过系统的功能进行传播,按算法又可分为练习型病毒、诡秘型病毒、变形(幽灵)病毒等。

练习型病毒:病毒自身包含错误,不能进行很好的传播。

诡秘型病毒:它们一般不直接修改 DOS 中断和扇区数据,而是通过设备技术和文件缓冲区等对 DOS 内部进行修改,不易看到资源,使用比较高级的技术。

变形(幽灵)病毒:这一类病毒使用一个复杂的算法,使自己每传播一份都具有不同的内容和长度。它们一般是由一段混有无关指令的解码算法和被变化过的病毒体组成。

病毒的分类方法还有很多,如按病毒激活的时间可分为定时病毒和随机病毒,按被攻击的计算机类型可分为微型机病毒、小型机病毒、工作站病毒。目前世界上 90% 以上的病毒是攻击 PC 机的。在 Windows 下有一种宏病毒,宏病毒一般是指用 BASIC 语言书写的程序,它往往寄存在 Microsoft Office 文档上的宏代码中,影响对文档的各种操作,如打开、存储、关闭或清除等。当打开 Office 文档时,宏病毒程序就会被执行,处于活动状态,当触发条件满足时,宏病毒才开始传染、表现和破坏。

(3)计算机感染病毒的主要症状。

①经常出现死机现象。

②系统启动时间比平时长。

③磁盘访问时间加长。

④有规律地出现异常现象。

⑤打印时常出现异常现象。

⑥可用存储空间无故减少。

⑦程序或数据神秘地丢失。

⑧可执行文件的大小发生变化。

出现以上现象,表明计算机可能染上了病毒,需要做进一步的病毒诊断。

(4)计算机病毒的传播途径。

计算机病毒总是通过一定的传播途径进行传播的,一般来说,计算机病毒的传染途径有以下三种:

①计算机网络。网络传染病毒的速度是所有传播媒介中最快的,特别是随着 Internet 的日益普及,计算机病毒会通过网络从一个节点迅速蔓延到另一个节点。

②U 盘。只要带有病毒的 U 盘在计算机上进行文件复制操作,病毒就会传染到该计算机的内存和硬盘。

③光盘。计算机病毒也可以通过光盘进行传播,尤其是盗版光盘。

(5)对计算机病毒的错误认识。

①将文件改为只读方式可免受病毒的感染。

某些人认为只要将文件的属性改为只读,便可以十分有效地抵御病毒。其实修改文件的属性只需要调用几个中断就可以,是不能通过此方法阻止病毒的感染及传播的。

②病毒能感染处于写保护状态的 U 盘。

由于病毒可感染只读文件,因此不少人认为病毒也能感染处于写保护状态的 U 盘上的文件。事实上,计算机可以判断 U 盘是否写保护,是否应该对其进行写操作,这一切都是由硬件来控制的,我们可以物理地解除写保护,却不能用软件来做这件事。所以,病毒不能感染处于写保护状态的 U 盘。

③反病毒软件能够消除所有已知病毒。

病毒感染的方式很多,有些病毒会强行覆盖执行程序的某一部分,将自身代码嵌入其中,以达到不改变被感染文件长度的目的,被这样的病毒覆盖的代码无法复原,因此这种病毒是无法安全清除的。

④使用杀毒软件可以免受病毒的侵扰。

目前市场上的杀毒软件都只能在病毒泛滥之后才"一展身手",但在杀毒之前,病毒已经造成了工作的延误、数据的破坏或其他更为严重的后果。所以,应该选择一套完善的杀毒系统,它不仅应包括常见的查、杀病毒功能,还应该包括实时防毒功能,能实时地监测、跟踪对文件的各种操作,一旦发现病毒,立即报警,这样才能最大限度地减少被病毒感染的机会。

⑤磁盘文件损坏多为病毒所为。

文件的损坏有多种原因,电源电压波动、掉电、磁盘老化、磁盘质量低劣、硬件错误、错误的操作以及灰尘等,都可能导致数据丢失。以上所举对磁盘文件造成的损坏,会比病毒造成的磁盘文件损坏更常见、更严重。

⑥如果做备份的时候,备份了病毒,那么这些备份是无用的。

若备份的盘中含有引导型病毒,只要不用这张盘启动你的计算机,它将和无毒备份盘一样安全,备份中的数据文件是可以用的,备份中的数据文件不会含有病毒。

⑦反病毒软件可以随时随地地防范任何病毒。

很显然,这种反病毒软件是不存在的。新病毒不断出现,要求反病毒软件必须及时升级。对抗病毒,我们需要的是一种安全策略和一个完善的反病毒系统,用备份作为病毒的第一道防线,将反病毒软件作为第二道防线。反病毒软件的及时升级是加固第二道防线的唯一方法。

⑧病毒不感染数据文件。

不是所有的病毒都感染数据文件,但宏病毒可感染 Office 数据文件(如 Word、Excel),因为该数据文件中包含了可执行代码。

2.计算机病毒的防范技术

(1)单机计算机病毒的防范技术。

Windows 单机操作系统引入了很多非常有用的特性,充分利用这些特性将能极大地增强软件的应用性和便利性。需要注意的是,尽管 Windows 平台具备了某些抵御计算机病毒的天然特性,但还是未能完全摆脱计算机病毒的威胁。单机防范病毒,一是要在思想上重视、管理上到位,二是依靠防杀病毒软件。

①主要的防护工作。

检查 BIOS 设置,将引导次序改为硬盘先启动,防止病毒从光盘侵入计算机。

安装较新的正式版本的防杀病毒软件,并经常升级。

经常更新计算机病毒特征代码库。

备份系统重要的数据和文件。

在 Word、Excel 和 PowerPoint 中将"宏病毒防护"选项打开。

不打开来历不明的邮件。

对外来的 U 盘、光盘和网上下载的软件等都应该先查杀计算机病毒,然后再使用。

启动防杀计算机病毒软件的实时监控功能。

②选择一个功能完善的单机版计算机防杀病毒软件。

一个功能较完善的单机版计算机防杀病毒软件应能满足下面的要求:

拥有计算机病毒检测扫描器。每一种病毒体都含有特定的字符串。如果防病毒软件在被检测对象内部发现了相应的特定字符串,就表明发现了该字符串所代表的病毒。这种按搜索法工作的病毒扫描软件叫扫描器。

具有实时监控功能。通过动态实时监控来进行防毒是检查病毒的重要手段。目前常用的防杀病毒软件一般是通过虚拟设备程序或系统设备程序而不是传统的驻留内存方式进行实时监控。实时监控程序在磁盘读取等操作中实行动态的计算机病毒扫描,并对计算机病毒和一些类似计算机病毒的活动发出警告。

可对未知计算机病毒进行检测。新的计算机病毒每天都会出现,而计算机病毒特征代码库的升级是隔一段时间进行的,这是不够的。理想的防杀计算机病毒软件除了使用特征代码来检测已知计算机病毒外,还可用如启发性分析或系统完整性检验等方法来检测未知计算机病毒的存在,并将感染文件与正常文件隔离开来。

能进行压缩文件内部检测。从网络上下载的免费软件或共享软件大部分都是压缩文件,防杀计算机病毒软件应能检测压缩文件内部的原始文件是否带有计算机病毒。

能进行文件下载监视。相当一部分计算机病毒的来源是在下载文件中,因此有必要对下载的文件尤其是下载的可执行程序进行动态扫描。

具有计算机病毒清除能力。仅仅检测计算机病毒还不够,软件还应该有很好的清除计算机病毒的能力。

支持计算机病毒特征代码库自动升级。定时升级计算机病毒特征代码库非常重要。当前通过因特网进行升级已成为主流,在开机状态下,隔一段时间,计算机便直接连接软件开发商进行升级。

支持重要数据备份,即对用户系统中重要的数据进行备份,以便在系统受计算机病毒攻击而崩溃时进行恢复。

具有定时扫描设定功能。对个人用户来说,这一功能并不重要,但对网络管理员来说,它可以避开高峰时间进行扫描而不影响工作。

(2)小型局域网计算机病毒的防范技术。

①小型局域网的特点。

小型局域网大多由一台服务器和多台工作站组成,服务器主要提供简单的文件共享服务、打印服务和小规模的数据库访问服务。对等网络、Windows NT 网及 UNIX/Linux 网为局域网的典型代表。计算机病毒一旦感染了其中的一台计算机,将会很快地蔓延到整个网络,而且管理员不容易一下子将网络中传播的计算机病毒彻底清除。所以,对于小型局域网的计算机病毒防范必须要全面预防计算机病毒在网络中的传播、扩散和破坏,对客户端和服务器端都必须考虑到。

② UNIX/Linux 网络的防毒。

对于 UNIX/Linux 网络来说,其安全性和用户权限的控制虽可以说是很强大的,但并不能说就没有计算机病毒的威胁存在。大多数的 UNIX/Linux 网络主要是由一台或多台安装了 UNIX/Linux 操作系统的服务器做 Web 服务器或 FTP 服务器,通常也有 Mail 服务器,而工作站端大多是安装了 Windows 操作系统的计算机。对这种网络的计算机病毒防护,主要还是基于工作站的单机防护。可以在 UNIX/Linux 服务器上安装 Samba 服务,从某个安全的工作站定期对服务器磁盘上的文件进行扫描。

3. 杀毒软件的使用

目前国内反病毒软件,最常用的有 360 杀毒、金山毒霸、瑞星杀毒软件等。

下面以 360 杀毒软件为例,介绍一下杀毒软件的使用。360 杀毒采用"五引擎"——BitDefender 引擎 + 修复引擎 +360 云引擎 +360 QVM 人工智能引擎 + 小红伞本地引擎,其下载界面如图 7-3 所示。

图 7-3　360 杀毒软件

① 360 杀毒软件的安装。

要安装 360 杀毒,首先通过 360 杀毒官方网站下载最新版本的 360 杀毒安装程序。下载完成后,运行安装程序,单击"下一步",阅读许可协议,并单击"我接受",然后单击下一步。如果不同意许可协议,请单击"取消"退出安装。

如果继续安装,可以选择将360杀毒安装到哪个目录下,建议按照默认设置即可。当然也可以单击"浏览"按钮选择安装目录,然后单击下一步。

在安装中窗口,输入希望在开始菜单显示的程序组名称,然后单击"安装",安装程序会开始复制文件。

文件复制完成后,会显示安装完成窗口,请单击"完成",360杀毒就成功地安装到计算机上了。

②病毒查杀。

360杀毒提供了四种手动病毒扫描方式——快速扫描、全盘扫描、自定义扫描及Office宏病毒扫描,其工作界面如图7-4所示。

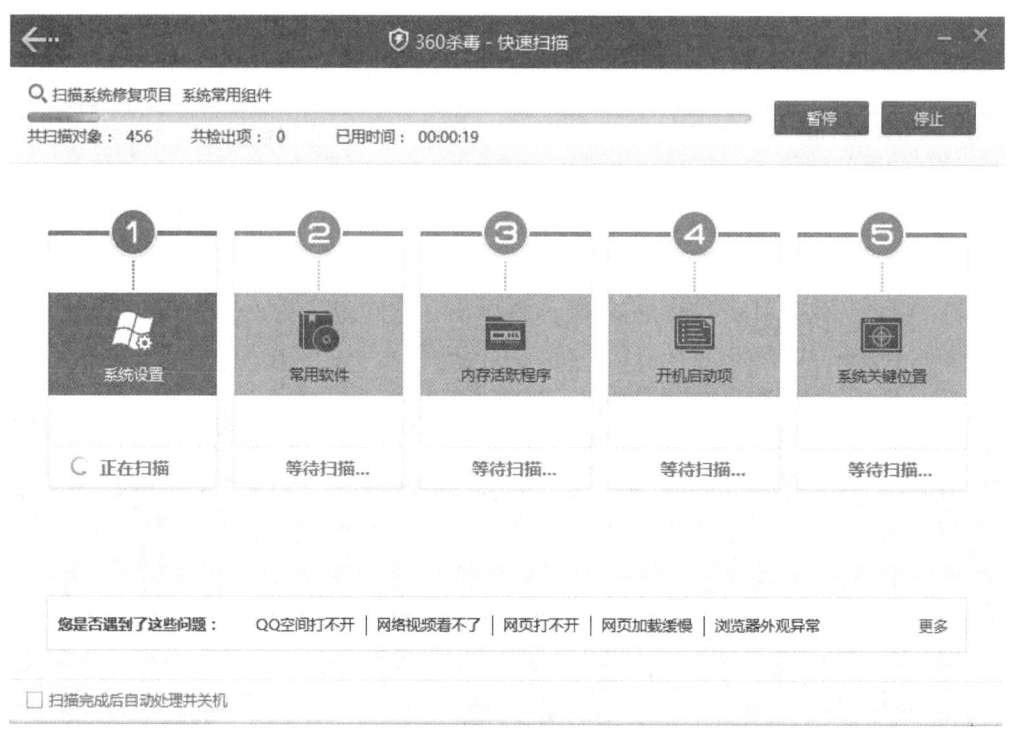

图7-4　360杀毒软件病毒扫描

快速扫描:扫描Windows系统目录及Program Files目录。

全盘扫描:扫描所有磁盘。

自定义扫描:用户可以指定磁盘中的任意位置进行病毒扫描,完全自主操作,有针对性地进行扫描查杀。

Office宏病毒扫描:对办公族和学生电脑用户来说,最头疼的莫过于Office文档感染宏病毒,轻则辛苦编辑的文档全部报废,重则私密文档被病毒窃取。对此,360杀毒自从3.1正式版开始,就推出了Office宏病毒扫描查杀功能,可全面处理寄生在Excel、Word等文档中的Office宏病毒,查杀能力处于行业领先地位。

启动扫描之后,会显示扫描进度窗口。在这个窗口中用户可看到正在扫描的文件、总体进度以及发现问题的文件。如果用户希望360杀毒在扫描完电脑后自动关闭计算机,可以勾选"扫描完成后自动处理并关机"选项。这样在扫描结束之后,360杀毒会自动处理病毒并关闭计算机。

7.3.3　系统软件安全技术

1. 系统软件安全概述

(1)系统软件简介。

系统软件是用来控制和协调计算机及外部设备,支持应用软件开发和运行的软件,其主要功能是调度、监控和维护计算机系统,负责管理计算机系统中各种独立的硬件,使它们可以协调工作。操作系统、编译系统、数据库系统等都属于系统软件。

操作系统是计算机系统的控制和管理中心,具有处理器管理、存储管理、设备管理和文件管理4项功能。目前常见的操作系统主要有 Windows、Linux、UNIX、Mac OS 等。

另一种常见的系统软件是数据库管理系统(DBMS)。数据库由数据库管理系统统一管理,数据的插入、修改和检索均要通过数据库管理系统进行。数据库管理员负责创建、监控和维护整个数据库。具有代表性的数据库管理系统有 Oracle、Microsoft SQL Server、Access、MySQL、PostgreSQL 等。

(2)操作系统面临的安全威胁。

操作系统的安全是整个系统安全的基础。操作系统面临的主要威胁有:

恶意代码的破坏和影响:计算机病毒可以使系统感染,也可以使应用程序或数据文件受到感染,造成文件丢失或破坏,甚至使系统瘫痪或崩溃。

恶意用户的攻击:"黑客"设法获取非授权的资源访问权,危害计算机及其信息系统的保密性和完整性。例如:利用破解其他用户的口令来获取该用户的资源;通过"特洛伊木马"程序秘密窃取信息等。

用户误操作:用户无意中删除了不想删除的文件,无意中停止了系统的正常处理任务,这样的误操作或不合理地使用了系统提供的命令,会成为对资源的安全威胁。此外,在多用户操作系统中,各用户程序执行过程中相互间会产生不良影响,用户之间会相互干扰。

(3)数据库系统面临的安全威胁。

数据是许多企业和组织的核心资产,增强数据库系统的安全是保护数据的重要环节。数据库系统比较突出的安全威胁主要表现在以下几个方面:

①用户权限威胁。

当用户(或应用程序)被授予超出了其工作职能所需的数据库访问权限时,这些权限可能会被恶意滥用。用户还可能将合法的数据库权限用于未经授权的目的。攻击者可以利用数据库平台软件的漏洞将普通用户的权限转换为管理员权限。漏洞可以在存储过程、内置函数、协议实现甚至是 SQL 语句中找到。使用管理员权限,恶意的开发人员可以禁用审计机制、开设伪造的账户等。

②系统平台漏洞。

操作系统(Windows、UNIX 等)中的漏洞和安装在数据库服务器上的其他服务中的漏洞可能导致未经授权的访问、数据破坏或拒绝服务。

③ SQL 注入。

入侵者通常将未经授权的数据库语句插入(或"注入")到有漏洞的 SQL 数据信道中。通常情况下,攻击所针对的数据信道包括存储过程的 Web 应用程序输入参数。这些注入的语句被传递到数据库中并在数据库中执行。使用 SQL 注入,攻击者可以不受限制地访问整个数据库系统。

④审计记录不足。

自动记录所有敏感的或异常的数据库事务是所有数据库部署基础的一部分,如果数据库审计策略不足,则将在很多级别上面临严重风险。

⑤身份验证不足。

薄弱的身份验证方案可以使攻击者窃取或以其他方法获得登录许可,从而获取合法的数据库用户身份。

⑥备份数据库安全威胁。

备份数据库存储介质对于攻击者是毫无防护措施的。要防止备份数据库暴露,所有数据库备份都应加密。某些供应商已经建议在未来的数据库管理系统产品中不应支持创建未加密的备份,建议经常对联机的数据库信息进行加密。

2.Windows 操作系统安全

(1)账号安全管理。

用户账号是计算机使用者的标识,每一个使用计算机的人,必须凭借个人用户账号才能进入计算机,进而使用计算机中的资源。

在 Windows 操作系统默认设置中, Administrator 是系统管理员账号,具有最高权限,在域中和计算机中具有不受限制的权利,可以管理本地或域中的任何计算机。系统管理员账号从不被锁定,不能删除但可以重命名。其他账号由系统管理员创建,系统管理员账号所创建的账号可被禁用或者删除。可以在操作系统中对账号设置安全密码,在一定程度上防止操作系统被侵入。

由于系统管理员的权限过大给安全管理带来很大的隐患,因此有必要分割其权限,让几个用户共同来完成系统管理工作。一种做法是把安全管理操作独立出来,由专门的用户负责。例如,将超级管理员的权限分别赋予系统管理员及安全管理员,系统管理员只负责系统管理工作,安全管理员专门负责系统的安全管理。系统管理员无法控制系统的安全管理功能,但能控制系统管理的其他功能。安全管理员控制系统的安全管理功能,但也只能控制系统的安全管理功能。通过这种机制,可以有效地分割管理权限,使得任一用户都不足以破坏整个系统,从而确保系统的安全性。

(2)Windows 注册表。

注册表是 Windows 的数据库,存储了计算机固件的各种配置数据,因此优化注册表可以把计算机调整到最佳状态。而黑客对操作系统的入侵多数是借助或篡改注册表而进行的。黑客利用注册表主要包括突破部分网管软件限制、共享特定硬盘分区并运行指定程序、启动黑客程序等三个方面。表 7-1 列出常见操作，可以方便在使用 Windows 操作系统中提高注册表的安全性。

表 7-1　常见注册表操作

作用	方法
禁止显示 IE 地址栏	HKEY_CLASSES_ROOT\CLSID\\InProcServer32 下在"注册表编辑器"窗口右边修改字符串"默认"的值为：rem C:\ WINDOWS\SYSTEM\BROWSEUI.DLL
禁止 IE "Internet 选项"中高级项	HKEY_CURRENT_USER\Software\Policies\Microsoft\Internet\Explorer\Control Panel 下在"注册表编辑器"窗口右边新建一个 DWORD 值"AdvancedTab"，并设值为 1
设置局域网自动断开的时间	HKEY_LOCAL_MACHINE\SYSTEM\CurrentControlSet\Services\LanmanServer\Parameters 下在"注册表编辑器"窗口右边新建一个 DWORD 值"Autodisconnect"，并设为想设置的分钟数
隐藏上机用户登录的名字	HKEY_LOCAL_MACHINE\Software\Microsoft\Windows\CurrentVersion\winlogon 下在"注册表编辑器"窗口右边新建字符串"DontDisplayLastUserName"，设值为 1
篡改浏览器默认页	HKEY_LOCAL_MACHINE\Software\Microsoft\Windows\internet explorer\main\default_page_url，"default_page_url"这个子键的值即起始页的默认页

(3)Windows 文件系统安全。

推荐 Windows 操作系统中的 NTFS 文件系统，NTFS 在可靠性和安全性方面具有优势。NTFS 与其他文件系统相比，具有以下优势：

①可对单个文件设置权限，而不仅仅是对文件夹设置；

②可对文件加密，大大增强了安全性；

③活动目录可方便地查看和控制网络资源；

④磁盘活动故障恢复日志，在发生断电或其他系统问题时，可快速还原信息。

3. 数据库系统安全

数据库系统安全是指为数据库建立的安全保护措施，以保护数据库系统软件和其中的数据不因偶然和恶意的原因而遭到破坏、更改和泄露。

数据库中的数据遭到破坏会造成难以估量的损失，所以数据库的数据安全保护是数据库运行过程中一个不可忽视的方面。数据库系统必须建立自己的保护机制，提供数据保护。由于数据库系统数据量庞大且多用户存取，安全性问题就显得尤其突出。一般在计算机系统中，安全措施是一级一级层层设置的。

(1)用户标识和鉴定。

通过核对用户的名字或身份,决定该用户对系统的使用权。数据库系统不允许一个未经授权的用户对数据库进行操作。系统让用户用身份和口令登录时,系统用一张用户口令表去鉴别用户身份,用户输入口令时并不显示在屏幕上,而是以某种符号代替。系统根据用户的输入鉴别此用户是否为合法用户。

(2)存取控制。

对于存取权限的定义称为授权。这些定义经过编译后存储在数据字典中,每当用户发出数据库的操作请求后,数据库管理系统会查找数据字典,根据用户权限进行合法权检查,系统根据定义的权限范围,对用户的操作请求予以鉴别。 数据库系统中不同的用户对象有不同的操作权限。对数据库的操作权限一般包括查询、记录的修改、索引的建立、数据库的创建等。把这些权限按一定的规则授予用户,以保证用户的操作在自己的权限范围之内。

(3)数据分级。

有些数据库系统对安全性的处理是把数据分级,这种方案为每一数据对象(文件、记录或字段等)赋予一定的保密级,对于用户也分成类似的级别,以访问不同的数据内容。

(4)数据加密。

为了更好地保护数据的安全,用密码存储口令或数据,对远程终端信息用密码传输,防止中途被非法截获等。

(5)数据库系统安全示例:Access 数据库系统安全。

Access 是 Microsoft 公司从 1992 年开始发表的微机数据库系统,作为一种功能强大的信息系统开发工具,它具有界面友好、易学易用、开发简单、接口灵活等特点。由于它提供了更强大的数据组织、用户管理和安全检查等功能,在一个工作组级别的网络环境中,使用 Access 数据库系统开发的多用户数据库管理系统具有 C/S 结构和相应的数据库安全机制。

①建立 Access 的安全系统。

创建 Access 工作组:

一个 Access 工作组定义为一组用户,他们共享一个或多个 Access 应用程序,并且在他们的 Access 副本中附加公共的 SYSTEM.MDA 库,由 Access 的系统管理员(Admin)来给这些用户授予对数据库系统的相应的操作权限,这样,不同的用户就能以不同的权限访问相关的数据库资源。

创建工作组中的 Access 账户:

Access 账户包括 Access 组与 Access 用户,一个 Access 组由一个或多个 Access 用户成员构成。在 Access 的安装过程中,Access 自动默认建立两个用户组(Admins 和 Users)和一个用户(Admin),这两个用户组与 Admin 用户是不允许删除的。以 Admins 用户组中的用户(如 Admin)登录进入 Access 后,可以创建新的 Access 组与用户,并将新用户放置到相应的组中。

设置 Admin 用户的登录口令:

Admin 用户的登录口令是整个数据库系统的安全入口,如果没有 Admin 登录口令,所有用户的 Access 副本均以 Admin 用户的身份登录数据库,而不是以 Access 管理员所创建的用户名进行登录,只有设置了 Admin 的登录口令,Access 才启动它的安全系统,这也是为什么无法删除 Admin 用户的原因。

分配数据库权限:

数据库权限是针对某个具体的数据库而言的。Access 系统管理员(Admins 组中的一个用户)在打开一个需要工作组共享的数据库之后,就可以根据具体情况对工作组中的 Access 组与 Access 用户进行权限的分配。不同的 Access 数据库对象具有不同的权限集合,Access 的数据库对象包括 6 种,分别是表、查询、窗体、报表、宏和模块,必须分别予以授权,对 Access 组的授权适用于该组中的每一个用户。必须指出的是:必须先屏蔽 Users 组对数据库的所有权限,因为所有 Access 用户都属于 Users 组,而 Users 组默认对数据库具有全权,所以在确定数据库权限之前,必须首先屏蔽掉所有权限。

② Access 的安全漏洞。

Access 用户是 Access 系统的默认用户,除非 Access 系统在安装后已重新链接到某个新的工作组安全系统上,否则将以默认的 Admin 用户登录 Access。如果一个链入工作组安全系统的用户在网络文件系统级别可以获得对此数据库系统文件的 Admin 权限,则将以 Admin 用户的身份拥有对该数据库系统的所有权限,由 Access 本身建立的第二级安全机制将不起任何作用,这种情况只要工作组用户在个人计算机上重新安装一次 Access 软件,便会轻而易举地避开你设置的安全系统防护,而作为默认的 Admin 用户登录并操作工作组中的任何数据库系统。

解决的办法是在 Admins 用户组中创建一个与 Admin 用户具有同等权限的新用户,并另外命名用户名,然后以这个新用户登录 Access,从 Admins 用户组中将 Admin 用户挤出,并屏蔽掉 Admin 用户对数据库的所有权限,这样,Admin 用户就成了一个普通用户,实际的数据库系统管理员则变为新创建的用户,数据库安全系统就对所有的用户起安全防护作用了。

③设置数据库密码。

最简单的对 Access 数据库系统的保护方法是对数据库进行加密。加密数据库就是将数据库文件压缩,从而使某些实用程序不能解读这些文件。加密一个未进行安全设置的数据库并不能保证数据库的安全,因为任何人都可以打开数据库并完全访问数据库中的所有对象。加密可以避免在以电子方式传输数据库或者将其存储在介质上时,其他用户偶然访问数据库中的信息。但 Access 使用的加密方法非常薄弱,因此不能用于保护敏感数据。解密数据库是对加密过程的逆运算。同时可以在数据库上设置密码,从而要求用户在访问数据和数据库对象时输入密码。

7.3.4　网络攻防技术

1. 网络攻防技术概述

(1)入侵与攻击。

入侵是指任何威胁和破坏系统资源的行为,实施入侵行为的人称为入侵者。攻击是入侵者实现入侵目的所采取的技术手段和方法。攻击的范围从简单的使服务器无法提供正常的服务到完全破坏、控制服务器。入侵者运用计算机及网络技术,利用网络的薄弱环节,侵入对方计算机及其系统进行破坏性活动,如搜集、修改、破坏和偷窃信息等。

(2) 入侵的目标与途径。

入侵的目标主要有两类——系统和数据,所对应的安全性也涉及系统安全和数据安全两个方面。

入侵的途径有三类:

物理途径:入侵者利用管理缺陷或人们的疏忽大意,乘虚而入,侵入目标主机,企图登录系统或偷窃重要资源进行研究与分析。

系统途径:入侵者使用自己所拥有的较低级别的操作权限进入目标系统,复制信息、破坏资源、寻找系统漏洞以获取更高级别的操作权限等。

网络途径:入侵者通过网络渗透到目标系统中,进行破坏活动。

(3) 攻击的类型。

①按攻击目标划分可分为系统型攻击与数据型攻击。

系统型攻击发生在网络层,破坏系统的可用性,使系统不能正常工作。通常系统型攻击留下明显的攻击痕迹,用户会发现系统不能工作,如浏览器不能正常打开,邮箱里出现大量不明邮件,莫名出现一些占据大量内存的进程等。

数据型攻击发生在网络的应用层,面向信息,主要目的是篡改和偷取信息。通常数据型攻击不会留下明显的痕迹,例如一些攻击者通过钓鱼网站窃取用户的重要个人信息,通过非法访问入侵企业网络或者个人计算机,从而取得企业或者个人的信息。

②按攻击后果可划分为以下几种。

阻塞类攻击:阻塞类攻击企图通过强制占有信道资源、网络连接资源、存储空间资源,使服务器崩溃或资源耗尽,无法对外继续提供服务,但不盗窃系统资料,通常采用拒绝服务攻击或信息炸弹等方式。

探测类攻击:探测类攻击主要是收集目标系统的各种与网络安全有关的信息,为下一步入侵提供帮助。主要包括扫描技术、体系结构刺探、系统信息服务收集等。目前还有更先进的网络无踪迹信息探测技术。

控制类攻击:控制类攻击是一类试图获得对目标计算机控制权的攻击。常见的有口令攻击、特洛伊木马与缓冲区溢出攻击等。

欺骗类攻击:欺骗类攻击包括 IP 欺骗和假消息攻击,前一种通过冒充合法网络主机骗取敏感信息,后一种攻击主要是通过配置或设置一些假信息来实施欺骗攻击。主要包括 ARP 缓存虚构、DNS 高速缓存污染、伪造电子邮件等。

破坏类攻击:破坏类攻击指对目标计算机的各种数据与软件实施破坏的一类攻击,包括计算机病毒、逻辑炸弹等攻击手段。逻辑炸弹与计算机病毒的主要区别是,逻辑炸弹没有感染能力,它不会自动传播到其他软件内。

漏洞类攻击:漏洞是系统硬件或者软件存在的某种缺陷,漏洞存在的直接后果是允许非法用户未经授权获得访问权或提高其访问权限。针对扫描器发现的网络系统的各种漏洞实施的相应攻击,伴随新发现的漏洞,攻击手段不断翻新,防不胜防。要找到某种平台或者某类安全漏洞是比较简单的,在 Internet 上的许多站点,不论是公开的还是秘密的,都提供漏洞的归档和索引等。

(4)防御网络攻击的主要技术手段。

访问控制技术是网络安全保护和防范的核心策略之一,其主要目的是确保网络资源不被非法访问和非法利用。访问控制技术所涉及的内容较为广泛,包括网络登录控制、网络使用权限控制、目录级安全控制以及属性安全控制等技术。访问控制技术主要用于对静态信息的保护,需要系统级别的支持,一般在操作系统中实现。

防火墙技术是用来保护内部网络免受外部网络的恶意入侵和攻击,防止计算机犯罪,将入侵者拒之门外的网络安全技术。防火墙是网络安全的屏障,是提供安全信息服务、实现网络安全的基础设施之一。它是内部网络与外部网络的边界,能够严密监视进出网络边界的数据包,能够阻挡入侵者,严格限制外部网络对内部网络的访问,也可以有效地监视内部网络对外部网络的访问。

数据加密技术能防止入侵者查看、篡改机密的数据文件,使入侵者不能轻易地查找一个系统的文件。数据加密技术是网络中最基本的安全技术,主要是通过对网络中传输的信息进行加密来保障其安全性,是一种主动的安全防御策略。

入侵检测技术是网络安全技术和信息技术结合的产物,它可以实时监视网络系统的某些区域,当这些区域受到内部攻击、外部攻击和误操作时能够及时检测和立即响应,在网络系统受到危害之前拦截和响应入侵。它与静态安全防御技术(防火墙)相互配合可构成坚固的网络安全防御体系。

2. 防御网络攻击的策略与方法

(1)防御网络攻击的策略。

①提高安全意识:不要随意打开来历不明的电子邮件及文件,不要随便运行未知程序;密码设置尽可能使用字母、数字混排,单纯的英文或数字很容易穷举;将常用的密码设置得各不相同,防止被人查出一个,连带到重要密码,而且重要密码最好定期更换;下载安装系统补丁程序,更新系统;最好不要浏览一些不知名的网站,特别是一些病毒类和黑客类网站,有些网站在介绍防病毒和黑客技术的同时,也会将病毒和木马等放到访问者的计算机上。

②积极采取防范措施:安装防病毒软件和防火墙并及时更新病毒库,及时、正确配置防火墙参数;安装入侵检测软件,帮助网络管理员监控可疑数据流;及时更新操作系统,主动给操作系统和网络系统打上"补丁",就会避免很多攻击;经常进行系统备份,有效降低一些病毒或黑客的损害程度,包括用户数据的备份、软件配置文件的备份等。

(2)访问控制策略。

访问控制是网络安全防范和保护的主要策略,也是维护网络系统安全、保护网络资源的重要手段,其主要任务是保证网络资源不被非法使用和非法访问。各种安全策略必须相互配合才能真正起到保护作用,但访问控制可以说是保证网络安全的最重要的核心策略之一。

(3)数据加密策略。

加密技术是网络安全最有效的技术之一。通过对网内数据、文件、口令和控制信息进行加密,从而达到保护网上传输的数据的目的。加密的网络不但可以防止非授权用户的窃听和联网,而且可以有效防止恶意软件攻击。

(4)网络安全管理策略。

在网络安全中,除了采用技术措施之外,加强网络安全的管理,制定有关规章制度,对于确保网络安全、可靠地运行将起到十分关键的作用。网络的安全管理策略包括:制定安全管理等级和安全管理范围;制定有关网络操作使用规程和人员管理制度;制定网络系统的维护制度和应急措施等。

(5)防范端口扫描。

除正常使用的计算机端口(如访问网页需要的 HTTP 80 端口,QQ 的 4000 端口等),将所有闲置和有潜在危险的端口都关闭,因为所有端口都可能成为黑客攻击的目标。

在 Windows 操作系统中要关闭一些闲置端口是比较方便的,可以采用定向关闭指定服务的端口和只开放允许端口的方式。进入"管理工具"下的"服务"项,关闭计算机中一些没有使用的服务,例如 FTP 服务、DNS 服务、IIS 服务等,该服务的端口也就被停用了。只开放允许端口的方式可以利用系统的"TCP/IP 筛选"功能实现,设置的时候,只允许开放系统中一些基本网络通信需要的端口即可。

(6)防范 DDoS 攻击。

定期扫描现有网络主节点,清查可能存在的安全漏洞,对新出现的漏洞及时进行清理;在骨干节点配置防火墙,在发现受到攻击时,可以将攻击导向一些牺牲主机,保护真正主机不被攻击;用足够的计算机承受黑客攻击,用户拥有足够容量和资源给黑客攻击,黑客就无力攻击了;充分利用路由器、防火墙等负载均衡设备,有效地保护网络,当一台路由器被攻击死机时,另一台马上投入工作,最大程度削减 DDoS 攻击;使用 Inexpress、Express、Forwarding 等工具过滤不必要的端口,只开放服务端口,将其他端口关闭或在防火墙上做阻止策略。

3. 防火墙技术

(1)防火墙的含义。

一个用户计算机连接到外部网络后,它既可以通过网络访问其他主机或网络并通信,也可以接受其他主机或网络对这台计算机的访问,难免面对联网而产生的各种恶意行为。首先是非法信息获取,试图盗窃数据或相关资源的行为,其次是使用内部非授权数据,再次是通过路由器、主机或服务器蓄意破坏文件系统或者阻止授权用户的网络访问服务。

为安全防范,在本地计算机或内部网络与外部网络之间设置一道屏障,它能够保护本地计算机或内部网络免遭来自外部网络的威胁和入侵,这道屏障就叫防火墙。防火墙技术是一种网络防护技术,防火墙系统包括硬件设备、相关软件和安全策略,是技术与设备的集成系统,而并非单指某一个特定的设备或软件。

(2)防火墙的功能。

防火墙是网络安全的屏障：一个防火墙能极大地提高一个内部网络的安全性，并通过过滤不安全的服务而降低风险。防火墙同时可以保护网络免受基于路由的攻击，如 IP 选项中的源路由攻击和 ICMP 重定向中的重定向路径，防火墙可以拒绝攻击并通知防火墙管理员。

防火墙可以强化网络安全策略：通过以防火墙为中心的安全方案配置，能将所有安全软件配置在防火墙上。例如在网络访问时，一次一密口令系统和其他身份认证系统完全可以不必分散在各个主机上，而集中在防火墙上。

对网络存取和访问进行监控审计：所有的访问都要经过防火墙，防火墙能记下这些访问并做出日志记录，同时也能提供网络使用情况的统计数据。当发生可疑动作时，防火墙能进行适当的报警并提供网络是否受到监测和攻击的详细信息。

防止内部信息外泄：通过利用防火墙对内部网络的划分，可以实现内部网络重点网段的隔离，限制局部重点或敏感网络安全问题对全局网络造成的影响。使用防火墙可以隐蔽那些透露细节的如 Finger、DNS 等服务。Finger 显示了主机的所有用户注册名、真名、最后登录时间和使用 Shell 类型等，这些信息非常容易被攻击者获悉；同样防火墙可以阻塞内部网络中的 DNS 信息，这样一台主机的域名和 IP 地址就不会被外界所了解。

4. 个人防火墙产品

个人防火墙软件是一种能够保护个人计算机系统安全的软件，它可以直接在用户的计算机上运行，保护一台计算机免受攻击。Windows 自带防火墙软件，另外一些著名的网络安全公司如江民、天网、瑞星等也有个人防火墙软件产品。下面以 Windows 自带的防火墙为例，介绍个人防火墙产品。

从 Windows XP 开始，Windows 系统就自带个人防火墙软件，防止黑客或恶意软件通过网络入侵用户计算机。目前 Windows 中的防火墙日臻完善，通过控制面板中的选项就可以直观地完成防火墙的所有设置，界面简洁清晰，能够更加专业全面地进行防火墙策略设置。

(1)启动 Windows 防火墙。

在 Windows 控制面板中，打开"系统和安全"，选择"Windows 防火墙"，进入 Windows 防火墙界面，如图 7-5 所示。

这个界面中可以直观地看到当前计算机与不同网络的连接状态，以及相应的网络保护措施。图 7-5 中的"传入连接"表示网络中发来的数据包目的主机为本机，"传出连接"则表示数据包由本机向网络发出。对普通用户而言，Windows 防火墙常规设置可满足通常的安全需求。

(2)自定义不同类型的网络设置。

通过不同的网络设置使用不同的保护措施，可以更加灵活地保护计算机安全，在公用网络可以设置更加严格的传入连接规则，以获得更有保障的安全保护。

单击图 7-5 左边的"更改通知设置"，可以针对每一种网络进行独立的设置，如图 7-6

所示。

图 7-5　Windows 防火墙界面

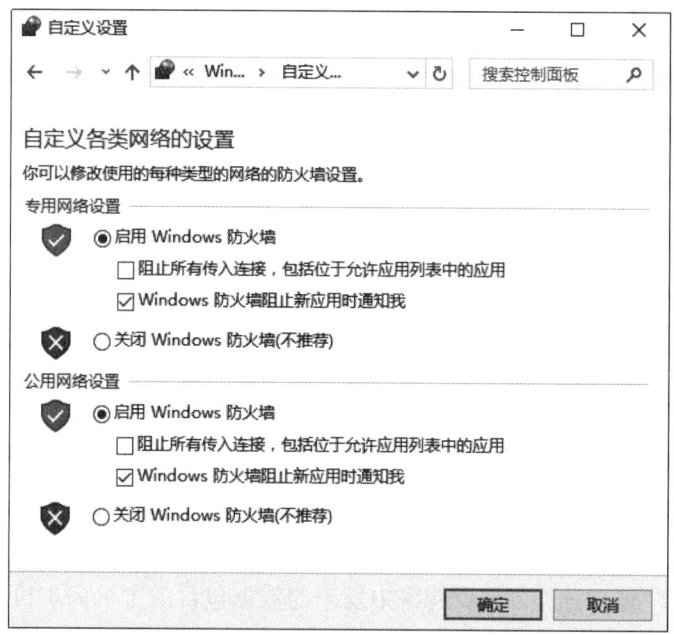

图 7-6　自定义不同类型网络的设置界面

(3)设置允许通过 Windows 防火墙的应用或功能。

单击图 7-5 左侧的"允许应用或功能通过 Windows 防火墙",可以在应用和功能层面设置传入连接的规则,如图 7-7 所示。选择某一应用或功能,设置对一个或几个网络类型生效。如果需要添加另外的应用程序允许规则,可以单击右下角的"允许其他应用"进行设置。

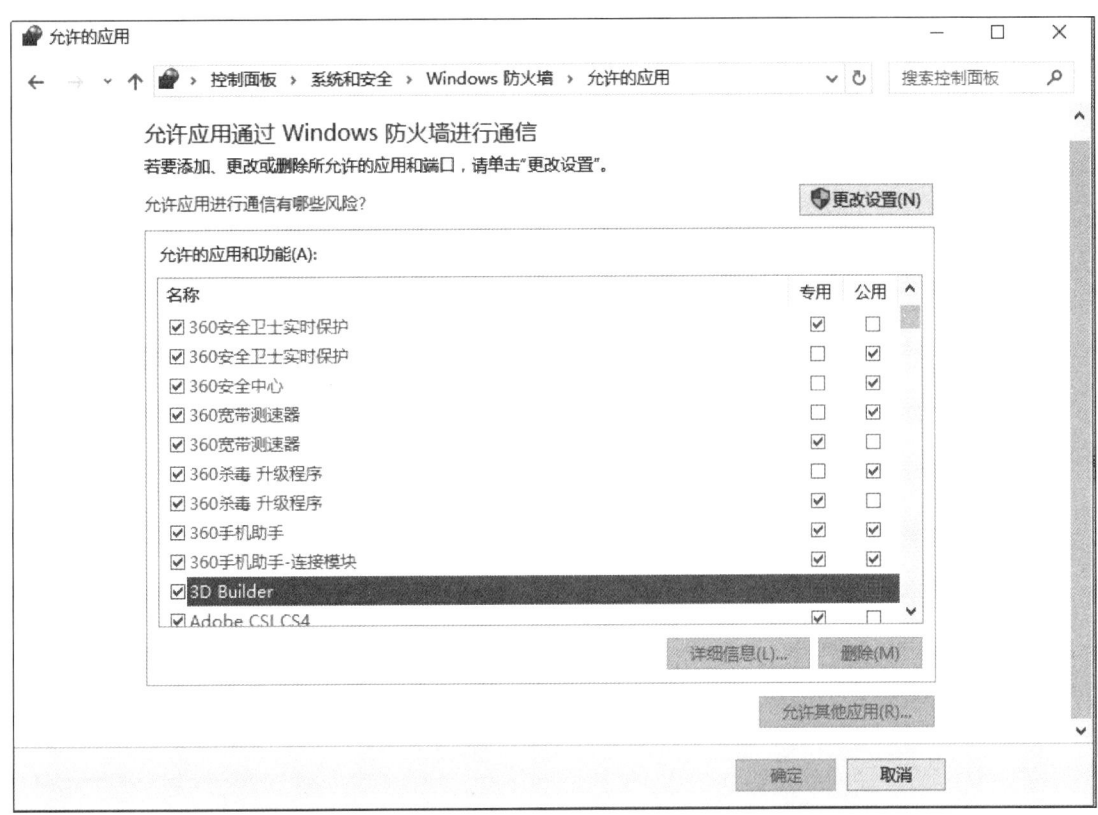

图 7-7　"允许应用或功能通过 Windows 防火墙"设置窗口

(4)Windows 防火墙高级设置。

单击图 7-5 左侧的"高级设置"即可进入高级设置界面,如图 7-8 所示。如果需要对传入连接进行更加详细的规则设置,或者需要对传出连接也进行过滤,在高级设置中可以做到。

单击图 7-8 右侧的"属性",可进入属性窗口,如图 7-9 所示,防火墙属性设置可以对域、专用和公用配置文件进行设置,这三个配置文件分别应用于域、专用和公用网络,以指定计算机连接到某个网络时的行为。

(5)高级安全 Windows 防火墙规则添加。

高级安全 Windows 防火墙中可以使用入站规则和出站规则分别配置如何响应入站与出站连接,通过添加规则的方式就可以实现对一些例外程序的特殊处理。入站规则与出站规则的设置方法基本相同,这里以出站规则为例,设置步骤如下:

单击图 7-8 左侧的"出站规则"后,在弹出的对话框中单击"新建规则"即可进入"新建出站规则向导"窗口,如图 7-10 所示。选择需要创建的规则类型,若选择"自定义"则可以对所有规则的应用条件进行设置。

以上设置完成后,Windows 防火墙就能按用户的设置起到防御作用,如用户运行的某个程序被设置为不在"通过 Windows 防火墙通信"的程序列表中,就会出现安全警示。

图 7-8　Windows 防火墙高级设置界面

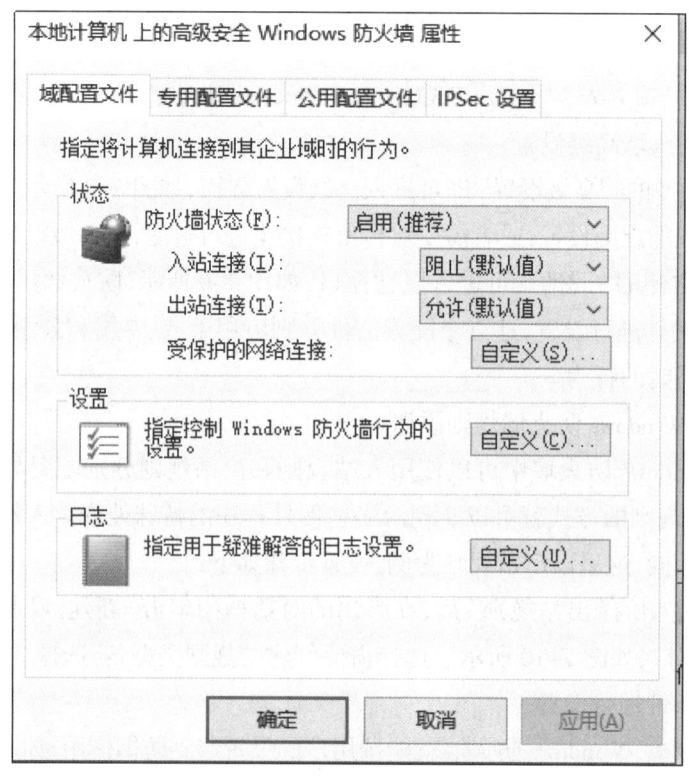

图 7-9　高级设置 Windows 防火墙属性设置窗口

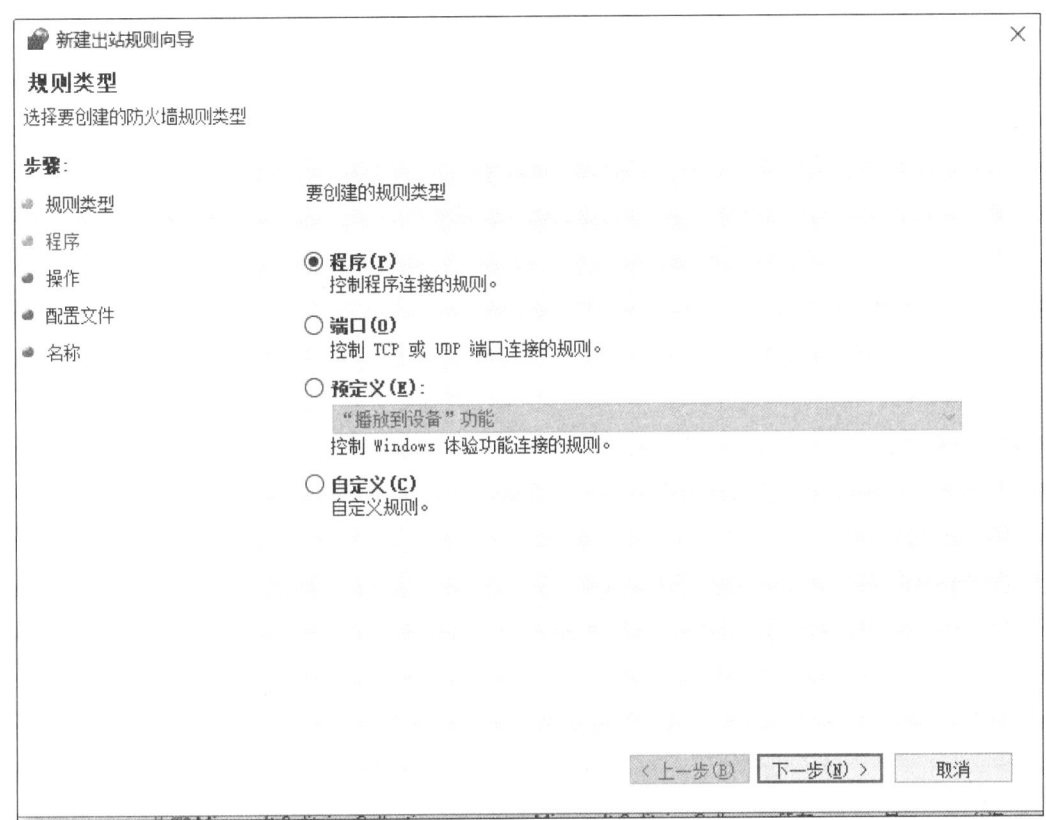

图 7-10　"新建出站规则向导"窗口

知识梳理与总结

　　管理信息系统中的信息是十分敏感的,它们有可能涉及企业与企业之间的竞争,或者是政府或企业的机密信息,因此,在实际应用中必须使用安全防范技术来保护信息安全。

　　通过本章内容讲授,应掌握信息系统安全概念,掌握信息系统面临的安全威胁,了解信息系统的安全策略、计算机病毒的防范技术和防火墙技术,在工作中合理应用相关技术,保证管理信息系统的安全,充分发挥系统的作用。

关键词汇

信息安全　网络安全　数据库安全　数字证书　计算机病毒

入侵与攻击　防火墙技术

技能训练 1

实训:杀毒软件的使用

1.实训目的。

(1)了解目前常用杀毒软件的下载和安装步骤;

（2）掌握目前常用杀毒软件的使用方法。

2. 实训要求。

（1）在网络上搜索目前流行的杀毒软件，并下载其中一个安装在计算机中；

（2）使用下载的杀毒软件检测计算机系统，将使用步骤和检测结果填写在实训报告中；

（3）在实训报告中回答：预防计算机病毒的方法有哪些？

技能训练2

实训：防火墙软件的使用

1. 实训目的。

（1）了解目前常用防火墙软件的下载和安装步骤；

（2）掌握目前常用防火墙软件的设置和使用方法。

2. 实训要求。

（1）下载瑞星个人防火墙安装到计算机中；

（2）使用瑞星个人防火墙的常规模式，进行中安全级别设置，并将主要操作步骤填写在实训报告中；

（3）在实训报告中回答：如何使用防火墙防止黑客入侵计算机？

复习思考题

1. 信息系统的脆弱性有哪些？

2. 信息系统面临的威胁有哪些？

3. 简述计算机病毒的特点。

4. 简述防御网络攻击的主要技术手段。

5. 简述防火墙的功能。

第八章 企业管理信息系统的应用

教学目标

1. 熟悉企业资源计划；
2. 熟悉客户关系系统；
3. 熟悉供应链管理系统。

案例导入

 凯越公司的信息化建设

凯越公司（化名）是国内一家大型企业，企业实行三级管理，即总公司—公司—分公司。企业实施信息化已有多年，每年在信息化建设方面投入了大量的人力和财力，公司已建立了 OA 办公自动化系统、财务系统、人力资源系统等，并已搭建了公司广域网、局域网。由于公司提出了创国际一流企业的目标，因此公司希望在信息化建设方面也要向国际最先进的企业看齐，并使信息化建设能成为公司实现创国际一流企业目标的重要推动力。

由于凯越公司在前期的信息化建设中是以服务支持软件应用为主，还没有站在战略的高度开展信息化工作，因此也没有制定完整的信息化规划，各信息系统的建设以总部的各部门、下面的各公司为主，各自为政，信息及系统没有集成，信息孤岛现象严重；系统中的业务流程以及相应的信息流存在断层现象，尤其是在营销、物资、工程、生产和财务等业务关联较密切的各环节；管理体制和资产归属不一致，导致各公司的硬件、网络管理各自为政，如广域网络和局域网络分别由两个不同的部门负责，管理十分不便，服务器系统十分分散，没有进行统一的维护管理等；机房的统一化和灾难恢复的功能也没有引起足够重视，没有配备专门的网络监控管理人员，存在较大的安全隐患；信息中心的培训内容主要针对新的信息技术和产品，对项目管理、信息规划、行业专业知识方面的培训比较缺乏，没有培养有效的信息技术决策和实施能力。

针对上述问题，凯越公司对信息化现状进行了全面的调查和分析，挖掘造成问题的深层次原因，并以行业内的最佳实践标杆为依据，从信息系统对业务的支持、系统集成、基础设施与安全管理、信息管理组织架构几个方面重点提出了解决方案。

一、信息系统对业务的支持

由于以前的信息化建设主要以各业务部门为主导，系统的建设有明显的缺陷，建设的主要是部门级的系统,信息系统对业务的支持没有站在公司战略的高度,没有从企业业务整体发展的角度提出信息化建设的目标和规划,系统建设缺乏整体性、前瞻性、可扩展性和一致性。其实,企业信息化的建设必须能支持公司战略的发展,而对公司战略的支持又主要体现为对具体业务开展的支持,基于这种思想,凯越公司采用了需求分解法,从公司的战略入手,结合公司的业务发展状况,深入分析了企业发展对信息化建设提出的需求。

例如:企业需要加强与客户的联系,体现在具体行动中就是必须先建立总公司层面的客户档案,以便进行客户细分,然后才能有针对性地为客户提供良好的产品和服务,建立与客户的良好关系。而要很好地配合这些行动,就对信息化提出了具体的要求,如首先可以实施客户关系管理系统,记录客户信息,然后集成企业资源计划与客户关系管理系统,使公司拥有一个全面的客户信息资源库,包括客户的基本信息、交易信息、服务信息等。

利用需求分解法,凯越从战略出发,详细分析了企业的业务行为和特征,提出了未来信息化建设的要求,即必须建设项目管理系统、财务系统、资产管理系统、客户关系管理系统、业务管理系统等,通过与公司信息化现状的比较,找出了差距,并结合战略进行了信息化建设的优先级分析,为企业的信息化建设指明了方向。

通过上面的分析,凯越公司已明确信息化必须首先考虑重点解决的问题。然而,需求分解法只能指出信息化建设的大方向。对于细部和局部的系统功能,在所有部门的配合下,结合业务流程和功能,发现了目前运行的信息系统的缺陷与不足。如财务管理,发现总公司和分公司现在分别采用国内的一套财务软件,虽然能够完成各财务部门所负责的总账、固定资产、日常报表功能,但无应收、应付的功能,并且结账很慢;又如项目管理,无统一软件,工程项目的进度管理、成本核算、分析所使用的系统均处于分散状态,因而影响了财务部门对工程项目的核算效率等。通过分析整理,凯越公司对每一套信息系统都提出了详细的业务需求。通过对国内外成熟的相关信息系统的分析比较,在综合考虑需求满足程度、成本、服务、成功案例等各方面因素的条件下,凯越公司选择了一套国外的成熟软件产品进行分步实施。

二、系统集成

凯越公司过去的信息化工作以部门为主,缺乏整体考虑,因此目前就暴露出了许多问题。首先是系统分散、没有整合,由于标准不统一,给系统的集成带来了很大的困难,信息不能共享;其次是数据缺乏标准化,无论是自行开发,还是从市场上买来的应用软件,一般都不注意数据的标准化,或数据标准自成一体,因而形成了许多"信息孤岛",应用项目上得越多,信息孤岛就越多,数据的不一致性就越严重;最后是系统开发没有标准化,凯越公司在信息系统的建设过程中没有使用一致的开发平台和开发工具,不利于降低系统维护成本、技术人员培训成本等。

要解决这些问题,必须对系统进行集成,并建立信息化建设的统一标准。凯越公司通过对业务流程的分析,从业务的角度提出了企业的信息流,明确了系统间所需要的集成关系。为了很好地整合现有及未来的系统,实现信息的集成、共享与流转,减少手工的干预,凯越公司提出了信息技术架构和整合方案,包括信息模型、应用系统的组成与结构、信息和数据在应用系统之间的分布与流向、信息技术标准和规范等。同时还分析了目前市场上主流的系统集成的技术和产品,在尽量保护现有投资,同时又兼顾未来系统方便集成的原则指导下,凯越公司选择了最合适的产品和技术对现有的系统进行分步整合。

三、基础设施与安全管理

基础设施是信息化的基础,包括服务器、存储设备及网络设施等。凯越公司虽然在基础设施方面投入很大,但还不够完善:服务器没有集中管理,重复投资,维护成本高且难以管理;核心网络缺乏备份,一旦核心设备出现故障,将会造成网络全面的瘫痪。安全管理也存在较大问题,没有从技术和管理两方面构建完整的安全体系,存在很大的安全隐患。针对存在的这些问题,凯越公司从四个方面入手对未来基础设施建设进行了规划:广域网络系统架构规划、局域网络系统架构规划、Internet 连接架构规划、服务器及存储系统架构规划。在安全管理方面,凯越公司首先从技术上提出了完整的安全解决方案,如把公司的 Web 服务器、Mail 服务器设置在防火墙之后等,同时还从管理的角度提出了具体的规范,包括通信和操作安全性管理、访问控制安全性管理、系统开发和维护的安全性管理等,这样凯越公司就从技术和管理两方面构建了一套完整的安全管理体系。

四、信息管理组织架构

合理的 IT 组织架构是企业信息化建设的有力保障,同时也可以从一个侧面反映信息化在企业中的地位。然而凯越公司的 IT 组织架构设置不尽合理,主要表现在以下方面:

(1) 总公司没设专门的信息部门,负责信息化建设的人员隶属于行政管理部。公司层次只设几个专职,也没有专门的部门。分公司更是连专职也没有。企业还没有建立良好的信息化管理体系,职责缺乏明确合理的分工。

(2) 企业还没有建立起信息化的工作规程和制度,包括信息系统建设需求的提出、论证、选型、实施等都没有规范的流程,也没有明确的职责划分。

针对上面的问题,同时考虑到总公司、公司、分公司在日常管理上又有一定的独立性,凯越公司提出了信息化建设在业务上进行垂直指导,在行政上横向管理的矩阵方式,结合信息集中化管理的基本原则,其信息化管理框架实现了下面的转变。

凯越公司在信息化组织设计中,建立了集中的信息技术管理和资源共享的机制,将原来挂靠在行政管理部下的信息中心提升为信息技术部,作为独立的职能部门进行信息技术的管理,并为总公司及其下属的公司和分公司提供信息技术服务;拓展了信息技术管理的职能范围,统一系统规划、建设与管理,如合同管理、信息资产和文档的管理以及 ERP、CIS、CRM 等应用系统的建设、实施、维护和技术支持等;统一整个企业网络、服务器、信息系统(数据库及应用软件)及客户端软硬件的搭建、维护、备份、升级与管理,以及网络、信息系统的安全管理等;建立分布式的信息技术组织布局,在公司和分公司的总工室下设 IT 专职人员,为本公司提供信息技术支持,但业务上受总公司信息技术部的指导。

在设计方案中,凯越公司对三层体系的职责做了明确的划分,总部的信息技术部负责全公司信息化的管理与决策,如进行集中、统一的信息技术管理和规划,负责全公司网络架构及网络安全等;公司及分公司层次主要负责信息化的实施与维护。凯越公司通过对信息组织架构的设计,明确了各自的职责,理顺了管理流程,使企业的信息化建设有了组织和制度的保障。

五、实施与执行

除了上述方面,对信息化建设规划来说还有一个非常关键的问题,即系统的实施及资源配置计划。只有明确了信息系统建设的时间表、优先级，才能更好地指导系统实施。因此凯越公司在综合分析了公司战略、业务及系统现状后，提出了系统实施计划。在实施计划中，不仅安排了实施的时间表，还给出了系统实施的大概预算及主要的产品供应商，同时提出系统实施需要注意的主要问题等，为以后几年的信息化建设提供了很好的参考依据。

思考题

如何构建企业的信息系统？在信息化过程中应注意哪些方面？

课程思政　培养民族自豪感

　宁夏不动产统一登记信息系统正式上线运行

宁夏正式启动不动产新旧登记系统切换，新的不动产统一登记信息系统在宁夏石嘴山上线运行。

宁夏自然资源厅自然资源确权登记局局长岳永军说，为提高不动产登记便民利企服务能力，我们从去年开始谋划，开发建设了新的宁夏不动产统一登记信息系统。新系统的启用不仅为便民利民、提高办事效率提供有力保障，也使各部门之间实现数据共享。

新系统按照"一中心、一平台、一窗办、数据通、全监管"的思路，采用"省级大集中"模式，建设全区不动产登记数据库，集成全区5个市22个区县的不动产登记数据。

据了解，该系统可实现数据全面共享，即利用自治区政务大数据服务平台，通过对接的方式实现与公安、市场监管、民政等部门共享数据，强化"互联网＋不动产登记"功能，可以满足企业及群众线上"一网通办"不动产登记。此外，该系统还开发了"事中防范、事后监管、综合分析"全过程不动产登记监管分析功能，实现对不动产的登记过程和登记结果全方位监管。

（来源：新华社，2021-03-06）

8.1　ERP 系统

ERP(enterprise resource planning)是企业资源计划的缩写，通常被认为是一种管理模式，或是为了提高企业对用户需求的有效响应而采取的措施。企业资源计划是指建立在信息技术基础上，以系统化的管理思想，为企业决策层及员工提供决策运行手段的管理平台。

ERP 产品是由套装软件、数据库、应用程序和一系列支持业务运作的流程组成的单一的、一致性的信息系统。这种系统可以将来自财务、人力资源、销售、运营等部门的业务流程数据整合在一个系统中,之所以被称为 ERP,是因为其试图将一个企业的所有资源整合于一个信息系统中。

8.1.1　ERP 的概念及发展演变

企业资源计划这一观念最初是由美国的 Gartner Group 公司(加特纳集团公司)在 20 世纪 90 年代初期总结了当时企业应用的系统现状和经验提出的,并在其信息技术术语词典中就其功能标准给出了界定。作为企业管理思想,它是一种新型的管理模式。作为一种管理工具,它同时又是一套先进的计算机管理系统。为此,在不到 10 年的短暂时间内,它很快就被人们认同和接受,并为许许多多的企业带来了丰厚的收益。

1.ERP 的概念与功能

Gartner Group 公司是通过一系列的功能标准来对 ERP 进行界定的,包括如下 4 个方面。

(1)超越 MRP Ⅱ 范围的集成功能:包括质量管理、实验室管理、流程作业管理、配方管理、产品数据管理、维护管理、管制报告和仓库管理。

(2)支持混合方式的制造环境:包括既可支持离散型生产方式,又可支持流程的制造环境;按照面向对象的业务模型组合业务过程的能力和国际范围内的应用。

(3)支持能动的监控能力,提高业务绩效:包括在整个企业内采用控制和工程方法、模拟功能、决策支持和用于生产及分析的图形能力。

(4)支持开放的客户机服务器计算环境:包括客户机/服务器体系结构,图形用户界面(GUI),计算机辅助系统工程(CASE),面向对象技术,使用 SQL 对关系数据库查询,内部集成的工程系统、商业系统、数据采集和外部集成(EDI)。

从以上对 ERP 功能标准的描述可以看出,ERP 是对 MRP Ⅱ 的超越,从本质上看,ERP 仍然是以 MRP Ⅱ 为核心,但在功能和技术上却超越了传统的 MRP Ⅱ,它是以顾客驱动、基于时间、面向整个供应链管理的企业资源计划。

2.ERP 系统的管理思想

ERP 的核心管理思想就是实现对整个供应链的有效管理,主要体现在以下几个方面。

(1)ERP 系统实现了对整个企业供应链的管理,适应了企业在知识经济时代市场竞争的需要。这是因为 ERP 系统管理将采购计划、物料需求计划、生产计划、质量管理、销售执行计划、利润计划、财务预算、人力资源计划等计划和控制功能完整地集成到供应链系统中,使计划和控制的范围从制造延伸到整个企业。把客户需求和企业内部的制造活动以及供应商的制造资源整合在一起,体现了完全按用户需求制造的思想,从而比 MRP Ⅱ 大大地前进了一步。

(2)ERP 系统支持从离散型到流程型等混合型生产方式的管理,体现柔性制造、精益制造、准时生产方式等以用户为上帝,以人为中心,以精简生产过程为手段,以最快的速度和适宜的价格提供零缺陷的产品为最终目标,以高质量的适销新产品去抢占市场,当市场发生变化时,能灵活适应市场变化,使多品种、小批量生产取得类似大量流水生产的效果,从经济性和适应性两个方面来保持公司整体利润的不断提高的管理思想和管理方法。

(3)体现事先计划与事中控制的思想。由于 ERP 系统将对整个供应链的业务流程处理与财务核算和管理等的资金流进行集成,保证资金流与物流的同步记录和数据的一致性,从而可以根据财务资金现状,追溯资金的来龙去脉,并进一步追溯所发生的相关业务活动,改变了资金信息滞后于物料信息的状况,充分体现了事前计划、事中控制和实时做出决策的控制思想。在管理技术上,ERP 在对整个供应链的管理过程中更加强调和加强了对资金流和信息流的控制,这就将对供应链的管理上升到对价值链的控制。

3. 信息技术在企业管理学上的应用

(1)MIS 阶段 (management information system)。

企业的信息管理系统主要用于记录大量原始数据、支持查询、汇总等方面的工作。

(2)MRP 阶段 (material require planning)。

企业的信息管理系统对产品构成进行管理,借助计算机的运算能力及系统对客户订单、在库物料、产品构成的管理能力,实现依据客户订单,按照产品结构清单展开并计算物料需求计划,实现减少库存、优化库存的管理目标。MRP Ⅱ 阶段 (manufacture resource planning) 在 MRP 管理系统的基础上,增加了对企业生产中心、加工工时、生产能力等方面的管理,以实现计算机进行生产排程的功能,同时也将财务的功能囊括进来,在企业中形成以计算机为核心的闭环管理系统,这种管理系统已能动态监察到产、供、销的全部过程。

(3)ERP 阶段 (enterprise resource planning)。

进入 ERP 阶段后,以计算机为核心的企业级的管理系统更为成熟,系统增加了包括财务预测、生产能力调整、资源调度等方面的功能,配合企业实现 JIT 管理、全面质量管理和生产资源调度管理及辅助决策的功能,成为企业进行生产管理及决策的平台工具。

(4)电子商务时代的 ERP。

Internet 技术的成熟为企业信息管理系统增加了与客户或供应商实现信息共享和直接的数据交换的能力,从而强化了企业间的联系,形成共同发展的生存链,体现企业为达到生存目标而竞争的供应链管理思想。ERP 系统相应实现这方面的功能,使决策者及业务部门实现跨企业的联合作战。

8.1.2 ERP 系统模块

1. 财务管理

财务管理主要实现财务现代化,表现为多币种管理、多账套管理、财务业务对接、财务功能全面、做账一步到位、财务报表丰富。ERP 的财务管理模块功能主要有总账管理、凭证管理、现金管理、收款管理、付款管理、销售退款、采购退款、工资管理、费用管理、预算管理、财务账表、财务报表等。

2. 生产管理

生产管理主要实现生产精细化,表现为生产计划精准、数据实时汇总、排程自动高效、流程无缝衔接、进度实时追踪、过程尽在掌控。ERP 的生产管理模块功能主要有生产看板、生产计划、物料分析、排产分析、生产订单、生产派工、委外加工、生产质检、工艺流程、物料清单、计件工资、成本分析等。

3. 销售管理

销售管理模块主要实现销售自动化,表现为销售价格控制、销售流程控制、团队协作打单、销售效率提升。销售管理模块主要功能有商机管理、销售计划、客户管理、项目管理、洽谈进展、报价管理、合同管理、销售退货、售后管理、产品管理、团队管理、对手分析等。

4. 库存管理

库存管理模块主要实现库存实时化,表现为采购过程可视、库存实时掌控、数据同步更新、安全库存预警、配货发货高效、精准统计分析。库存管理模块的主要功能有供应商管理、询价预购、采购管理、来料质检、采购退货、库存查看、入库出库、调拨盘点、借贷还贷、组装拆装、产品养护、发货管理等。

5. 人力资源管理

以往的 ERP 系统基本是以生产制造及销售过程为中心,随着企业人力资源的发展,人力资源管理成为独立的模块,被加入 ERP 系统中,和财务、生产系统组成了高效、高度集成的企业资源系统。

人力资源管理模块主要实现人资智能化,表现为招聘流程自动、绩效考核透明、培训全程协同、薪酬福利全面、工资核算精准、人事管控一体。ERP 的人力资源管理模块主要功能有招聘管理、面试管理、培训管理、考试管理、考勤管理、绩效考核、工资管理、档案管理、合同查询、公司信息、人事调动、人事制度等。

6. 办公管理

办公管理模块主要实现办公自动化,表现为多端互联互通、信息全面协同、全员实时互动、沟通快捷高效、协作畅通无阻、效率快速提升。办公管理模块主要功能有常用工具、通讯录、备忘录、公司公告、工作互动、日程管理、文档管理、办公用品、车辆管理、图书管理、会议室管理、固定资产管理等。

ERP 系统将企业实际管理需求与先进信息技术完美结合,打造企业全程一体化管理体系,打破各部门、各区域、各系统之间沟通和协作的壁垒,建立规范、敏捷、高效的业务流程,实现销售、客户、项目、生产、库存、采购、人资、财务、办公等所有环节全程无缝管理,确保了数据信息在传递过程中的准确性、时效性和有效性,帮助企业快速反应、紧密协作、良好运营,更快推进业务发展,全面提升核心竞争力。

8.2 CRM 系统

客户关系管理 (customer relationship management, CRM) 既不是一个简单的概念, 也不单纯是一个软件产品, 它是互联网时代企业不可缺少的经营战略。客户关系管理始终强调以客户为中心, 是一种顾客驱动的模式, 是通过先进的计算机应用技术同优化的管理方法相结合, 建立、收集、使用和分析客户信息的系统。

企业在激烈的市场竞争中要立于不败之地, 就必须时刻关注市场的需求, 也就是企业客户的需求。企业为了保有市场就要建立与客户的信息交流渠道, 掌握客户的购买愿望、感受和行为。要通过发现潜在的客户群体, 分析哪些是能为企业带来最大效益的客户, 要研究如何保持客户的忠实程度以争夺市场和开拓市场。近年来, 客户关系管理之所以备受关注、发展迅速, 正是因为在经济全球一体化和买方市场的激烈竞争环境下企业生存和发展的需要。而高度发展的现代信息技术为企业的这种需求提供了强大的技术支持, 使这种需求得以实现。客户关系管理的内容十分丰富, 是一个庞大的系统, 它可以独立于 ERP, 也可以是 ERP 集成系统向客户延伸的前端。

8.2.1 CRM 产生的因素

1. 客户关系管理的背景

市场竞争要求企业建立全新的客户关系管理系统。市场的需求信息、客户资料信息、企业内部产品信息和市场营销人员的信息都在急速地改变与扩张, 这就会经常遇到以下一些问题:

如何整合与分析分散在企业各个部门、各级分销机构的客户信息?

经常出差在外的销售人员如何及时了解本公司的动态产品信息和动态客户资源信息, 并采取怎样的策略?

如此众多的客户信息, 营销人员怎样管理? 如何知道?

如何及时统计分析客户对公司产品的评价信息? 如何了解他们对公司信息网站的访问情况?

如何提供及时、方便的产品安装、服务信息, 避免客户重复访问和请求?

怎样让客户及时了解公司对他们的信息响应情况?

怎样让有关管理者及时管理营销人员的销售动态, 对各项潜在的、正在进行的、已经完成的业务进行有效的管理?

2. 客户关系管理系统产生的因素

市场推动: 当今市场已经由以产品为中心转变为以客户为中心, 由在客户身上获利转变为客企联盟, 实现双赢。CRM 是一种旨在健全、改善企业与客户之间关系的新型管理系统, 指的是企业利用信息技术,通过有意义的交流来了解并影响客户的行为,以提高客户招揽率、客户保持率、客户忠诚度和客户收益率。

技术发展:实施CRM的重要前提是技术的发展,CTI(计算机语音集成)→呼叫中心、Internet(互联网络)、DW(数据仓库)→面向客户的数据结构、DM(数据挖掘)等技术是实施CRM的重要基础。

管理需求:任何一个企业的市场和营销人员都非常清楚客户关系的重要性,都会特别关注"老主顾"(关键客户),都知道"童叟无欺"(企业信誉)、"和气生财"(热情服务)、"产品三包"(善待投诉)才能长久地保持更多的"回头客"(客户忠诚度)。但是在传统的管理方式下,掌握在企业市场和营销人员手中和企业各个业务部门的客户资料难以积累,更谈不上系统分析和有效使用。而一旦企业关键的市场或营销人员离职,他们掌握的客户资料都将随之而去。随着现代计算机技术和信息技术的发展,人们已经越来越重视这一问题并研究它的解决办法。

人们通常将CRM描述为:CRM是一种旨在改善企业与客户之间关系的新型管理机制,它实施于企业的市场营销、销售、服务与技术支持等与客户相关的领域。CRM是通过分析客户、了解客户、发展关系网络、传递客户价值、管理客户关系以及起辅助作用的各种活动的集合,达到与目标客户建立一种长期的、互惠互利的关系并以此确立自己的竞争优势的最终目的。CRM的目标是:一方面通过提供更快速和周到的优质服务吸引和保持更多的客户,另一方面通过对业务流程的全面管理来降低企业的成本。CRM既是一种概念,也是一套管理软件和技术,利用CRM系统,企业能搜集、跟踪和分析每一个客户的信息,从而知道什么样的客户需要什么东西,同时还能观察和分析客户行为对企业收益的影响,使企业与客户的关系及企业利润得到最优化。

8.2.2 CRM的基本活动

CRM的基本活动可分为5个阶段,即客户组合分析、深入了解目标客户、关系网络的发展、创造和传递客户价值以及管理客户关系。

第一阶段客户组合分析。对企业来说,不是所有的客户都具有相同的潜在价值,毫无疑问,投资应集中于最具潜在盈利性的客户。CRM策略获得成功的前提条件是能够区分企业的客户,因此首先必须进行客户分析,通过对客户数据库的分析,进行客户识别和目标客户定位。同时,由于CRM的策略强调客户维系,因此对现有客户情况的分析是重点,而常用的方法是客户组合分析法,这种分析方法是按客户在客户关系中的历史价值和潜在的价值对客户进行分类并对不同类型的客户采用不同的策略。

第二阶段深入了解目标客户,则是通过运用数据库分析技术,了解所选择的目标客户。其目的是寻求以下问题的答案,即谁是客户,谁是带来最大利润的客户;正在赢得或失去的是什么客户,这种客户的变动对企业的赢利有什么影响;客户的构成如何,怎样才能更加优化;核心客户在哪里,如何针对他们,从而提升所有客户的整体价值。在已有的客户数据库的基础上,进一步运用各种统计技术对客户数据进行分析,以确定客户行为。目前信息技术高度发达,如数据挖掘技术就包含了各类统计分析工具,只需具备一定的统计知识,借助强大的数据挖掘技术就能轻松完成复杂的数据分析工作。而对于企业,关键在于理解和运用分析出来的结果,以作为相关的决策信息。

第三阶段关系网络的发展。当今的竞争已经超越了企业与企业之间的竞争,已成为关系网络与关系网络之间的竞争,因此建立一个强有力的关系网络显得尤为重要。所谓关系网络,包括客户、供应商、分销商、投资者、企业员工以及其他的合作伙伴。CRM 的管理范畴,其实已经超出了对客户关系的管理。要成功地实施 CRM 战略,必须考虑与关系网络中其他成员的合作,合作能够带来很多益处,如共同分担成本,加快新技术的吸收,客户信息共享带来市场的扩展,新产品的共同开发所带来的风险和成本的降低,增加的客户让渡价值使得客户满意度提高,等等。

第四阶段创造和传递客户价值,即在关系网络的合作中,为客户提供更多的价值。所谓客户价值,是指客户在购买和消费过程中所得到的全部利益。在产品差异非常细微的今天,人、流程和服务已成为构成客户价值的主要因素。创造价值的关键在于理解客户的需要,一切从客户的切身利益出发。CRM 以客户为中心的管理模式充分反映了营销的 "4C",即首先理解客户的需求 (customer's needs and wants),估计满足客户需求的成本 (cost and value to satisfy consumer's needs and wants),尽可能为客户提供购买和使用便利 (convenience to buy and use),同时传递产品及企业的信息,与客户进行良好的沟通 (communication with consumer)。前两个 "C" 可视作企业创造客户价值的过程,而后两个 "C" 则可看作是体现企业传递客户价值的活动。强大的信息技术,如 OLAP 和数据挖掘技术,可以更好地帮助企业了解客户需求和期望值。随着客户需求的日益多样化和个性化,满足目标客户需求意味着客户化定制 (customized offer / marketing),即在产品、服务、流程、人、分销、价格和沟通等诸多方面满足客户特殊的需求。

最后一个阶段,即管理客户关系,重点则是在组织结构的变化和企业流程的改进。为了与目标客户建立长期互惠互利的关系,赢得他们的忠诚度,企业必须适当地调整组织结构和相关流程。传统的金字塔形、层次繁多的组织结构已经不适应以客户需求为导向的要求,取而代之的必然是组织结构的扁平化以及前台部门员工的适度授权;以往前台各部门业务分离、信息不共享的局面面临着变革,取而代之的必然是集成化的、精简的和客户导向的业务流程和共享数据库;建立客户忠诚计划,依此严格执行并加以监控;除了保留客户满意度和销售量等传统的绩效评估手段外,另外引入客户维系成本、客户维系率以及争取新客户的成本等新的绩效评估手段也是十分必要的,当然还包括对关系网络成员表现的有关评估手段。

CRM 系统要想真正发挥作用还需要必要的支持活动。这些支持活动包括:

建立与 CRM 相适应的企业文化,以及必要的员工培训、员工的合理薪酬与奖惩制度,以吸引企业员工建立共同的目标和价值观,建立员工对企业的忠诚,增强企业对员工的凝聚力,激励员工积极地为实现企业目标而努力。

信息技术是 CRM 系统的重要工具,因此 CRM 必须有完善的信息技术的支持。单独存在的 CRM 软件无法满足客户的需求,CRM 软件最终必须和 ERP 软件综合才能发挥最大的效果。这是因为前端的销售、市场和服务的信息等如果不能及时传达到后台的财务、生产、采购等部门,企业就难以有效地运转。CRM 与 ERP 的集成还可确保企业实现跨系统的商业智能。

8.2.3　CRM 系统模块

1. 客户管理

客户管理模块主要实现客户集成化和客户一体化,客户集成化主要表现为集成微信管理、客户集中管控、集成呼叫中心、合同全面管理、售后自动协同、精准营销互动;客户一体化主要表现为多店铺客户对接、多电商会员对接、多平台客户对接、多系统客户对接、多终端客户对接、多组织客户对接。客户管理模块的主要功能有客户策略、客户添加、客户池管理、客户领用、客户分配、客户共享、客户挖掘、洽谈进展、信用管理、团队管理、联系人管理、历史信息查询等。

2. 呼叫中心

呼叫中心模块主要功能有来电弹屏、在线呼出、通话录音、通话记录、联系人关联、商机追踪、黑名单、来电存档、来电列表、来电查询、客户电话加密、统计分析等。

3. 合同管理

合同管理主要实现合同规范化,表现为合同集成管理、合同价格策略、合同流程控制、合同收款控制、合同利润核算、合同业务协同。合同管理模块主要功能有合同添加、合同复制、合同审批、合同提醒、合同跟进、合同收款、合同开票、合同更新、合同终止、合同检索、合同归档、合同统计。

4. 售后管理

售后管理主要实现售后可视化,表现为售后集成管控、售后服务全面、回访自动触发、售后流程控制、售后自动流转、维修过程可视。售后管理模块主要功能有客户档案、售后流程、售后添加、待处理售后、售后跟进、客户关怀、客户回访、客户投诉、客户建议、售后查询、售后知识库、售后统计等。

5. 产品管理

产品管理模块主要功能有产品品类、产品编号、产品序列号、产品单位、录入策略、产品添加、价格策略、产品列表、产品检索、导入导出、产品日志、产品导航设置等。

CRM 系统,以客户为中心,以信息技术为手段,为企业建立了一整套与客户相关的营销、销售、服务以及技术支持信息的数据库,帮助企业实时掌控和跟进商机信息,持续优化营销模式、销售流程、协作策略、服务支持和呼叫中心等,对客户数据进行深度挖掘分析,发现价值客户、潜在市场、需求特征以及行为模式,为不同客户提供定制化产品或服务,通过高效互动维护和强化客户忠诚度,快速提升服务与支持响应速度,实现市场营销、销售流程、客户服务等活动的全程自动化管理。

8.3　SCM 系统

供应链管理(supply chain management,简称 SCM)是基于全球经济一体化和信息社会高科技迅速发展、市场竞争日益激烈、客户需求不断变化而产生的一种管理思想和企业经营与运作模式。

企业资源计划侧重于对企业内部所有资源的整合、优化与应用管理,随着市场竞争的不断激化、全球经济的一体化、光凭一个企业本身内部的资源难以适应市场的发展,企业由"纵向一体化"经营管理模式转向"横向一体化"的经营管理模式。

8.3.1　SCM 的管理思想

1. 供应链的概念

所谓供应链(supply chain)是一种业务流程模型,指产品在到达消费者手中之前所涉及的原材料供应商、生产商、批发商、零售商以及最终消费者组成的供需网络,它包括物料来源、产品生产、运输管理、仓库管理甚至需求管理,通过这些功能的集合把产品和服务提供给最终消费者。

由于供应链是一个网链结构,因此供应链具有以下特征:

(1)复杂性:因为供应链节点企业组成的层次不同,供应链往往是由多个、多类型甚至多国企业所组成,所以供应链结构模式比一般单个企业的结构模式更为复杂。

(2)动态性:因为企业战略和适应市场需求变化的需要,供应链中节点企业需要动态更新,使得供应链具有明显的动态性。

(3)面向用户的需求:供应链的形成、存在、重构,都是基于一定的市场需求。用户需求的拉动是供应链中信息流、物流和资金流运作的驱动源。

(4)交叉性:节点企业可以是多个供应链的成员,众多的供应链形成交叉结构,增加了协调管理的难度。

2. 供应链管理的概念

对供应链这一复杂系统,要想取得良好的绩效,必须找到有效的协调管理方法。供应链管理的思想就是在这种环境下提出的。

供应链管理是一种集成的管理思想和方法。它执行供应链中从供应商到最终用户的物流计划和控制等职能。供应链管理不是供应商管理的别称,而是一种新的管理策略。它把不同企业集成起来以提高整个供应链的效率,注重企业之间的合作。把供应链中各个企业作为一个不可分割的整体,使供应链上各企业分担采购、生产、分销和销售职能,成为一个协调发展的有机体。

供应链管理利用现代信息技术,通过改造和集成业务流程,与供应商以及客户建立协同的业务伙伴联盟,实施电子商务,简化了供应链或商务环节,缩短了工作时间,降低了管理成本,大大提高了企业的竞争力,使企业能在复杂的市场环境中立于不败之地。

3. 供应链管理的思想

多年来,企业出于管理和控制的目的,对为其提供原材料、半成品或零部件的其他企业一直采取投资自建、投资控股或兼并的"纵向一体化"的管理模式。推行"纵向一体化"的目的是增强核心企业对原材料供应、产品制造、分销和销售全过程的控制,使企业能在市场竞争中掌握主动,达到增加各个业务活动阶段利润的目的。在市场环境相对稳定的条件下,采用"纵向一体化"战略是有效的。但在全球经济一体化和信息社会高科技迅速发展、市场竞争日益激烈、客户需求不断变化的今天,"纵向一体化"战略已逐渐显示出无法快速敏捷地响应市场机遇的薄弱之处。在这种情况下,人们自然会将目光延伸到企业以外的其他地方,希望借助其他企业的资源达到快速响应市场需求的战略目的,于是出现了"横向一体化"的思维模式。供应链管理就是"横向一体化"管理思想的典型代表。供应链管理强调核心企业与最杰出的企业建立战略合作关系,委托这些企业完成一部分业务工作,自己则集中精力和各种资源,通过重新设计业务流程,做好本企业能创造特殊价值、比竞争对手更擅长的关键性业务工作。这样不仅可以大大提高本企业的竞争能力,而且可以使供应链上的其他企业受益。

供应链管理提出的时间不长,但它已受到人们的普遍关注。20世纪80年代中期以后,工业发达国家有近80%的企业放弃了"纵向一体化"的模式,转向全球制造和全球供应链管理这一新的经营模式。近年来,供应链管理的实践已扩展到了一种所有加盟企业的长期合作关系,超越了供应链管理初期的那种短期的、基于某些业务活动的经济关系,使供应链从一种作业性的管理工具上升为管理性的方法体系。

8.3.2 SCM系统模块

SCM系统基于协同供应链管理的思想,配合供应链中各实体的业务需求,使操作流程和信息系统紧密配合,做到各环节无缝链接,形成物流、信息流、单证流、商流和资金流"五流合一"的管理系统。SCM系统实施目标是实现整体供应链可视化、管理信息化、整体利益最大化和成本最小化,提高整体供应链系统管理水平。供应链围绕核心企业对信息流、物流、资金流的控制,从采购原材料开始,制成中间产品及最终产品,最后由销售网络将产品送到消费者手中,在此过程中将供应商、制造商、分销商、零售商直到最终用户连成一个整体。

(1)基础信息。基础信息模块主要功能有物料信息、供应商信息、作业类型、仓库信息管理、仓管员信息管理等。

(2)采购管理。采购管理模块主要功能有物料采购管理、采购订单管理、采购订单变更、采购退货管理等。

(3)供应商管理。供应商管理模块主要功能有供应商信息、供应商考核信息、供货比例设置、物料更新信息等。

(4)库存管理。库存管理模块主要功能有基础设置、期初数据、入库管理、出库管理、调拨管理、存量查询、账本查询、储蓄分析、库存盘点管理。可根据行业要求、企业管理的特点定义系统参数,构建所需的库存模块。

(5)财务管理。财务管理模块主要功能有供应商对账管理、费用预算、常用的财务统计报表、应付款管理以及发票管理等。

(6)报表管理。报表管理模块涵盖了供应商供货查询,以供应商所供的货物为维度,展示供应商的物料报价信息:订单数量、库存信息、采购订单执行查询、请购计划执行查询、库存台账查询、库存盘点综合查询、应付执行查询等。

(7)销售管理。销售管理模块主要功能有销售自动化、销售机会管理、销售预测、计划和目标制订、回款跟进管理、销售的统计查询和报表等。销售管理模块以订单为核心,对企业销售业务的执行过程进行跟踪和管理。

(8)市场管理。市场管理模块主要功能有市场活动管理、市场信息管理、竞争对手分析、市场渠道管理等。

(9)服务管理。服务管理模块主要功能有客户服务工作自动化、与呼叫中心集成、合作伙伴入口、客户服务知识库、客户反馈管理、一对一服务等。

(10)订单管理。订单管理模块主要功能有订单统计报表、订单处理流程控制、退货管理、报价管理、报价邀请、动态的报价过程等。

(11)质量管理。质量管理模块主要功能有质量控制的实现、采购产品的验收等。

(12)仓储物流管理。仓储物流管理模块主要功能有对产品进行存储管理、库存管理和物流管理等。

(13)合同管理。合同管理模块主要功能有合同档案管理、合同审批、会签流程。采购合同管理对企业物品、劳务等多种采购合同进行管理。SCM 系统不仅对根据采购订单签订的多种合同进行详尽的多层次管理,而且对签订合同的执行状态进行跟踪,为采购管理提供准确和详细的统计、分析信息,实现对合同履行的全程控制和管理。

知识梳理与总结

随着计算机技术、网络技术、信息技术、工业工程技术的迅速发展,管理信息系统也在不断发展和完善,其内容和作用在深度和广度上有了很大的拓展。近十几年来,管理信息系统与相关的科学技术相结合,发展了多种用于企业或组织的计划、生产、销售、财务、供应、管理、决策、办公等领域的应用系统,例如企业资源规划、供应链管理系统、客户关系管理系统、办公自动化系统等。

本章介绍了企业或组织的计划、生产、销售、财务、供应、管理、决策、办公等领域的应用系统。通过学习,应掌握企业管理信息系统最新发展中具有代表性的管理信息系统(ERP、CRM、SCM)的管理思想、管理模式和基本构架,对管理信息系统的应用有一个初步认识。

关键词汇

企业资源计划(enterprise resource planning, ERP)

客户关系管理(customer relationship management, CRM)

供应链管理(supply chain management, SCM)

技能训练

案例:SAP 助海尔信息系统建设

为了与国际接轨,建立起高效、迅速的现代物流系统,海尔采用了 SAP 公司的 ERP 系统和 BBP 系统(原材料网上采购系统),对企业进行流程改造。经过近两年的实施,海尔的现代物流管理系统不仅很好地提高了物流效率,而且将海尔的电子商务平台扩展到了包含客户和供应商在内的整个供应链管理,极大地推动了海尔电子商务的发展。

一、需求分析

海尔集团认为,现代企业运作的驱动力只有一个:订单。没有订单,现代企业就不可能运作。围绕订单而进行的采购、设计、制造、销售等一系列工作,最重要的一个流程就是物流。离开物流的支持,企业的采购与制造、销售等行为就会带有一定的盲目性和不可预知性。

建立高效、迅速的现代物流系统,才能建立企业最核心的竞争力。海尔需要这样的一套信息系统,使其能够在物流方面一只手抓住用户的需求,另一只手抓住可以满足用户需求的全球供应链。海尔实施信息化管理的目的主要有以下两个方面:

(1)现代物流区别于传统物流的主要特征是速度,而海尔物流信息化建设需要以订单信息流为中心,使供应链上的信息同步传递,能够实现以速度取胜。

(2)海尔物流需要以信息技术为基础,能够向客户提供竞争对手所不能给予的增值服务,使海尔顺利从企业物流向物流企业转变。

二、解决方案

海尔采用了 SAP 公司提供的 ERP 和 BBP 系统,组建自己的物流管理系统。

三、系统构成

海尔物流的 ERP 系统共包括五大模块:MM(物料管理)、PP(制造与计划)、SD(销售与订单管理)、FI/CO(财务管理与成本管理)。

ERP 实施后,打破了原有的"信息孤岛",使信息同步而集成,提高了信息的实时性与准确性,加快了对供应链的响应速度。如原来订单由客户下达传递到供应商需要 10 天以上的时间,而且准确率低,实施 ERP 后,订单不但 1 天内完成"客户—商流—工厂计划—仓库—采购—供应商"的过程,而且准确率极高。

另外,对于每笔收货,扫描系统能够自动检验采购订单,防止暗箱收货,而财务在收货的同时自动生成入库凭证,使财务人员从繁重的记账工作中解放出来,发挥出真正的财务管理与财务监督职能,而且效率与准确性大大提高。

四、经验总结

(1)海尔选择了 SAP/R3 成熟的 ERP 系统,而不是请软件公司根据海尔物流的现状进行开发,主要目的是借助于成熟的先进流程提升自己的管理水平。

(2) 实施"一把手"工程与全员参与,有效推进信息系统的执行。

海尔物流所有信息化的建设均是基于流程的优化,提高对客户的响应速度来进行的,所以应用面涉及海尔物流内部与外部很多部门,有时打破旧的管理办法,推行新流程的阻力非常巨大。海尔物流的信息化建设一直是部门一把手亲自抓的工作,亲自抓,亲自在现场发现问题,亲自推动,保证了信息化实施的效果。如在 ERP 上线初期,BOM 与数据不准确是困扰系统正常运转的瓶颈,它牵扯到企业的基础管理工作与长期工作习惯的改变,物流推进本部部长发现问题后,亲自推动,制定出有效的管理模式,不但提高了系统的执行率,而且规范并提升了企业的基础管理(BOM 的准确率、现场管理),保证了信息系统的作用的发挥。

(3) 培训工作同步进行,保证信息系统的实施效果。

由于信息化工作的不断推进,原有的手工管理变为计算机操作,这对物流的基层工作者如保管员、司机、年纪较大的采购员均是挑战。在实施 ERP 信息系统时,海尔物流开展了全员培训,并对相关操作人员进行了严格的技能考试,考试通过后才能获得上岗证书。物流信息中心也开通了内部培训的网站,详细介绍系统的基础知识、业务操作指导书以及对操作的问题进行答疑,这些均保证了信息化使用的效果。

目前海尔已实现了即时采购、即时配送和即时分拨物流的同步流程。100% 的采购订单由网上下达,提高了劳动效率,以信息代替库存商品。

海尔的物流系统不仅实现了"零库存""零距离"和"零营运资本",而且整合了内部,协同了供货商,提高了企业效益和生产力,方便了使用者。

思考题 👤

1. 你认为信息化对企业意味着什么?

2. 海尔导入 SAP 软件的经验有哪些?

👤 **复习思考题** ......

1. 简述 ERP 系统的发展演变过程。

2. SCM 系统的功能模块有哪些?

第九章 企业数字化

 遵义烟草:引领烟草行业财务转型方向,
开启智慧财务建设新篇章

　　贵州省烟草公司遵义市公司(简称遵义烟草),主营卷烟批发及烟叶产销。遵义烟草下辖 14 个县级分公司、6 个业务中心、11 个职能部门、160 余个烟叶站(线),年销售卷烟 25 万箱以上,年收购烟叶 100 万担左右,年营业收入超过 100 亿元,员工 3400 余人,其中财务人员 117 人。

　　遵义烟草于 2017 年 8 月启动财务共享服务中心项目建设,并于 2018 年 1 月上线试点运行,5月份在所有分公司进行推广应用,从试点到全面推广应用的整个过程中,不断优化、调整和夯实管理基础,不断创新变革管理手段和管理工具,最终成功上线运营了烟草行业第一家财务共享中心,为烟草行业的财务转型探索了一条可行的实践路径,并引领了烟草行业数字化财务转型的方向,树立了行业财务管理工作的典范。

　　一、项目背景

　　近年来,遵义烟草财务工作取得了显著的成效,管理效益、管理水平逐年提升,并在贵州烟草行业取得了较为瞩目的成绩。随着行业降本增效、创新创效、数字化烟草等新形势下的发展要求,加之外部市场环境的不断变化、新技术日新月异的应用,对财务管理工作和管理水平提出了更高的要求。

　　结合行业制定的发展蓝图和数字烟草的发展目标,在烟草行业"分级授权、集中管理"的财务体制下,为探索解决"资金分级分散、账户分级分散、核算分级分散、信息分级分散"和财务人员老龄化、财务会计工作"标准化、规模化、一体化和信息化"等问题,遵义烟草迫切需要探索一条适合于财务变革及转型的可行道路。

二、建设路径

秉承"建设前卫、长期受益，创新创效、成本效益，用好平台、建好系统，科学规划、整合资源，全面推进、速度质量"的建设原则，遵义烟草构建了面向全行业可复制、可推广、可升级的"1341"财务共享服务体系架构。

搭建一个财务共享中心。整合全市烟草行业财务人员，在市公司设置财务共享服务中心，与财务科合署办公，下设运营管理组、数据管理组、业务稽核组三个组：运营管理组负责共享中心业务流程梳理、财务档案管理；数据管理组负责全面预算、资金运营、标准成本、资产管理、风险控制、模拟法人考核、数据信息支撑等；业务稽核组负责会计核算稽核、资金支付稽核。同时，为实现共享财务管理体系"纵到底、横到边"覆盖公司所有业务、所有环节，保留县级分公司财务股，负责辖区内预算、资金、成本、资产等业务。

筑牢三个基础系统。第一个是全面预算在线审批系统。全面完善"用友全面预算管理系统"，依托凭证扫描影像系统和移动审批功能模块，以预算为依据，实现在线报销审核、数据异地存储、凭证在线打印等集中统一管理。第二个是资金集中结算系统。通过银企直联，将全市烟草商业分散银行账户收支的资金，集中到市公司一个账户下收支，在县分公司分单位设立子账户，由多组会计、出纳分别操作，实现了资金"零余额、零在途、零占用""外部账户内部化、实体账户虚拟化、报账支付非现金化、资金管理集约化"的"三零、四化"目标。第三个是会计核算实时处理系统。深化用友会计核算系统应用，统一数据接口，进行系统融合和应用集成。在用友NC中统一配置人员权限、职能分配、标准制定、流程设计等，在Web报销系统实时报销和处理凭证，实现会计核算实时处理。

重构四大关键要素。一是扁平化建组织：首先，明晰各级管理职责。市公司主要负责资源配置、考核管理、重大事项的风险防控，县级分公司主要负责业务财务、收集审核单据和县级预算、资产管理、投入成本等，基层站点不再直接参与财务管理工作。其次，减少财务管理层级，会计核算由市县两级核算合并为市级集中核算，资金收支管理由多账户、多层级转变为市公司统一账户集中收支。二是功能化定人员，共享中心实现了承继传统功能、新增数据功能、扩展自建功能三大功能：承继传统功能，即由共享中心向员工、客户提供标准化、自动化、职能化、一体化的结算服务和核算服务；新增数据功能，即向企业决策层、管理层、执行层和客户等提供所需财务和业务数据支持，实现"业务财务融合"；扩展自建功能，即财务管理不再是单一的会计核算，扩展到内部制度标准、流程规范、技术平台、人才培养队伍建设等四个方面。三是流程化布线路，统一制定共享中心会计核算业务8大流程、72个子流程，实现核算自动化，提高核算质量：统一制定了全市烟草公司资金计划编制、调整、收入和支付等资金收付业务4大流程、20个子流程，强化资金监管，确保资金支付规范。统一建立共享中心资金支付、审核标准、集中审核等业务稽核流程，通过任务池来分配工作，不分业务条线，设置审核人员负责制，提高审核工作效率。四是标准化定规矩：统一预算、核算、结算"三算"标准，细化、完善、统一了全市烟草公司"预算业务事项、资金收支项目、附件扫描要素、会计核算规则、资金支付流程"等事项，建立健全了"会计核算标准、资金管理标准、财务报账稽核标准、附件扫描标准、全面预算管理标准"等5个标准。统一生产投入、出差、会议、接待及餐厅费用报销各类财务报账表单近 20 张,在现有的各类报销单中增加数量标准、金额标准,从源头保证了数据录入的完整性、精准性。制定财务共享服务中心《质量管理办法》《服务管理办法》《员工信用管理办法》等 7 个工作标准,实现财务管理制度化、标准化、规范化。

创建一个财务共享平台。遵循"账款分离"原则,对接业务财务系统,打破系统间壁垒,创建智能财务共享平台。集成资产管理、预算报销、发票管理、物资管理、智能管控和系统管理功能,建立一个自动化引擎,运用系统融合、电子影像、电子档案、OCR(光学字符识别)扫描、数据穿透、二维码扫描六项技术,深化综合任务池、任务看板、员工信用、共享中心绩效四项管理,解决了多系统操作、企业"信息孤岛"等问题,实现了智能税务、智能推送、智能分析、智能管控、智能预警、智能预测六项智能管控。

三、建设成效

遵义烟草财务共享服务中心的成功搭建,自 2018 年 5 月正式上线运行,项目已取得初步成效。财务工作效率大幅提升。通过基础财务核算共享作业和核算自动化实时生成会计凭证,遵义烟草核算人员从 80 人减至 10 人,人均日凭证处理量从 2.52 份提高到 20 份以上,会计核算效率提升 8 倍;收入流程由 6 个节点减至 2 个,时间从平均 16 天转变为 1 天;支出流程由 17 个节点减至 5 个,时间从平均 3 天转变为 1 天,收支结算实现高效率;财务预算、结算以及核算时间大大缩短,线上线下会计流程进度大大加快;数据挖掘分析由共享系统自动完成,实现过程分析、决策指标自动计算,实时生成各类报表、推送各类数据等,为业务部门决策提供高效财务数据支撑。

降本增效,实现财务管理价值。依托财务共享平台和资金管控平台,2017 年遵义烟草资金营运成本约 400 万元,同比增加利息收入约 1500 万元。年均降低会计核算成本约 1900 万元,每张凭证核算成本从 406 元降至 51 元,降低了 87%。

财务转型升级成效明显。依托财务共享服务中心,形成专业化分工、标准化作业、自动化处理的会计工厂模式,建立数据收集、加工、整理及分析中心,实现共享财务基础管理。财务管理服务方式由"对上对外"转变为"对内对下",从"管理需求"转变为"服务供给",战略上移到市公司、重心下移到基层,实现基层有分管、站点有覆盖,使财务人员和烟叶生产、专卖、卷烟营销等部门职工的专业相互融合,实现财务业务深度协作,从而将财务职能转型为清晰的共享财务、业务财务、战略财务一体化的财务职能体系。

(案例选自用友网络科技股份有限公司编著的《企业数字化:目标、路径与实践》)

思考题 👤

遵义烟草为什么要进行数字化转型?转型效果如何?

了解国家政策,增强使命感

《国务院关于支持贵州在新时代西部大开发上闯新路的意见》(选读)

国发〔2022〕2号文件《国务院关于支持贵州在新时代西部大开发上闯新路》提出的战略定位之一即数字经济发展创新区。要深入实施数字经济战略,强化科技创新支撑,激活数据要素潜能,推动数字经济与实体经济融合发展,为产业转型升级和数字中国建设探索经验。

2020年新冠肺炎疫情暴发,给生产生活运转带来一定影响。不管是居家远程办公,还是运用AI技术建模指挥工厂运行,企业数字化转型在助力疫情防控、维持生产生活运行方面发挥了重要作用。

文件指出,要加快构建以数字经济为引领的现代产业体系。

(一)提升科技创新能力。支持贵州参与国家重点实验室体系重组,在数字技术、空天科技、节能降碳、绿色农药等优势前沿领域培育建设国家级重大创新平台。进一步完善"中国天眼"(FAST)数据资源整合能力,国家科技计划对FAST核心科学目标给予支持。加强南方喀斯特地区绿色发展与生态服务整体提升技术研究与示范。实施"科技入黔",加强公共大数据、智能采掘、非常规油气勘探开发、新能源动力电池等领域关键核心技术攻关。支持贵州培育壮大战略性新兴产业,加快新能源动力电池及材料研发生产基地建设,有序发展轻量化材料、电机电控、充换电设备等新能源汽车配套产业,支持以装备制造及维修服务为重点的航空航天产业发展。强化企业创新主体地位,培育一批"专精特新"企业。支持贵州符合条件的省级高新技术产业开发区升级为国家级高新技术产业开发区。积极吸引数字经济、清洁能源、高端制造、山地农业等行业领军人才,探索多元化柔性引才机制。

(二)实施数字产业强链行动。推进国家大数据综合试验区和贵阳大数据科创城建设,培育壮大人工智能、大数据、区块链、云计算等新兴数字产业。加快推进"东数西算"工程,布局建设主数据中心和备份数据中心,建设全国一体化算力网络国家枢纽节点,打造面向全国的算力保障基地。支持贵阳大数据交易所建设,促进数据要素流通。建设国家大数据安全靶场,开展数据跨境传输安全管理试点。推动在矿产、轻工、新材料、航天航空等产业领域建设国家级、行业级工业互联网平台,促进产业数字化转型。适度超前布局新型基础设施,推动交通、能源等基础设施智能化改造升级。

(三)推进传统产业提质升级。落实新一轮找矿突破战略行动,支持贵州加大磷、铝、锰、金、萤石、重晶石等资源绿色勘探开发利用,加快磷化工精细化、有色冶金高端化发展,打造全国重要的资源精深加工基地。支持布局建设关键零部件、关键材料、关键设备等产业备份基地。发挥赤水河流域酱香型白酒原产地和主产区优势,建设全国重要的白酒生产基地。推进特色食品、中药材精深加工产业发展,支持将符合要求的贵州苗药等民族医药列入《中华人民共和国药典》。推动传统产业全方位、全链条数字化转型,引导传统业态积极开展线上线下、全渠道、定制化、精准化营销创新。

(四)促进文化产业和旅游产业繁荣发展。围绕推进长征国家文化公园建设,加强贵州红色文化资源保护传承弘扬,实施中国工农红军长征纪念馆等重大项目,打造一批红色旅游精品线路。做优做强黄果树、荔波樟江、赤水丹霞、百里杜鹃等高品质旅游景区，提升"山地公园省·多彩贵州风"旅游品牌影响力。支持培育创建国家级文化产业示范园区(基地)、国家文化产业和旅游产业融合发展示范区。积极发展民族、乡村特色文化产业和旅游产业，加强民族传统手工艺保护与传承，打造民族文化创意产品和旅游商品品牌。加快优秀文化和旅游资源的数字化转化和开发，推动景区、博物馆等发展线上数字化体验产品，培育一批具有广泛影响力的数字文化和旅游品牌。

《中国互联网发展报告2021》指出，2020年我国数字经济总量为39.2万亿元，跃居世界第二，占GDP比重为38.6%。固定宽带和手机流量平均资费水平相比2015年下降幅度超过95%，平均网络速率提升7倍以上。我国数字经济蓬勃发展，产业数字化和数字产业化规模不断扩大，数字经济的总量规模和增长速度位居世界前列。党的十九大报告指出，"推动互联网、大数据、人工智能和实体经济深度融合"，培育新增长点、形成新动能；加快科技创新，建设网络强国、数字中国、智慧社会。在此背景下，全国范围内的企业开始新一轮的探索，从业务操作、业务流程的信息化向业务和管理的数字化、智能化转变，通过提高自身数字化水平，实现创新发展和转型变革。

我国高度重视数据资源的集聚、开放和共享，相继出台《政务信息资源共享管理暂行办法》《政务信息系统整合共享实施方案》《关于推进公共信息资源开放的若干意见》等一系列政策文件推动数据资源体系建设。国家发展和改革委员会、中共中央网络安全和信息化委员会办公室于2019年联合推动建设国家数字经济创新发展试验区，尝试探索建立政府数据高效安全流通和应用的政策制度、机制化流程，加快数据生产要素高效配置。2020年3月30日颁布的《关于构建更加完善的要素市场化配置体制机制的意见》指出，要加快培育数据要素市场，促进重点领域政府数据开放和数据资源有效流动，扩大农业、工业、交通等重点行业的政府数据开发利用场景。据《中国地方政府数据开放报告》统计，截至2020年10月底，中国已有142个省级、副省级和地级政府上线数据开放平台，与2019年下半年相比，新增了4个省级平台和36个地级(含副省级)平台，平台总数增长近4成。全国政府数据开放数据集总量增长到98558个，与2019年10月相比，增幅将近40%。

在中国特色社会主义快速发展的现阶段，数字化已然成为社会主义市场经济的一种新生产力，5G、互联网、物联网等现代数字信息技术的发展，催生了数字消费模式，形成庞大的数字消费市场，促使新时代经济发展显现出了数字化的特征。

9.1　企业数字化概述

其实，在"数字化"变为热点之前，基于业务流程再造与优化的"信息化"在企业中已开展多年，即通过信息化手段，把优化后的业务流程进行固化、自动化，并提供业务决策支持，比如传统的ERP、HCM、CRM、SRM在企业中的应用与实施都是如此。

9.1.1　企业数字化

1. 企业数字化的定义

企业数字化是指运行基于新一代数字与智能技术的各类云服务,通过网络协同、数据智能,连接资源、重组流程、赋能组织,处理交易,执行作业,融入数字经济,推进企业业务创新(研发、生产、营销、服务等)、管理变革、金融嵌入,从而转变生产经营与管理方式,实现更优品质、更强竞争优势、更高经营绩效、更可持续发展的进步过程。

2. 企业数字化与企业信息化的区别

近年来,数字化已经逐渐取代了信息化,但很多人对于数字化与传统信息化的概念边界认识模糊不清,甚至有时混为一谈。然而数字化并不等同于信息化,相比更加注重业务流程再造与优化的"信息化","数字化"对于驱动企业运营模式的转变则更加有力。在信息化时代,由于技术还不够成熟,对于某件商品、某个业务、某条客户信息等,只能靠人工去录入数据,再用计算机去处理这些数据信息以代替一部分人工,并逐渐把纸质化流程转换成电子化。而随着大数据、物联网、人工智能等技术的日益发展,并逐渐在各行各业大放异彩后,数字化可以实现将实体世界在计算机内全部按照数据的形式重建。具体而言,数字化与信息化的区别主要有以下几点:

(1)应用范围不同。数字化倾向于打破信息和数据孤岛,打通全流程数字化,实现跨部门的沟通协作;而信息化则主要是用于某个部门,缺乏全企业的整合与集成,主要是以提高工作效率为目的。

(2)数据应用深度不同。信息化形成的数据往往很多,但是都沉淀在系统里,对于数据的应用很少;但数字化对于数据的应用提出了高要求,数据链的全打通,让数据活跃起来,发挥真正的价值是高阶数字化的必修之路。

(3)连接的角度不同。信息化建设主要在于信息系统的建设,很多时候系统之间没有很好地连接,企业的各个单元的系统之间没有建立连接,企业与客户和消费者、供应商之间的连接更少,导致内外部运营效率低下;而数字化的发展使企业内部的采购、生产、销售、管理都实现数字化,与外部的资源和供应商等都能实现对接,数字化的发展改变了传统企业业务流程,优化了运营效率,并且在一定程度上还会重构商业模式。

(4)思维方式不同。信息化更多地体现一种管理思维,信息化系统的设计思路也更倾向于管理层,未考虑到客户需求;而数字化是要优化管理效率和运营效率,数字化转型的过程要高度体现各个节点的用户需求,同时借助数字化技术,提升企业运营效率。

9.1.2　企业数字化转型

1. 企业转型的定义

企业转型通常是指对企业短期或长期的经营方向、经营模式和组织结构等进行调整与转变。企业可通过转型,提高在市场上的竞争力,从而形成一种新的商业形态。企业转型可能会在原有的业务基础上实行多元化业务拓展,或者直接退出原有的业务,探索并加入新的业务形态。

企业转型有广义和狭义之分。从广义上来看,企业转型的含义较为笼统。企业转制、企业转轨、企业实施战略转换等企业变革行为都属于企业转型的范畴。从狭义上说,受内在和外在因素的影响,企业的资源、能力处于非优化状态,企业的竞争优势降低或出现了成长衰退的情况。此时,企业需要通过组织变革等方式提高自身在行业内的竞争力,或采取产业转移等战略,通过寻找新的增长点重新获得发展活力。前者是一种行业内的变革,后者是一种行业间的转移。其中,行业间的转移主要包括两种形式:一种是企业在保留原有业务的基础上实行多元化的策略;另一种是企业彻底退出原有的行业,完全进入新的行业。

2. 数字化转型的定义

2018 年 3 月 27 日,国务院发展研究中心与戴尔联合发布了《传统产业数字化转型的模式和路径》报告,对数字化转型进行了阐述,即利用新一代信息技术,构建数据采集、传输、存储、处理和反馈的闭环,打通不同层级与不同行业间的数据壁垒,提高行业整体运行效率,构建全新的数字经济体系。该论述虽然更多地强调了运行模式的转型,忽视了数字化转型所强调的"业务模式转型"这一核心,但在定义中反映出了数字化转型的阶段性目标,即提高行业整体运行效率,构建全新的数字经济体系。数字化体系框架结构如图 9-1 所示。

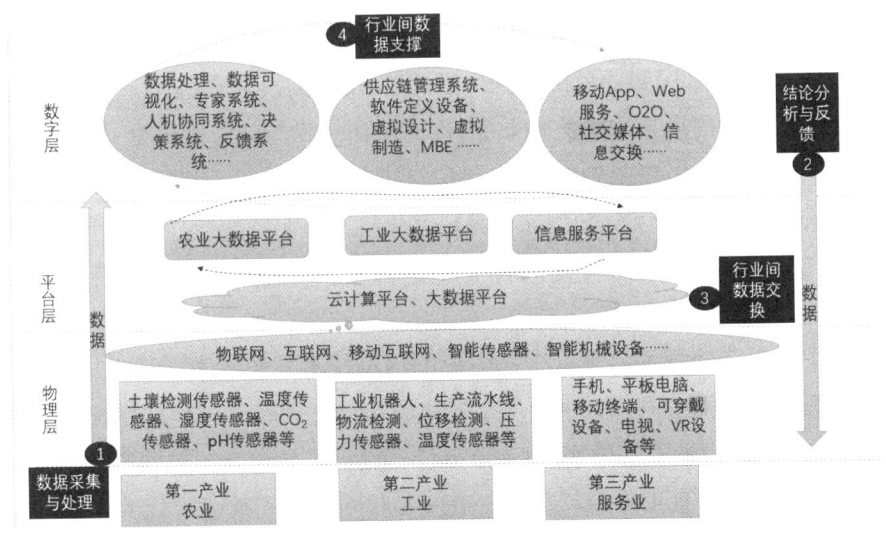

图 9-1　数字化体系框架结构

数字化转型的总体目标是:数据和信息技术像水、电、气一样成为企业、产业和经济社会发展的基础支撑和重要驱动,基于新一代信息技术形成由数据闭环和业务闭环相互映射的数字生态系统,驱动企业实现核心竞争力提升,产业和行业实现整体运行效率提高,经济社会实现更高质量、更有效率、更加公平、更可持续的发展。

从微观到宏观,数字化转型的目标可以从企业、产业、经济社会三个层面依次展开。三者是包含与被包含的关系:企业的数字化转型是产业和经济社会数字化转型的起点,产业数字化转型是企业数字化转型的结果和经济社会数字化转型的关键内容,经济社会数字化转型是企业和产业数字化转型共同作用的结果。企业、产业、经济社会数字化转型关系如图9-2所示。

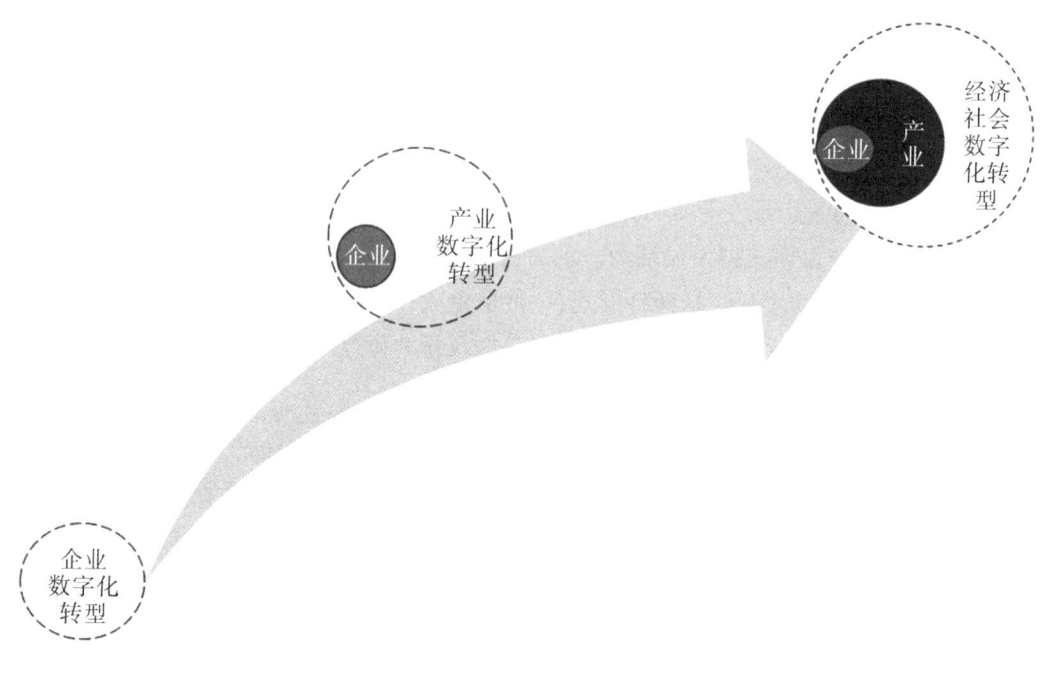

图9-2　企业、产业、经济社会数字化转型关系

数字化转型是一个动态持续、循序渐进的过程,企业、产业、经济社会三个层面转型目标的实现往往不是一步到位、一蹴而就的,需要经过多次反复的投资和迭代。

数字化转型是运用信息技术去优化业务,逐渐做到技术与业务的融合;同时,通过对业务或者管理等信息和数据的采集及处理,打破供应链中的信息孤岛,实现信息互通与共享,从而实现智能化的状态。此外,数字化转型除了将数字化技术与业务融合,实现业务流程优化和智能化,同时也存在于企业文化和企业组织转型方面。企业要获得全方位的数字化转型,还要在企业文化、企业组织等方面下功夫。

数字化转型包括3个方面:"转换",从传统的信息技术承载的数字转变成"新一代IT技术"的数字,实现技术应用的升级;"融合",从实体状态的过程转变成信息系统中的数字、从物理形态的数字转变成虚拟形态的数字,打通全方位、全过程、全领域的数据实时流动与共享,实现信息技术与业务管理的真正融合;"重构",适应互联网时代和智能时代的需要,在数字化实现精准运营的基础上,加快传统业态下的设计、研发、生产、运营、管理、商业等的变革与重构。

3.企业数字化转型

企业数字化转型是企业转型的一种特殊模式,是利用数字化技术进行的一种高层次的转型。通过建立数字化基础设施,利用或者开发数字化技术,建设数字平台,充分应用数据去触及公司的核心业务,让技术与业务融合,提高资源配置效率与能力,从而创造一种新的商业模式。也就是说,企业需要对其业务进行系统完全的重新定义,包括组织活动、组织流程、业务模式和员工能力等。企业在进行数字化转型的时候,不仅要关注企业内部的数字化技术的研发与应用,还要关注内部运作与外部连接,打破企业边界,关注以用户需求为中心的组织运营、服务与决策。

企业数字化转型的目标是:在数据和信息技术的推动下,企业业务模式和运行模式转型为数字业务模式和运行模式,驱动企业实现产品增值、流程再造、效率提高,提升企业核心竞争力,进而实现可持续发展。

企业数字化转型目标可以分解为两个层面:一是实现产品增值、收入增长,即以消费者为中心、借助新一代信息技术提升现有产品和服务的附加值,开拓数据密集和信息技术密集的新业务市场,发展新的竞争优势并产生新收益;二是提高运行效率,即采用数字技术优化流程,推动企业运行模式实现数字化、网络化、智能化、自动化,降低运营成本。

4. 企业数字化转型阶段

我国企业信息化与未来数字化、智能化的进程以历史与发展趋势为依据划分为以下四个阶段:

第一阶段为业务操作的电子化。电子化是指借助机械、电子设备的力量把人们从重复繁重的手工工作中解脱出来,从而提高业务效率。这是企业在进入网络化之前的准备阶段,也是实现信息化的必经之路。这一阶段主要表现为计算机在一些领域的单一应用,如财务的计算数字化、工业制造自动化以及计算机辅助设计(CAD)、计算机辅助制造(CAM)、管理信息系统(MIS)等初始的信息手段的应用。

第二阶段为经营流程的信息化。信息化是指企业依托自身在信息科技方面的优势,将企业的业务经营流程化。这一阶段不仅是企业数字化的关键举措,而且是网络化建设的引入阶段。具体表现为提高企业中计算机和互联网的利用率,设立电子邮件,鼓励企业依托网络信息技术进行企业生产、运营和管理。在这一阶段,企业通常会对整个业务流程进行梳理,建立现代企业制度,并引入一些现代化、信息化的模式,如供应链管理系统等。在此期间着重考虑的是整个企业的流程和效率。

第三阶段为运营管理数字化。这一阶段主要是依托数字信息技术整合企业的上下游资源,打破信息壁垒,充分协调好各个环节,从根本上避免"信息孤岛"的现象,从而使得整个业务流程全部连接起来,形成"链"式结构。通过现代信息数字科技与业务管理的结合以及充分依托业务信息化管理,企业能够从容应对市场的变化,并基于此对现阶段的服务不断进行完善,从而在市场竞争中脱颖而出。

第四阶段为战略决策的智慧化。在这一阶段,企业将已有知识与人工智能系统方面的先进思想融合起来,进行深度挖掘和数据分析,充分运用大数据技术掌控全局,不断完善并形成科学有效的全自动化管理模式,从而更好地进行战略决策。

5. 企业数字化转型模型

数字化转型不仅仅是技术应用,而且是企业管理与商业模式的重塑。数字化转型强调公司客户从记录型客户转变为参与型客户,能够提供更直接的数字化创新服务产品,以提高客户参与感、体验感,并实现新的价值创造。企业的数字化转型如果没有理论框架的指导,就很容易陷入简单的技术基础设施建设,从而出现大量的投入而利润转化率却不高的情况。因此,规划数字化转型路径是一个非常关键的环节,需要充分考虑企业本身的核心能力和资源,进而制定科学的路径。2019 年,中欧国际工商学院方跃教授在其《数字化领导力》中,引入了大量的实际案例,总结出了数字化"2+3+4"模型(见图 9-3),为企业进行数字化转型路线规划提供了参考,被誉为数字化时代的新地图。

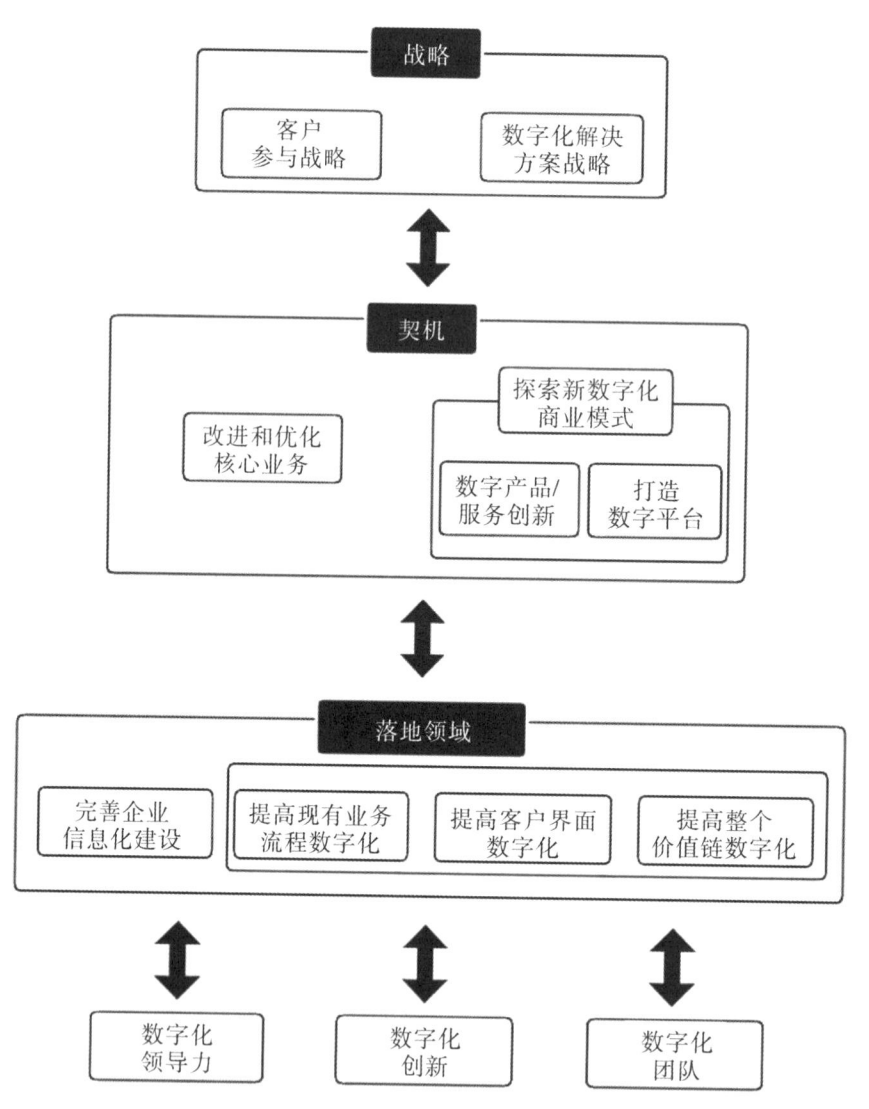

图 9-3　数字化"2+3+4"模型

从构成上来看,此模型可分为三部分,三个层次密切相关,双向互动。最底层的数字化落地领域是支撑企业数字化转型的基础,给转型企业沉淀大量丰富的数据;中间层是数字化给企业带来的发展契机;最底层和中间层又为最高层服务,同时最高层又会受到中间层变化的影响,指导最底层的实施。

6. 企业数字化转型模式

全世界范围内较为著名的一部分咨询公司也在数字化转型模式方面见解颇深。早在

2011 年，IBM 公司结合自身经验，提出企业应该从下述几个方面实行数字化转型：一是重塑客户体验，关注价值定位问题；二是转变经营模式，关注价值交付问题；三是，结合前面两个方向，同时对用户的体验、价值及企业组织的交互运营模式进行转型。2016 年，思科也提出了类似的观点，指出数字化转型主要面向的领域包括：一是用户体验，基于完善产品与服务为用户带来更加优质的服务体验；二是对业务模式进行改革，通过增加数据利用率，转变业务模式，增强应对市场的能力；三是激发从业人员创新思维与水平，基于数字化工具，完成信息连通，可以提高处理问题的效率。

作为一个企业，如果要完成数字化转型，应该充分应用数字化技术，结合目前业务模式实行改善，寻求全新的增长点或者创新模式。优化客户体验，建立全新的价值主张与商业模式，最终优化企业组织效能。

9.2　企业数字化转型的演进变迁

今天所讲的数字化，实际上是一个覆盖信息化全过程的过程。根据数字技术对整个经济社会影响的本质区别，数字化可以分成三个阶段：第一个阶段是信息数字化（digitization）；第二个阶段是业务数字化（digitalization）；第三个阶段是数字化转型（digital transformation）。人类拥抱数字化是一个从技术方面的信息数字化为主导到数字产品和服务方面的业务数字化为主导，再到制造业等传统产业和整个社会数字化为主导的过程。

1. 信息数字化

目前，国际上对信息本质的研究尚未形成一个共识性的结论，哲学界和科学界普遍认为，物质、能量和信息构成了物质世界的三大支柱，信息是物质的一种普遍属性。1970 年，哈佛大学就提出"资源三角形"的论断，认为材料、能源、信息是推动社会发展的三种基本资源。杰里米·里夫金预言的"第三次工业革命"印证和发扬了这一观点，他认为，建立在互联网、新材料、新能源结合基础上的第三次工业革命，将带动人类社会进入绿色能源与"能源互联网"的时代。今天，信息革命不断深化，大数据加速提升信息资源对社会发展的基础性资源作用，与另外两种资源共同推动人类社会进步。大数据的发展，使人类更加清晰地看到未来社会的进步发展将进入由材料、能源、信息三种基本资源共同推动的阶段。

信息资源的存在贯穿人类发展的全部历程。从结绳记事的有限信息到各类智能终端收集的丰富信息，从口口相传的神话蕴含的口头信息到造纸术发明后广泛传播的书面信息，从"会说话的鼓"传递的原始编码信息到信息论开启的近代通信信息，都包含着人类社会演进的重要信息。信息具有相对独立性，可以被传递、复制、存储、加工和扩散，并具有无限共享性。信息可以从一种形态转换为另一种形态，如自然信息可转换为语言、文字和图像等表述信息，也可以进一步转换为电磁波信号和计算机代码等。将数字、文字、图像、语音等各种信息，通过采样和量化,用二进制数字序列来表示,并用计算的方法从中提取有用的信息,以满足我们实际应用需求的这一过程称为信息数字化。

自从人类利用电磁信号承载并传递信息以后,信息传输便进入了一个崭新的、以电磁通信为主要特征的、具有划时代意义的近现代通信时期。从 20 世纪 50 年代开始,模拟通信成为信息传输的主要方式,出现了 1 GHz 以下频段的小容量微波接力通信,卫星通信进入试验阶段。主要发达国家以步进制和纵横制交换机为基础建立了包括自动电话网、自动电报网和自动保密电话网在内的战略通信网络。在模拟通信中,用户线上传送的电信号随着用户声音大小而变化,这个变化的电信号无论在时间上还是在幅度上都是连续的,这种信号被称为模拟信号。传输模拟信号的通信方式称为“模拟通信”。模拟通信网络通常只能承载一种业务,如果一个用户需要完成多种业务,就需要多种终端连接到不同网络上,造成了所谓的信息“烟囱林立”。

20 世纪 70 年代,数字通信、数字交换逐渐成为信息传输的主要方式,出现了以光纤、数字微波传输和程控数字交换为支撑的综合数字网。1970 年,法国首先在拉尼翁开通了世界上第一台数字交换机 E10,开始了数字交换的新时期。数字交换机的诞生不但使电话交换跨上了一个新的台阶,而且为开通非电话业务提供了有利条件,数据通信真正登上历史舞台,业务通信中的非话音信息,如图像情报、制导指令、导航定位信息、计算机数据等显著增加,信息传输的内容完成了从话音为主向数据话音并重的转变。20 世纪 80 年代以来,大容量数字传输、综合交换、综合业务进一步成为信息传输的主要方式,发达国家积极建设宽带综合业务数字网(B-ISDN),在一个通信网络中完成电话、数据、文字、图像等综合业务信息的传输成为现实。计算机网络及其网上应用系统的发展,极大地推动了多媒体通信的应用,逐步实现了信息传输和信息应用的融合发展。进入 21 世纪以后,相继又出现了标志交换(MPLS)、软交换和其他一些新技术,信息传输演进到海、陆、空一体化通信网络的新时代。

2. 业务数字化

业务数字化通过新型数字运营模式驱动企业业务实现转型和创新,并扩展企业新的发展空间,提高企业核心竞争力。业务数字化具体涉及六个信息层次和四个领域,如图 9-4 所示。

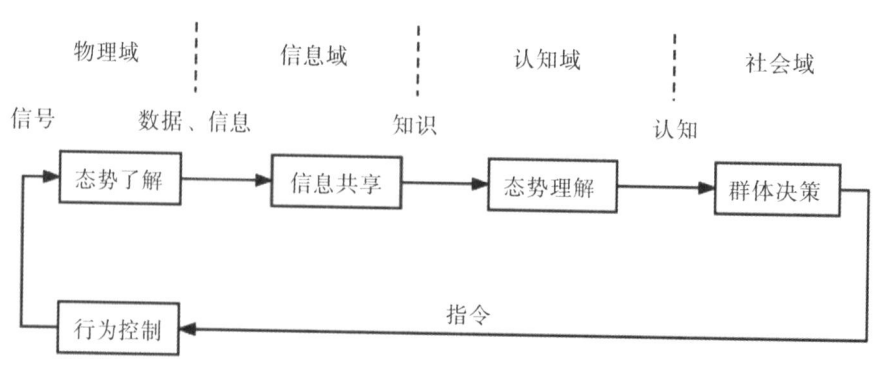

图 9-4　数字化业务模式示意图

六个信息层次分别是信号、数据、信息、知识、认知、指令。信号是信息在物理域的表现形式；数据是从信号中提取原始信息的数字化表现形式；信息是按主体需求选择形成的有价值的结构化数据；知识是对事物的理性认识；认知是在对知识进行分析和理解的基础上，产生的解决问题的意图和对策；指令是根据意图和对策，形成的控制调整具体行动的命令、指示。

数字化业务中信息流转的四个领域分别是物理域、信息域、认知域、社会域。物理域是效能的发生地，也是基础设施和信息系统得以存在的领域；信息域是信息生成、受控和共享的领域；认知域是感觉、认识、信念和价值观存在的领域，是根据理性认识进行决策的领域；社会域是实体内部及相互之间进行信息交互与交流、共享感知与理解及协同决策的领域。数字化业务模式首先通过对物理域的观察获得信号、数据和信息，进行态势了解，然后进入信息域，进行信息交流与共享，在社会域与认知域，利用相关知识，分析态势，形成认知，进行判断、推理和决策，制订实施计划与指令，然后重新进入物理域，执行指令，完成信息的循环。

20世纪90年代后期被称为"工业时代"向"信息时代"过渡的时期，超文本标记语言(HTML)、超文本传输协议(HTTP)、实用浏览器和个人计算机几乎同步发展，推动国际互联网成为可能，并开始对人类活动的广阔领域产生深刻的影响。美国陆军建设的战术互联网就是多路由、自组织、自恢复、自适应的数据通信网络，融合了态势感知、指挥控制等多种信息系统，通过承载综合数据业务，使战斗单元实现从依赖地理连接向依赖信息连接的转变。业务数字化在军事领域的应用产生了大变革式的效果，《孙子兵法》中提到的"知己知彼"境界，首次被无限接近。

3. 数字化转型

数字化转型利用数字技术创新结构业务模式，推动传统业务逐渐向更具有数据驱动和技术强化特征的数字业务转变，从而改善客户服务效果，重塑价值创造方式，推动企业实现自我变革。数字化转型的概念是IBM公司在2012年提出来的，当时提出来的时候并没有引起广泛重视，但到2015年，这一概念开始引起全世界产业巨头的重视。2016年1月，世界经济论坛和埃森哲发表了《产业界的数字化转型》，把过去几年全球数字化转型的状况做了一个总结和分析。其中讲到，数字技术在经济社会发展中的作用，已经从提升效率和劳动生产率的辅助角色，快速演变为基础创新和创造的"支柱"。换句话讲，数字技术已上升到生产力的中心位置，不是辅助角色。这是数字化转型中最重要的一个转变。产业与社会的数字化转型，是所谓第四次产业革命最重要的内容之一。数字化转型是信息革命和信息化发展的新阶段，而且产业的数字化转型一定会带来社会的数字化转型。

当前的数字化转型浪潮，是信息革命和信息化发展的新阶段。推动产业界和全社会的数字化转型，是2015—2030年全球信息化发展的主线。因此，中国需要加大力度，重视和研究"数字化转型"的概念、目标、内涵、要素、方法学等，以期与世界上先进国家、先进企业的"数字化转型"发展同步，提高中国产业界和国家的全球竞争力。另外，数字化转型所依赖的主要技术基础是互联网、物联网和全联网，因此，推动"三网"的发展，是当前信息与网络技术、自动化技术、系统工程技术、管理科学与技术的最主要的发展方向。

9.3 企业数字化转型的内在动因和存在的问题

9.3.1 企业数字化转型的内在动因

由于 2020 年年初以来新冠肺炎疫情的持续影响,企业的生产运营方式都发生了深刻变化,如办公、项目洽谈、支付等活动快速向线上转移。而这些变化也引发了大多数企业对数字化运作模式的思考。快速迭代的数字技术使得人们的生产生活方式发生了巨大的变化,无处不在的便利性也使得人们对数字技术的依赖性与日俱增,这种依赖性在企业的生产运营中同样如此。大数据、物联网、区块链、人工智能等一系列新的信息技术正在深刻改变着现代社会的思维模式,也赋能企业的资产、设备、组织、人员,从而使得数字化技术成为数字化商业的核心元素。

当前,数字经济和实体经济正在高度融合,传统企业的数字化转型升级已成大势所趋。但由于所处行业、发展阶段以及认知程度的不同,不同企业开展数字化转型的动因亦不尽相同。

1. 拓宽市场渠道,快速响应客户需求

对于处于经济新常态阶段的企业而言,拓宽市场渠道,快速响应客户需求是数字化转型的直接动因。随着互联网以及虚拟经济的发展,无论是价格还是质量,实体经济的优势不再。在数字化转型的时代背景下,企业不积极寻求转型,将会被用户抛弃,失去竞争力,而通过新技术来发现市场机会,利用新的商业模式可以迅速地在市场中占据一席之地。一方面,借助大数据、云计算、移动互联网等数字技术,企业能够全面、准确地收集、分析和预测客户的个性化需求。另一方面,基于对客户群体的深刻理解,在全球范围实现人才、资金、技术、产能、渠道等资源匹配和重组,拓宽市场渠道,精确满足细分客户群体的需求。

2. 改善产品和服务,提高管理决策效率

数字化转型以客户为中心,利用新技术挖掘运营和服务过程中所产生的数据,精准地改善产品和服务,提升客户满意度。研究表明,基于大数据、云计算、网络化的管理决策方式从决策信息收集、决策方案制定、决策方案选择及评估等方面提高决策的精准性。随着决策信息资源的充分共享,包括管理层、员工层、顾客、供应商等在内的相关利益者决策能力大大增强,企业的决策方式正向专业决策、多元决策方式转变。

3. 降低经营成本,增强企业盈利能力

数字化转型将企业运营中的采购、生产、销售、管理等环节的数据互通,通过构建一站式的资源数据库,整体流程可以实时监管,结果也可以追溯,从而节省在管理中产生的冗余成本。生产环节的柔性化与智能化、销售环节对于客户更好的筛选,可以为企业带来更多的利润。

世界经济论坛发布的《第四次工业革命对供应链的影响》白皮书指出,数字化转型对不同行业企业的成本和收入均有显著影响。其中,制造业成本降低 17.6%,营业收入增加 22.6%;物流服务业成本降低 34.2%,营业收入增加 33.6%;零售业成本降低 7.8%,营业收入增加 33.3%。中国人民大学商学院的研究表明,实现数字化转型的领军企业销售利润率为 12.7%,而同期其他企业的销售利润率仅为 5.2%。

9.3.2 企业数字化转型的突出问题

数字技术的迅猛发展以及新冠肺炎疫情增强了中国企业对"数字化转型"的紧迫感,但数字化转型从理念到落地并非易事。埃森哲咨询公司的一份研究报告显示,80% 的中国企业都尝试进行数字化转型,而仅有 4% 的企业真正释放了数字化潜力。在数字化转型实践中,中国企业现阶段数字化转型面临的突出问题表现如下:

1. 数字化理念认知不清

在传统企业数字化转型进程中,企业往往将数字技术的应用作为转型成功的关键因素,对于企业内部观念的转变并没有足够的重视。从本质上讲数字化转型绝不单单是技术上的问题,而是信息技术引发的系统性变革。由于对数字技术了解不充分,数字技术储备不足,数字业务运营经验匮乏,一些企业(特别是传统型企业)在商业模式创新、业务流程调整、技术平台选择等数字化战略和实施方案方面都是一知半解。现实中更多的是,传统企业的高层、一把手仍旧拘泥于传统的思维、管理模式而不愿轻易尝试改变。可以说是人而非技术成了传统企业数字化转型过程中的最大阻碍。据美国 Standish Group 调查数据显示,目前用户购置的企业级软件有超过 60% 的功能处于几乎不被使用或者完全不被使用的状态,反映出企业对数字化理念认知不清,存在贪大求全或急功近利的思想,导致数字化转型工作成效不尽如人意。

2. 数字化转型缺乏规划

数字化转型涉及组织、战略、管理、流程、人员等多个系统环节,需要企业对各业务流程进行数字化改造,这就要求企业明确数字化转型愿景,找到需要实现的核心目标并认识到完成目标需要的能力。而从个体而言,有些企业本身并不具备数字化转型的资本、技术实力,也没有获得上下游生态合作伙伴的一致支持。尽管耗费大量资金,但由于缺乏充分的研究规划,转型成效远低于预期,不但影响企业的正常经营步伐,也极大地降低了企业对于推动数字化转型的信心。如艾瑞咨询一项调查数据显示,有 2/3 的中国受访企业认为企业在数字技术方面的投入没有达到预期目标。

3. 数字化决策效率低下

成功的数字化转型往往有以下两个方面的特征:一是能够对不断变化的市场环境和客户需求做出快速反应;二是能够持续创新。这两点都离不开敏捷思维,在执行上需要不断迭代和进行短期冲刺。数字经济的决策环境更复杂,决策时效性更强,决策知识分布更广泛,分散式决策成为数字化决策的主要形式。从决策权分配来看,企业决策效率低下的原因之一是没有将决策权限分配给合适的角色。为了便于管理和控制企业经营活动,传统型企业决策者仍然习惯沿用"金字塔"形或其他层级式组织结构,员工决策的自主权小,组织管理呈现官僚化特征,对市场需求和竞争态势的感知能力日益弱化,信息化、数字化等组织建设明显滞后。数字化转型强调的是应对快速变化,注重速度和灵活性,更适合采取以产品为中心的敏捷交付模式。

4. 技术上忽视应用集成和数据集成

企业期望通过数字化带来更现代的工作和运营方式,会非常乐意去使用充满着各种新技术的应用程序。但是,数字化转型不是仅仅开发和使用一个个充满新技术的应用系统。事实上,如果企业要将这些应用转变成竞争优势,发挥出它们的最大价值,就必须能够顺畅地访问它们并将它们连接在一起,无论它们是位于云端还是在本地环境中。数字化转型的技术重点之一,就是使所有这些不同的应用程序和系统能够协同工作,使新建的系统能够与旧版系统或者其他新建系统实现应用集成和数据集成。否则依旧是在建立信息孤岛,数字化转型无法渗透、融合到企业中。

5. 缺乏数字化能力人才

企业的数字化转型过程中存在的另一困境即数字化运营人才的匮乏。企业的数字化转型需要既懂数字化又懂传统商业模式的人才,就目前的情况来看,这类人才尚属稀缺资源。据职场社交平台脉脉联合数字化人才在线教育平台开课吧发布的《中国数字化人才现状与展望2020》数据显示,自2019年起,数字化人才需求量稳步提升。特别是2020年新冠肺炎疫情发生之后,市场对数字化人才的总体需求量猛增,相比上一年同期增长91%。多数企业受自身发展水平限制难以给出满足数字化人才的福利待遇也是导致人才流失的重要原因。企业在数字化转型过程中必然在生产、营销等各个环节沉淀下大量的数据,如何运用好这些数据来指导企业自身按照消费者的需求去研发设计和生产,数据的安全如何维护,这些都需要专业化的人才来支撑。目前,适龄的数字化人才供给量难以提升、传统的人力资源体系无法满足现有的需要、数字化领导力缺失以及员工数字化能力不足都是导致数字化人才供给不足的主要原因。

6. 数字化产品及流程快速投入使用

数字化转型是现代企业发展的总体方向,但是企业由于采取了数字化革新后更加"先进"的业务流程、商业理念和交流模式,将尚未经过实践充分"打磨"的数字化产品及流程快速投入使用,由于供应链上的其他企业的数字化进程相对滞后以及各企业的员工都需要时间来习惯新的工作模式,因此会给上下游企业及产业合作伙伴带来交流合作的诸多问题。

🙎 知识梳理与总结

当今时代,数字化已然成为社会主义市场经济的一种新生产力,5G、互联网、物联网等现代数字信息技术的发展,催生了数字消费模式,形成庞大的数字消费市场,促使新时代经济发展显现出了数字化的特征。这要求企业需改变原有的经营运作模式和理念,进行数字化转型,以满足新时代数字经济发展要求。

本章介绍了数字化、企业转型、企业数字化转型的概念,企业数字化转型的阶段,企业数字化转型的演进、内在动因和存在的问题。通过学习,应掌握企业数字化相关的概念,对企业数字化转型有一个初步认识。

关键词汇

数字化　信息化　企业数字化　企业数字化转型　信息数字化　业务数字化

技能训练1

案例:杭州银行财务转型——改变带来价值

财务管理作为商业银行管理的核心工作,其工作的有效性在很大程度上直接影响商业银行的资源配置效率和价值创造效果。对于中小银行来说,在面临外部环境变化以及内部要求提升的情况下,传统的财务管理模式越来越难以适应经营管理的需要,财务转型是适应商业银行战略转型升级的必经之路。

一、什么是财务转型

所谓财务转型,就是将传统财务人员所从事的简单重复业务转向更具有附加值的战略策划、决策支持、盈利分析等核心业务,使得财务与业务有效融合,最终实现企业价值创造最大化。通俗来讲,财务转型就是适应企业转型,提升企业的运营效率和效益。

二、为什么需要转型

环境变化的应有之义。党的十九大报告指出,我国经济已由高速增长阶段转向高质量发展阶段,可以预见,高质量发展将是商业银行下一阶段的导向,商业银行也必须做出相应改变以适应新的发展要求与阶段。

技术发展的必然结果。当前大数据、云计算和智能互联等构成的数字经济正在引领并驱动企业新一轮变更,商业银行面对的客户需求不断升级,传统的组织结构和业务模式亟须变革,财务管理机制和财务管理人员正全方位面临着各种机遇与挑战。

行业发展的内在要求。利率市场化等改革的不断深入,迫使商业银行必须加强财务硬约束,在财务领域的成本定价管理、资产负债管理等各个方面做出改变,提高资源配置效率和精细化管理水平。

中小银行的历史欠账。前期的发展过程中,商业银行更多的精力放在外延式的规模扩张上,尤其是对于中小银行来说,在一些基础设施与基础管理上客观存在一定的历史欠账。在新的发展阶段商业银行必须做出改变补齐短板。

财务管理的内生需要。在财务机器人、财务共享服务大大提高了基础会计工作效率的时代背景下,传统财务人员如何实现自身定位的转变,持续为企业发展输出自身价值,也是财务人员必须思考的问题之一。

三、如何实现转型

改变的目标是实现企业价值创造最大化。在行业需求快速增长的市场环境中,商业银行必须通过财务转型,提升银行营运效率和精细化管理水平,累加差异化的竞争优势,最终促进企业价值创造的再提升。

改变的内容是财务管理机制与方法。概括而言,财务转型的内容就是,机械式的管理活动系统化、智能化,常态性的管理活动模板化、制度化,将财务人员的精力和时间解放出来,更多地集中于价值创造活动,包括提升自身水平,做好精细化管理工作,促进财务价值再创造,在商业银行中主要体现在资产负债管理、预算管理、绩效考核、数据治理、成本定价、税务管理等方面,财务转型应聚焦于核心管理工作。

改变的路径是财务共享 + 管理会计。转型的基础是共享服务,将重复性高、简单化的业务通过共享服务提供规范、统一、可视和可控的财务管理服务。转型的工具与路径就是管理会计,管理会计是实现企业战略落地的有效工具与手段,是企业财务转型的重要体现。

四、杭州银行的实践经验

据杭州银行财务管理部总经理章建夫介绍,2016 年杭州银行在对外部形势和未来趋势判断的基础上,结合自身的定位制定"六六"发展战略。围绕全行战略要求和财务转型的发展思路,财务管理部制定了部门三年行动计划——"一个目标、二个能力、三项计划、九大重点",即财务管理的各项工作均要围绕一个目标——银行的内涵式增长来开展工作,同时注重提升以资源配置和成本定价为核心的能力建设,落实管理会计建设计划、财务会计建设计划和财智建设计划,持续推进资产负债管理、预算管理、绩效考核、盈利分析、定价管理、总账管理、共享服务、数据质量、财智计划九大重点工作,最终形成以管理会计平台 (M +)、总账平台 (A+)、财务共享中心 (S+)、财智计划 (T+) 为主体的综合经营管理解决方案 (MAST)。

目前,杭州银行的管理会计平台 (M+) 已构建完成"1+5+N"的综合框架,建成了全业务覆盖、全成本分摊、多维度盈利分析的管会数据集市,将杭州银行所有表内以及表外业务、全成本分摊的数据进行多维度数据模型整合,为全行各项经营管理提供了数据与模型支持。"1"是一项管理会计基础应用,为全行条线、机构、团队、客户经理出具管理会计口径资产负债表、损益表,让其知晓"做了什么、效益如何"。"5"是基于经营管理和管理会计的五项管理应用,包括资产负债管理、预算管理、绩效考核、定价管理、多维度盈利分析,向全行不同管理用户展现不同应用角度的管理数据与报告,让其知晓"全行资产负债经营与资源配置方向、年度预算进度如何、业务绩效考核如何"。"N"是扩展分析应用,即满足不同用户个性化,以及今后管理深化需要进行灵活配置与应用,通过管理会计平台将多维度数据和管理人员的权限相结合,实现各个层面的各类管理应用。

总账建设 (A+) 中,杭州银行按照财政部关于国内上市银行需在 2019 年按照新金融工具会计准则要求,积极有序地推进相关项目建设。同时,该行也正在积极建设与完善总账系统,建立交易与核算相分离的、统一会计与估值系统、多层次全流程会计控制体系,以更好地发挥会计在防范风险、促进发展中的积极作用。

财务共享中心 (S+),杭州银行通过与用友金融公司合作,已完成一期建设,实现内部财务的"四个集中"——集中审核、集中报销、集中核算、集中支付,提高了各级核算的合规性,减轻了核算人员的工作量,后期将进一步立足业务伙伴定位,向集团内子公司提供共享服务,加强费用管理,降低成本,促进管理效率提升。

财智计划 (T+) 通过税务管理、绩效考核等内容的培训,以及总分行间的定期沟通,有效地增进了总分行间的联系与沟通,提升了全行财务条线人员的专业水平,逐步打造一支"以事为先、以人为重、专业思考、独立判断"的财务队伍。

(案例选自用友网络科技股份有限公司编著的《企业数字化:目标、路径与实践》)

思考题

杭州银行在财务转型上的举措有哪些?

技能训练2

案例:企业数字化转型历程分析——以美的集团为例

一、企业简介

美的集团股份有限公司(以下简称"美的")是一家以家电制造为主,同时涉及智能供应链、半导体及工业自动化系统等多个领域的科技型制造企业。从电风扇小厂起家,经过五十余年的发展,如今已经成长为全球领先的白色家电龙头企业。虽然也经历了初期仿制国外产品的阶段,但美的形成了自有的管理体系,而非对外部经验完全照搬。起步阶段的美的充分认清自身局限,通过与外部厂商的技术合作、并购从而在风扇行业逐步树立了自己的市场地位。2012年美的业务和组织进行大规模重组升级,以数字化转型为重要抓手,系统性推动新战略落地。

二、美的集团数字化发展历程

自2012年推动数字化转型以来,美的先后分六步来推行自己的数字化战略(见表9-1)。经过数年的改革发展,企业由原先的贷款生产逐步发展到如今自有现金千亿级别的水平。作为传统制造业数字化转型的典型,美的的经验也值得传统企业在数字化转型过程中借鉴。

表9-1　美的集团数字化转型进度表

时间	阶段目标
2012—2015	数字化 1.0 阶段,实现"一个美的、一个体系、一个标准"
2015—2016	"互联网+"阶段,打造智慧家居+智能制造的双智能
2016—2017	数字化 2.0 阶段,建设从结果管理型转向过程管理型系统,以销定产,将供货周期压缩至 3 天
2018	工业互联网阶段,物联网驱动业务全价值拉动,向行业输出工业互联网能力
2019	全面数字化、全面智能化发展阶段,计划彻底实现"数字美的"的发展目标
2020	将战略主轴升级为"科技领先、用户直达、数智驱动、全球突破"

转型初期的美的面临着目前大多数转型企业所面临的问题,即投入与回报比不明确的问题。

美的集团董事长方洪波表示:最艰难的阶段是数字化转型投入的阶段,自己在每次决定投入的时候都会很焦虑。不同于实体投资,数字化每年几十亿元的投入大多是在肉眼看不见的方面,有时候甚至不知道方向在哪里,未知是他当时最大的焦虑。

数字化转型将涉及企业的方方面面,甚至要到每个人、每个环节,美的的成功转型得益于其"一把手"的全力推动。只有一把手展示出坚定的决心,动用全部的资源、人力、物力去为数字化转型打通道路,才能带动整个企业脱胎换骨。因为转型不仅会涉及企业本身,还可能会触及行业的上下游企业,所以在遇到阻力时才更需要来自企业顶层的全力支持。

另外,转型过程中美的也十分注重数字化人才。方洪波认为,数字化转型的本质是"转人",团队结构不转、知识结构不转、思维不转、能力不转,一切都是空谈。转型过程中需要大量既懂传统业务结构又懂数字化技术、有数字化思维的人才,美的在内部培养的同时还通过与第三方机构合作、聘请外部专家等方式来吸引数字化方面的人才。

(选自朱孟克、夏咏《传统企业数字化转型探析》)

思考题

美的的数字化转型成功的关键是什么?

复习思考题

1. 简述企业数字化的概念。
2. 简述企业数字化的内在动因。